캐드의 시작 ~대비! CAT

CAD 가 1·2급

AutoCAD

홍성기, 강민정 공저

BM (주)도서출판 성안당

■ 도서 A/S 안내

CAD(Computer Aided Design)는 1982년 발표된 이래로 건축, 기계, 제품 등 다양한 분야에서 쓰이는 전문 설계 프로그램으로 해마다 새 버전을 출시하며 발전을 거듭해 왔습니다. CAD가 널리 사용되면서 자격시험이 도입되어 설계능력과 프로그램 능력을 검증하게 되었습니다. 캐드 기능을 배울 수 있는 책들은 무수히 많이 발간되었지만 CAD 실무능력평가(CAT) 1급/2급 자격시험을 다룬 서적은 그에 비해 많이 부족한 실정입니다.

현재 CAD 자격증 시험으로 CAD 실무능력평가(CAT) 자격시험은 한국생산성본부에서 주관하는 시험으로 2D CAD 응용프로그램의 기능적 측면과 기초 제도에 대한 전반적인 지식과 기술을 평가, 검증하는 2급 시험과 3차원 모델링 능력을 검증하는 1급 시험으로 구분됩니다. 응시하는 이유로는 취득을 목표로 하거나 설계 분야의 전문가로서 자신의 실력을 증빙하기 위해서 취득하려는 사람도 있을 것이고, 취업에 도움이 되고자 하는 초보자도 있을 것입니다. 그리고 자격증과 무관하게 CAD와 관련된 기초에서 3차원까지 중요한 부분만 알고 싶은 실무자와 일반 독자 분들도 있을 것입니다. 이러한 여러 가지 이유로 여러분들은 필자와 이렇게 책에서 만나고 있습니다.

필자가 학생들이나 실무자 교육을 하면서 교재로 사용하기 좋고, 핵심만을 다룬 책이 있다면 참 좋을 것 같다는 생각을 늘 해왔습니다. 자격증 1 · 2급 취득을 목표로 하고 있는 독자 여러분들에게 최소한의 시간과 노력으로 한 번에 합격할 수 있는 노하우를 책을 통해 전하려고 합니다. 그래서 제 경험을 빌어 굳이 몰라도 될 것은 다 빼고, 꼭 알아야 할 것을 넣고, 자격증 취득을 위해 핵심만을 모아 최대한 쉽고 즐겁게 배울 수 있도록 엮었습니다.

초심에서 시작하여 수년간 학업 현장에서 학생들을 지도한 경험을 바탕으로 본 도서를 집필하고자 노력하였으며, CAD 실무능력평가 시험과 더불어 초보에서 실무자 분들에게 캐드의 기초에서 3차원까지 핵심을 한눈에 알 수 있는 지침서가 되기를 바랍니다. 본 도서의 특징으로는 다음과 같습니다.

❶ CAD 시작하기와 Part1~Part4로 구성하였습니다.
❷ Part1에서는 캐드의 기본 명령어와 함께 각각의 기능별 종합예제를 통해 기본개념과 기능활용 위주로 기술하였습니다.
❸ Part2는 CAT 2급 시험의 기본설정, 예제 등 시험과 관련된 중요 내용과 기출문제를 자세히 분석하였고, 일부 중요한 부분은 동영상이 있어 이해와 실전 능력을 키울 수 있도록 구성하였습니다.
❹ Part3은 3차원 기본 명령어와 함께 솔리드 기능과 작성 요령에 대해 기술하였습니다.
❺ Part4에 있는 50개의 연습문제집으로 구성되어 있습니다. 풀이과정을 담은 동영상이 있어 CAD의 3차원 기능 활용방법, 도면해석을 통한 모델링 능력을 키울 수 있고, 시험대비는 물론 실무에서도 유용하게 쓰일 수 있도록 하였습니다.

본 도서가 출간되기까지 애써주신 출판사 관계자분들과 많은 도움을 주신 모든 분들께 감사의 뜻을 전합니다.

목차 CONTENTS

성안당e러닝 사이트(http://bm.cyber.co.kr/)에 접속하시면 유료 동영상강의를 보실 수 있습니다.

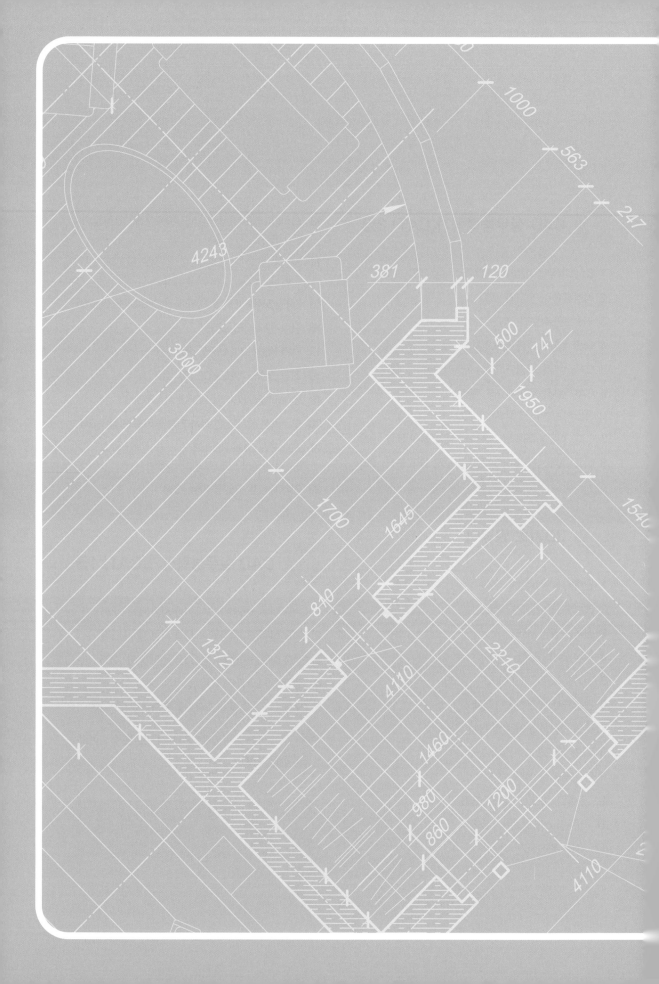

AUTOCAD 시작하기

오토캐드(AutoCAD)는 미국의 Autodesk 회사에서 만든 설계를 위한 전문 프로그램입니다. 다른 프로그램들도 많지만, 아직까지는 캐드가 보편적으로 사용되는 설계 기능과 능력을 갖춘 프로그램입니다.

전문적인 설계 프로그램이란 인식으로 비전공자 및 배우고자 하는 분들은 어렵게 느껴질 것입니다. 그러나 캐드의 기능을 하나씩 배우면서 꼭 알아두어야 할 화면 구성부터 환경 설정, 마우스 사용법, 단축키 등 기본이라고는 하지만 반드시 익혀두어야 할 기본 기능에 대해서 살펴보겠습니다.

1 화면 구성

- 아래 화면은 AutoCAD 2018 버전의 화면입니다.
- 캐드의 화면 구성은 2009 버전 이상에서는 리본 패널을 사용하고 있습니다.

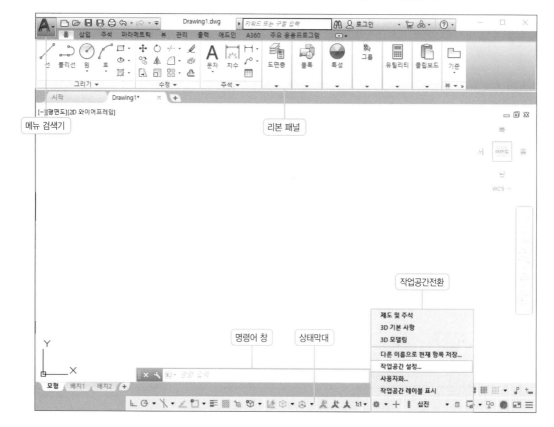

- 만약 캐드 2009~2014버전까지 클래식 버전으로 변경하고자 할 경우 아래와 같이 AutoCAD 클래식으로 변경하여 사용할 수 있습니다.

저장하기

1) 옵션에서 저장 설정하기

다음과 같이 사용자가 **옵션 설정**(단축키: OP)에서 '**열기 및 저장 탭**'의 '**다른 이름 저장**' 항목 중 dwg 형식을 낮은 버전(2000 또는 2007)으로 선택하여 설정하면 매번 버전을 변경하는 번거로움 없이 저장할 수 있습니다.

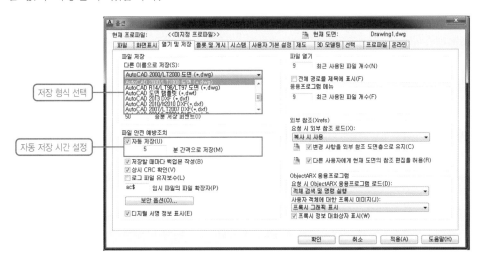

2) 메뉴검색기의 '다른 이름으로 저장' 하기

- 화면 좌측 상단에 있는 Autodesk사의 로고인 빨간색 A 버튼이 메뉴 검색기입니다. 이 메뉴 검색기는 하위 버전에서 사용하던 풀다운 메뉴가 바뀐 모습입니다. 사용자가 조금 더 편리하게 접근할 수 있도록 도와주고 있습니다.
  - '파일이름.dwg'가 일반적인 캐드 형식의 파일입니다.

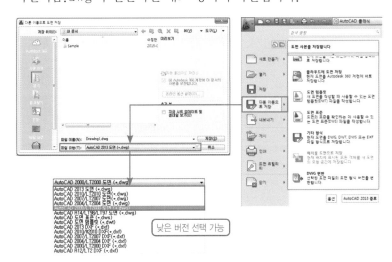

2015 버전 이상은 클래식 화면이 지원되지 않습니다. 클래식 버전의 아이콘을 표시하여 사용하고자 할 경우 아래와 같이 사용할 수 있습니다.

❶ 명령어 창에 menubar를 입력 후 새로운 값 1을 입력합니다.

:: 명령라인 ::

Command: menubar [Enter]
MENUBAR에 대한 새 값 입력 〈0〉: 1 [Enter]

❷ 상단의 풀다운 메뉴 '**도구**'에서 '**도구막대**'의 '**AutoCAD**'의 '**도면층**'을 선택합니다. 이와 같은 방법으로 필요한 아이콘을 사용할 수 있습니다.

❸ 오른쪽 하단의 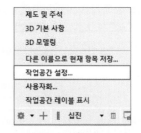 아이콘을 클릭하여 '**작업공간 설정...**'을 선택합니다.

❹ '제도 및 주석'에서 '작업공간 변경 사항을 자동으로 저장' 하면 초기화되지 않고 현재 설정한 환경으로 저장됩니다.

※내용 중 일부는 버전마다 상이할 수 있습니다.

알아두면 유용한 단축키

AutoCAD

단축키	설명	명령어
F1	도움말 검색	
F2	AutoCAD 문자 윈도우창 / 그래픽 화면 전환	
F3	객체 스냅(Osnap) 켜기 / 끄기	
F4 (Ctrl+T)	타블렛사용 켜기 / 끄기	
F5 (Ctrl+E)	등각평면(Isoplan) 전환	
F6 (Ctrl+D)	동적 UCS 켜기 / 끄기	
F7 (Ctrl+G)	그리드(모눈) 간격 보이기 / 감추기	Grid
F8 (Ctrl+L)	직교 켜기 / 끄기	Ortho
F9 (Ctrl+B)	스냅(간격) 켜기 / 끄기	Snap
F10	객체 스냅 추적켜기/끄기	
F11	극좌표켜기/끄기	
F12	마우스를 따라다니는 동적 입력(DYN) 켜기 / 끄기	
Ctrl+O	작업창 화면 최대화	
Ctrl+1	특성창 나타내기 / 숨기기	
Ctrl+8	계산기	
Ctrl+9	명령어 입력창 숨기기 / 나타내기	

AutoCAD 4

키보드와 마우스 사용법

1) 키보드 입력

AutoCAD에서 도면을 작도할 때는 마우스보다 키보드를 많이 사용해야 합니다. 키보드는 사용자의 명령을 컴퓨터에 전달하는 가장 중요한 장치이며 이것들을 어떻게 다루냐에 따라서 작업속도가 달라질 수 있습니다. 다음과 같은 몇 가지 방법만으로도 작업 속도를 높일 수 있으니 연습해 보길 바랍니다.

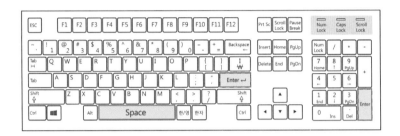

① 키보드의 엔터(Enter)는 명령어 실행 또는 종료 시 자주 사용하게 됩니다.
- 명령어 없이 엔터(Enter)를 누르면 마지막으로 사용한 명령을 반복하여 사용할 수 있습니다.
- 캐드를 실행 시 스페이스바(Spacebar)는 엔터(Enter)와 동일하게 작동합니다.
  (단, 문자를 입력 시 공백으로 인식됩니다.)
- 엄지손가락은 항상 스페이스바 위에 위치시킵니다.

② 프로그램 특성상 치수 입력을 많이 하므로 왼쪽 손이 키보드의 숫자패드 부분을 치기 쉬운 위치로 약간 이동하여 사용하는 것이 좋습니다.

③ 실수를 하면 취소할 경우에 Ctrl+Z 또는 단축키 U를 사용합니다.
- Esc를 사용하면 현재의 모든 작업을 취소하고 [명령:] 프롬프트로 돌아갑니다.

④ 단축키를 사용합니다.
- 아이콘을 마우스로 일일이 누르면 작업능률이 떨어질 수밖에 없습니다. 단축키 사용은 작업속도의 향상과 마우스로부터 자유로운 작업을 가능하게 해줍니다. 자주 사용하는 단축키만이라도 외워서 사용하길 바랍니다.

⑤ 마우스 휠을 적극적으로 사용합니다.
- 캐드에서 마우스 휠의 기능은 화면 확대, 축소와 화면 이동 등 다양한 기능을 합니다. 작업의 능률과 속도 또한 매우 빠르게 이루어집니다.

⑥ 프로그램 내에서 많은 파일을 열어 작업할 경우 Ctrl+Tab을 이용하여 파일 간 이동을 편하게 할 수 있습니다.

2) 마우스의 기본 조작 방법

왼쪽 버튼 클릭   휠 이동(상)   휠 이동(하)   오른쪽 버튼 클릭

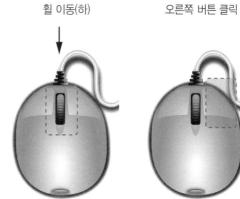

객체 선택   마우스 십자커서의   마우스 십자커서의   팝업 메뉴 열기
위치에서 화면이 확대   위치에서 화면이 축소

Plus Tip+

아래와 같이 휠버튼의 다양한 사용 방법에 대해 알아두면 유용하게 활용할 수 있습니다.

휠버튼을 누른 채   휠버튼 더블 클릭   Shift + 휠버튼 누른 채
마우스 이동 시   마우스 이동 시

화면 이동   도면 전체가 화면에   3차원 뷰 자유 회전
꽉차게 보임

5 객체 선택 방법

마우스를 드래그하여 선택할 경우 드래그하는 방향에 따라 객체 선택의 범위가 달라집니다. 왼쪽에서 오른쪽 방향을 Window 선택, 오른쪽에서 왼쪽 방향을 Crossing 선택이라고 합니다.

① WINDOWS 선택 방법
선택 영역의 선이 실선으로 표시됩니다. 영역 안에 객체가 전부 포함되어야만 합니다. 객체 선택 방법은 마우스를 왼쪽(P1)에서 오른쪽(P2)으로 드래그하면 됩니다.

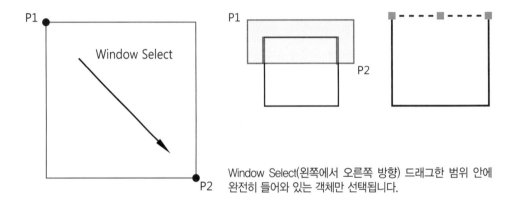

Window Select(왼쪽에서 오른쪽 방향) 드래그한 범위 안에 완전히 들어와 있는 객체만 선택됩니다.

② CROSSING 선택 방법
선택 영역의 선이 점선으로 표시됩니다. 영역 안에 객체가 일부가 걸치거나 포함되면 객체를 선택하게 됩니다. 객체 선택 방법은 마우스를 오른쪽(P1)에서 왼쪽(P2)으로 드래그하면 됩니다.

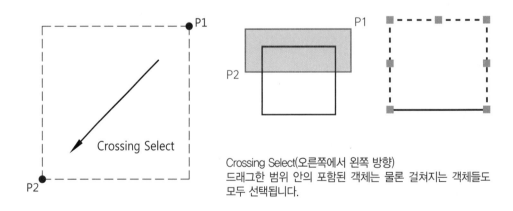

Crossing Select(오른쪽에서 왼쪽 방향)
드래그한 범위 안의 포함된 객체는 물론 걸쳐지는 객체들도 모두 선택됩니다.

 **단위 설정**

AutoCAD는 다양한 분야와 다양한 나라들에서 사용되는 프로그램이므로 거의 대부분의 단위를 지원합니다. 한국의 경우는 mm 단위를 이용하고 영국의 경우는 inch 단위를 이용하므로 잘 조정하여 사용하여야 합니다.

New 대화상자에서 단위를 조정하고 도면을 그릴 수 있습니다. 단위와 각도의 조정은 Units 명령을 이용하여 설정합니다. 항상 시작 전의 도면에서 사용할 측정 단위를 확인한 후 다음 좌표와의 거리에서 사용할 형식, 정밀도 및 기타 규칙을 설정합니다.

:: 명령라인 ::

Command: UNITS [Enter]

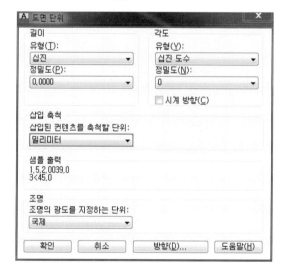

7 좌표계 설명

AutoCAD는 일반적으로 3가지의 좌표계(절대좌표, 상대좌표, 극좌표)를 많이 이용합니다.

AutoCAD가 실행된 후 화면의 왼쪽 구석을 보면 화살표 모양의 아이콘이 있는데, 이것을 WCS(World Coordinate System)라고 합니다. 이 아이콘을 보면 X축의 방향과 Y축의 방향을 확인할 수 있습니다. 또 초기 설정에서는 도면을 그리는 영역의 왼쪽 아

WCS(World Coordinate System)

래 위치가 0, 0좌표를 가집니다. 마우스를 움직이면 화면의 왼쪽 아래에 좌표 정보를 알려주는 Coordinates가 있습니다. 현재 좌표의 표시는 소수점 4자리까지 보여주는 것을 알 수 있습니다. 그러면 현재 화면에서 좌표계에 대해 알아봅시다.

• 절대좌표: 가장 일반적인 좌표계로 초기 작업 화면을 기준으로 할 때 화면 왼쪽 아래를 0, 0으로 하는 좌표계입니다. X축과 Y축을 따라서 좌표를 지정하게 됩니다.

• 상대좌표: 상대적인 좌표를 의미하며 @를 이용하여 표현합니다. @의 의미는 마지막으로 선택한 점을 의미하며, @1, 1은 마지막으로 선택한 점을 0, 0으로 지정한 상태에서 X축으로 1, Y축으로 1을 이동한 좌표를 의미합니다. 많이 이용되는 좌표계입니다.
📵 @X이동거리, Y이동거리 @1, 1 @2, 5...

• 극좌표: 거리와 각도를 이용하여 좌표를 지정합니다. @와 〈 를 이용하여 @5〈90은 상대 좌표와 같은 개념으로 @를 마지막으로 선택한 점에서 거리 5, 각도 90이 되는 점을 의미합니다. 각도를 지정할 때는 −값을 사용할 수도 있습니다. −는 시계 방향으로 각을 지정할 때 사용합니다. 270도와 −90도는 같은 각도입니다.

– 절대 좌표계(x, y)
: X수평, Y수직(, 콤마로 구분)
– 상대 좌표계(@x , y)
– 상대 극 좌표계(@거리< 각도)
: <는 각도를 의미
📵 @10<45 거리가 10이고 각도가 45도인 선을 의미)

도면 크기	
A0−841×1189mm	B0−1000×1414mm
A1−594×841mm	B1−707×1000mm
A2−420×594mm	B2−500×707mm
A3−297×420mm	B3−353×500mm
A4−210×297mm	B4−250×353mm

각도의 방향성에 대한 개념

AutoCAD의 방향계는 3시 방향을 0도로 정해져 있습니다.

시계 반대 방향으로 + 각도를 의미합니다. 즉 12시 방향은 90도, 9시 방향은 180도, 6시 방향은 270도를 의미합니다. 반대로 시계 방향은 − 각도를 의미합니다. 12시 방향은 −270, 9시 방향은 −180도, 6시 방향은 −90도를 의미합니다. 각도의 방향에 따라 +, − 각도라는 것을 잘 기억해 둡니다.

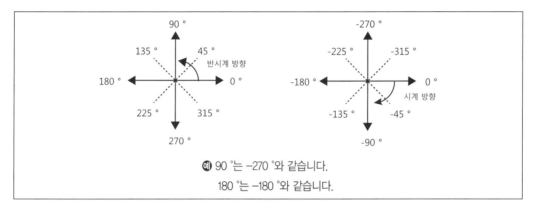

예 90 °는 −270 °와 같습니다.
180 °는 −180 °와 같습니다.

(각도는 우측 평행한 상태를 0 °라 하며, 반시계 방향을 (+) 각도로, 시계 방향을 (−) 각도로 표현합니다.)

데카르트 좌표에서 점을 지정하기 위해서는 X 값과 Y 값을 콤마(,)로 구분하여 입력합니다. 극좌표의 경우는 부등호 기호(〈)로 구분 입력합니다.

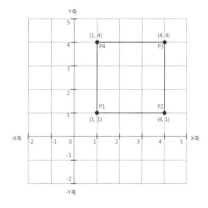

P1을 시작으로 P2지점의 절대좌표는 4,1 상대좌표는 @3,0이며, 상대극좌표는 @3〈0입니다.

• 절대 좌표계(X, Y)	• 상대 좌표계 (@ X ,Y)	• 상대 극 좌표계 (@거리<각도)
L Enter	L Enter	L Enter
1, 1 엔터(P1지점)	1,1 엔터(P1지점)	1, 1 엔터(P1지점)
4, 1 엔터(P2지점)	@3, 0 엔터(P2, X축으로 3만큼 이동)	@3〈 0 엔터(P2지점)
4, 4 엔터(P3지점)	@0, 3 엔터(P3, Y축으로 3만큼 이동)	@3〈 90 엔터(P3지점)
1, 4 엔터(P4지점)	@−3, 0 엔터(P4, X축으로 −3만큼 이동)	@3〈 180 엔터(P4지점)
	@1, 1 엔터(P1, Y축으로 −3만큼 이동)	@3〈 270 엔터(P1지점)

LIMITS(작업 영역) 개념

LIMITS란 도면의 작업 영역, 또는 용지 크기를 설정하는 명령어입니다. 도면을 그리기 위해서는 제일 먼저 영역의 크기을 지정하고, 시작하는 것이 좋습니다. 사용자가 그리려는 부품이 10mm짜리 부품이라면 영역은 이 부품을 표현할 수 있는 2~3배로 설정하면 됩니다. 즉 가로, 세로 20~30mm 정도의 영역을 설정하면 10mm의 부품은 표현할 수 있음을 의미합니다.

:: 명령라인 ::

Command: LIMITS Enter
모형 공간 한계 재설정:(현재 설정이 모델 영역임을 표시합니다.)
왼쪽 아래 구석 지정 또는 [켜기(ON)/끄기(OFF)] 〈0.0000,0.0000〉: Enter
(왼쪽 아래의 위치를 지정합니다. 특별한 경우가 아니면 기본값을 유지합니다.)
오른쪽 위 구석 지정 〈420.0000,297.0000〉: 30, 30 Enter(영역의 오른쪽 위쪽 좌표를 지정합니다.)

오토캐드의 초기화면 영역은 왼쪽 아래가 0, 0이고 오른쪽 위가 420, 297이 되는 영역을 갖습니다.

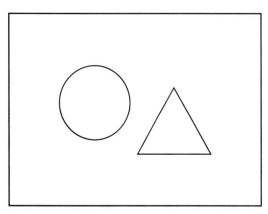

▲ Limits 값을 [30, 30]으로 설정한 경우

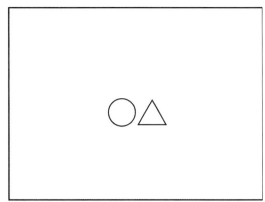

▲ Limits 값을 [100, 100]으로 설정한 경우

10 ZOOM(화면 확대 및 축소) 사용 방법

화면을 확대 및 축소하는 기능입니다. 작업 시 도면의 전체 또는 일부를 확대 축소하여 세밀하게 작업할 수 있습니다.

※ ZOOM(Z) 명령어의 전체(A) 기능과 범위(E) 기능을 주로 사용합니다.

:: 명령라인 ::

Command: Z [Enter]
윈도우 구석을 지정, 축척 비율(nX 또는 nXP)을 입력, 또는
[전체(A)/중심(C)/동적(D)/범위(E)/이전(P)/축척(S)/윈도우(W)/객체(O)] 〈실시간〉: A [Enter]
명령 옵션 설명
전체(A): 0,0을 기준으로 전체 화면을 보여줍니다.
중심(C): 센타점을 줌심으로 확대합니다.
동적(D): 움직이는 박스를 이용하여 원하는 부분을 확대합니다.
범위(E): A 기능과 비슷하지만 현재 화면의 그림만 확대합니다.
윈도우(W): 원하는 부분을 박스로 지정하여 확대합니다.

작업 화면을 확대, 축소하기 위한 다양한 명령 아이콘들의 모음입니다. Zoom 명령의 옵션들을 아이콘화하였습니다.

물체의 크기를 변화시키는 것이 아니라, 물체를 자세히 보거나 전체적인 화면을 볼 때 사용하는 명령어입니다.

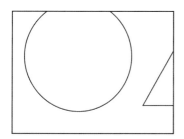

▲ 현재 작업화면

▲ All (전체보기 화면)

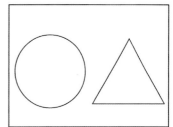

▲ Extend(범위 화면)

11 초점 이동(PAN) ✋

> ▶ **Command : P Enter**

Command: P Enter
화면에 뷰를 이동합니다. 실시간으로 도면 표시를 초점 이동할 수 있습니다. 마우스휠을 누른 채 이동해도 됩니다.

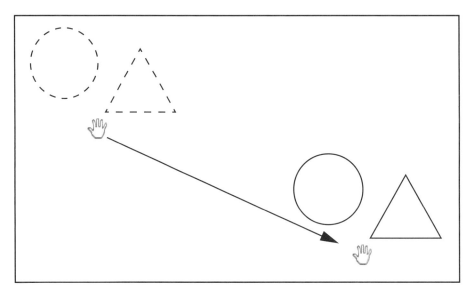

▲ 객체를 화면에서 자유롭게 이동

12 객체 스냅(OSNAP)

> **▶ Command : OS 또는 SE** [Enter]

Command: OS 또는 SE [Enter]

오토캐드에서 중요한 부분으로 Osnap은 Object Snap의 약자로 오브젝트에서 정확한 점을 찾아주는 기능을 의미합니다. 객체의 끝점이나, 중심점 등을 눈으로 보고 선택한다는 것은 거의 불가능한 일입니다. 그러므로 정확한 점을 선택할 때는 반드시 Osnap을 이용하여야 합니다. 이것은 화면 하단 상태바의 아이콘이 켜져 있는 경우만 실행되므로 유의합니다. Osnap을 설정하기 위해 아래와 같이 필요한 부분을 체크하여 설정합니다.

객체의 정확한 점들을 찾아주는 기능으로 도면 작성 시 Osnap을 이용하지 않으면 정확한 도면을 그릴 수 없습니다. CAD 프로그램들의 중요한 특징 중의 하나가 정확하다는 것입니다. AutoCAD는 정확한 점들을 찾아서 지정하기 위해 Osnap이라는 객체 스냅 기능을 가지고 있습니다.

AutoCAD의 Osnap은 다른 캐드 프로그램들의 표준으로 정착되고 있으며 기능이 다양하고 사용하기 쉽게 만들어져 있습니다. 도면 작성 시에 Osnap을 사용하지 않고 임의로 선택한 점들은 정확도를 보장 받을 수 없으므로 큰 종이에 출력하는 경우 오차를 갖게 됩니다.

Osnap은 AutoCAD의 일반 명령들처럼 명령 : 상태에서 직접 사용되는 명령은 아니며 AutoCAD의 명령들에서 점(point)을 선택하는 경우에 사용할 수 있는 명령입니다. 즉, Line 명령을 선택하면 From point : 상태가 되는데 이때는 시작점을 선택하라는 메시지이므로 시작점을 Osnap의 기능을 이용하여 선택할 수 있습니다.

Osnap을 다양한 방법으로 불러낼 수 있습니다.

① 작업 화면에서 [Shift]를 누른 상태에서 마우스 오른쪽 버튼을 선택하면 Osnap 메뉴가 나타납니다.

:: 명령라인 ::

명령: L [Enter]
LINE
첫 번째 점 지정: P1 (마우스 왼쪽 버튼 클릭)
다음 점 지정 또는 [명령 취소(U)]: [Shift]를 누르고 마우스 오른쪽 버튼을 클릭

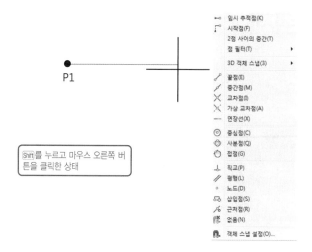

② 각 Osnap 명령의 첫 3글자를 직접 입력합니다. 즉, Line 명령을 선택하면 Line 첫 번째 점 지정 : 상태가 되는데 이때 END를 입력하면 선의 시작점은 다른 객체의 끝점에서 시작합니다.

:: 명령라인 ::

명령: L [Enter]
LINE
첫 번째 점 지정: P1 (마우스 왼쪽 버튼 클릭)
다음 점 지정 또는 [명령 취소(U)]: END [Enter]

③ 아이콘을 이용하는 방법으로 아이콘에서 마우스 오른쪽 버튼을 클릭하면 메뉴가 나타나는데 여기서 객체 스냅을 켜면 Osnap 관련 아이콘들이 모두 나타납니다. 자주 이용할 때는 객체 스냅 툴바를 켜 놓고 작업하면 편리합니다.

화면 왼쪽 상단의 빈공간 여백에서 마우스 오른쪽 버튼 클릭 〉 AutoCAD 〉 객체 스냅 선택

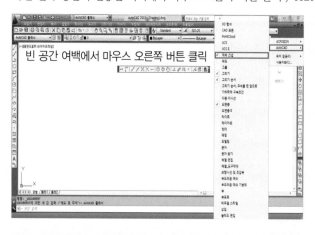

④ AutoCAD의 상태막대에서 마우스 오른쪽 버튼을 클릭한 후에 필요한 객체 스냅을 선택하여 작업하는 방법입니다.

:: 명령라인 ::

명령: OS 또는 SE [Enter] (= 작업 화면에서는 [Shift] + 마우스 오른쪽 버튼 클릭)

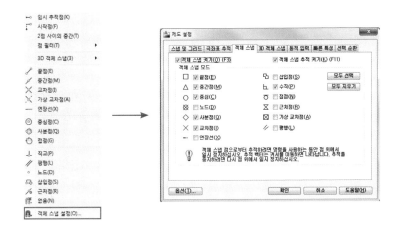

⑤ 그 외에도 명령 실행 중 마우스 오른쪽 버튼을 클릭하면 스냅 재지정(V)을 사용할 수 있습니다.

:: 명령라인 ::

명령: L [Enter]
LINE
첫 번째 점 지정: P1 (마우스 왼쪽 버튼 클릭)
다음 점 지정 또는 [명령 취소(U)]: 마우스 오른쪽 버튼 클릭

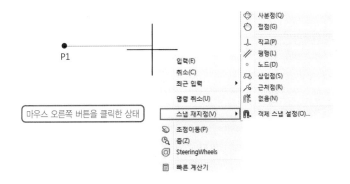

① 끝점(END): 선택된 객체의 끝점을 지정합니다.

② 중간점(MID): 선택된 객체의 중간점을 지정합니다.

③ 중심점(CEN): 원의 중심점를 지정합니다.

④ 점(NODE): 선택된 객체의 POINT(점)를 지정합니다.

⑤ 사분점(QUA): 객체의 사분점을 지정합니다.

⑥ 교차점 (INT): 객체의 교차점을 지정합니다.

⑦ 삽입점(S): 블럭의 삽입점을 지정합니다.

⑧ 수직점(PER): 수직선을 지정합니다.

⑨ 접선(TAN): 원, 호, 직선의 접하는 점을 지정합니다.

⑩ 가상교차점(A): 3D 작업 시 같은 평면에 없는 두 객체의 가시적 교차점으로 스냅하지만 현재 뷰에서 교차하는 것으로 나타날 수 있습니다. 3D 솔리드의 모서리 또는 구석에서 작동하지 않습니다.

⑪ 평행(L): 평행점. 평행한 점을 찾아줍니다. 평행선을 그릴 때 이용하면 편리합니다.

⑫ 연장선(X): 연장점. 선이나 호의 연장된 위치의 점을 찾아줍니다. 다른 Osnap 명령들과 같이 사용하는 경우가 많습니다.

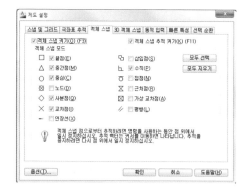

도면작업 전 가장 많이 사용되는 끝점, 중간점, 중심, 사분점, 교차점, 수직점은 기본적으로 체크하여 작업합니다.

기초 명령어 단축키 일람표

앞으로 공부할 캐드의 기초 명령어와 함께 단축키를 잘 익혀 두도록 합니다.

NO	기능	명령어	단축키	icon	NO	기능	명령어	단축키	icon
1	선 그리기	LINE	L		21	무늬 넣기	HATCH	H	
2	지우기(DEL)	ERASE	E		22	폴리선	PLINE	PL	
3	명령 취소 (CTRL+Z)	UNDO	U		23	선 분해	EXPLODE	X	
4	직사각형	RECTANG	REC		24	선 결합	JOIN	J	
5	복사	COPY	CO/CP		25	선 끊기	BRACK	BR	
6	이동	MOVE	M		26	객체 정렬	ALIGN	AL	
7	회전	ROTATE	RO		27	도면층 특성 (F2:이름 바꾸기)	LAYER	LA	
8	간격 띄우기 (평행 복사)	OFFSET	O		28	특성 일치	MATCHPROP	MA	
9	선 자르기	TRIM	TR		29	무한선 긋기	XLINE	XL	
10	선 연장	EXTEND	EX		30	치수 스타일 관리자	DIMSTYLE	D	
11	원	CIRCLE	C		31	화면 확대, 축소	ZOOM	Z	
12	호	ARC	A		32	블록 작성	BLOCK	B	
13	대칭복사	MIRROR	MI		33	멀티뷰 생성	MVIEW	MV	
14	모깍기 (모서리 둥글게)	FILLET	F		34	선 축척 조절	LTSCALE	LTS	
15	모따기 (모서리 각지게)	CHAMFER	CHA		35	지시선 그리기	LEADER	LE	
16	객체의 크기를 확대, 축소	SCALE	SC		36	화면 재생성	REGEN	RE	
17	신축	STRETCH	S		37	면적	AREA	AA	
18	다각형	POLYGON	POL		38	작업범위 설정	LIMITS	–	
19	타원	ELLIPSE	EL		39	배열복사 대화창	ARRAYCLASSIC	–	
20	문자 입력 (글자 수정 : ED)	TEXT	T		40	옵션 설정	OPTION	OP	

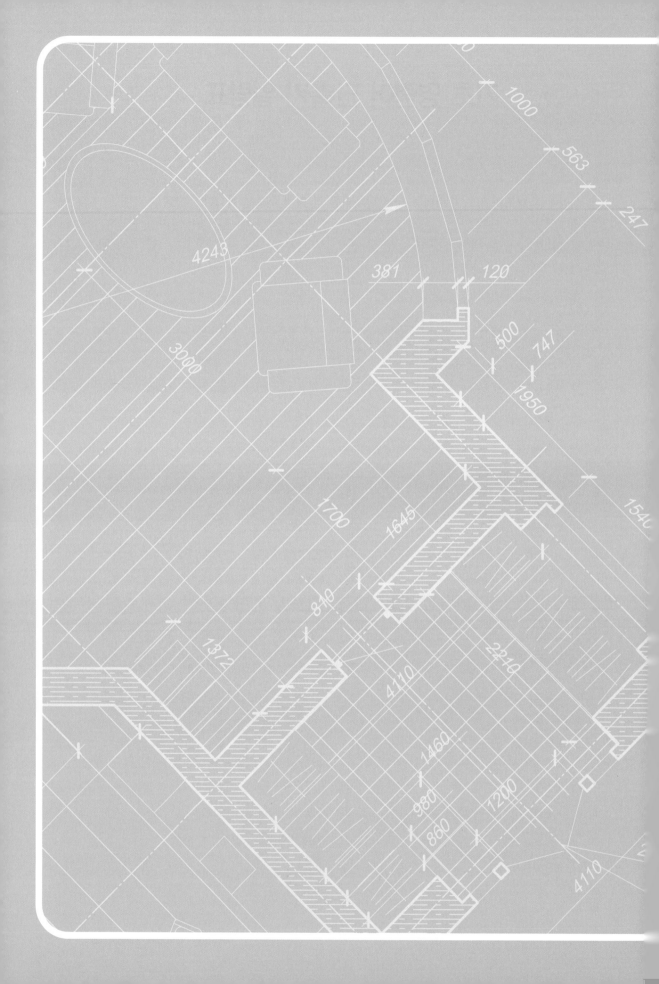

PART 01

2차원 기초

part1에서는 캐드 기초 명령어부터 차근차근 살펴보겠습니다.

꼭 필요하고 알아두어야 할 기초 명령 사용법과 연습 예제를 익혀봅니다. 초보자 및 CAD 실무능력평가 2급을 처음 준비하시는 분들은 가장 중요한 기본 PART라고 할 수 있습니다.

선 그리기(LINE)

▶ **Command : L** Enter

Line이란 직선을 그리는 명령어로 단축키는 (L)입니다. AutoCAD에서 주로 단축키를 입력하여 사용합니다.

설명

아래 그림을 그려봅니다.

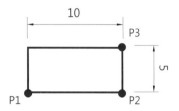

:: 명령라인 ::

Command: L Enter
첫 번째 점 지정: 임의의 위치 P1 클릭(F8 직교모드 사용) Enter
다음 점 지정 또는 [명령 취소(U)]: 10 (P2) Enter
다음 점 지정 또는 [닫기(C)/명령 취소(U)]: 5 (P3)

① 첫 번째 점(P1)을 임의로 클릭하고 다음 점(P2)을 지정 시 선이 자유롭게 움직인다면 F8을 눌러 직교모드를 켭니다.

② 직교모드를 켠 상태에서 시작점(P1)을 기준으로 십자선 방향을 아래 그림과 같이 오른쪽으로 두고 치수 '10'을 입력하면 길이가 10인 선이 그려집니다.

③ 10만큼 간 지점에서 수직 위에 있는 P3점으로 그림과 같이 십자선을 맞추고 또 다시 치수 '5'를 입력하면 길이가 5인 선이 그려집니다.

④ 설명에 있는 그림을 완성합니다.

예제 1 아래 그림과 같이 글자를 Line을 이용하여 그려봅니다.

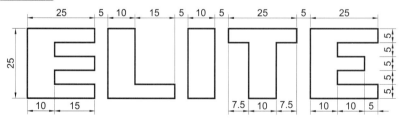

◆ 선그리기(Line) 명령어를 이용하여 작도해 봅니다.

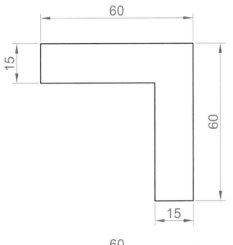

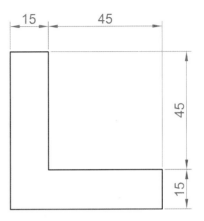

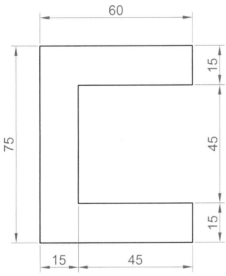

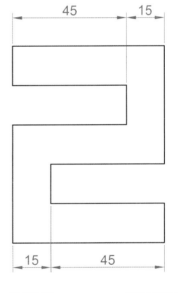

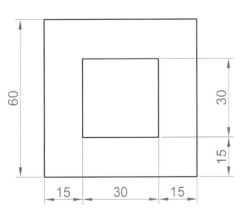

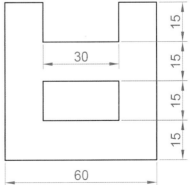

◆ 선그리기(Line) 명령어를 이용하여 작도해 봅니다.

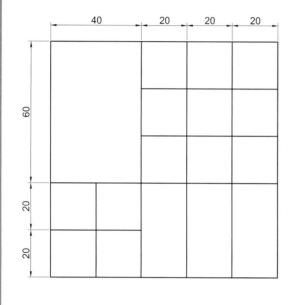

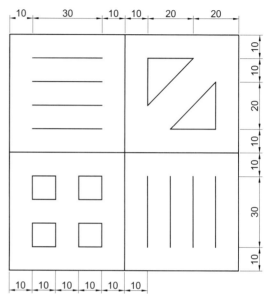

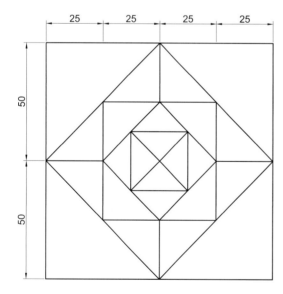

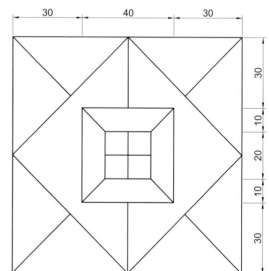

◆ 선그리기(Line) 명령어를 이용하여 작도해 봅니다.

지우기(ERASE), 실행 취소(UNDO), 되살리기(REDO)

1) 지우기(ERASE)

▶ **Command:** E Enter

객체를 선택하여 지우는 명령어입니다.

:: 명령라인 ::

Command: E Enter
선택 객체: 지우고자 하는 객체를 클릭(1찾음)
선택 객체: 추가 객체를 선택(더 이상 선택할 객체가 없으면 Enter)

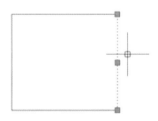

 Delete를 눌러 지우는 것도 같은 기능입니다.

2) 실행 취소(UNDO)

▶ **Command:** U Enter

전에 사용한 명령을 실행 취소하는 명령어입니다. 한 단계씩 실행 취소되므로 유용한 기능입니다.

 Ctrl+Z를 눌러 취소하는 방법도 같은 기능입니다.

3) 되살리기(REDO)

▶ **Command:** REDO Enter

UNDO 명령에 의해서 취소한 명령을 1번씩 되돌립니다.

3 사각형 그리기(RECTANGLE)

> **▶ Command:** REC [Enter]

사각형을 만들 때 사용하는 명령어입니다. 이 명령어를 사용하면 선이 묶인선으로 취급됩니다.
간편하게 사각형을 그릴 수 있기 때문에 자주 사용되는 기능입니다.

1) 두 점을 클릭하여 그릴 경우

:: 명령라인 ::

Command: REC [Enter]
첫 번째 구석점 지정 또는 [모따기(C)/고도(E)/모깎기(F)/두께(T)/폭(W)]: P1점 클릭
다른 구석점 지정 또는 [영역(A)/치수(D)/회전(R)]: P2점 클릭

2) 시작점 클릭 후 상대좌표를 이용한 거리값을 이용할 경우(@가로 길이, 세로 길이 입력)

:: 명령라인 ::

Command: REC [Enter]
첫 번째 구석점 지정 또는 [모따기(C)/고도(E)/모깎기(F)/두께(T)/폭(W)]: P1점 클릭
다른 구석점 지정 또는 [영역(A)/치수(D)/회전(R)]: @10, 10
(@x, y 상대좌표를 이용하여 가로, 세로 길이가 10인 정사각형을 그릴 수 있습니다.)

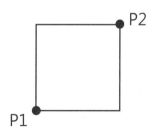

P1, P2 두 점 클릭 방법

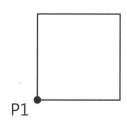

상대좌표를 이용한 경우

4 # 복사하기(COPY), 이동하기(MOVE)

1) 복사하기(COPY)

▶ **Command:** CO 또는 CP Enter

이동이나 복사는 개념과 방법이 거의 유사합니다. 원본 객체가 남느냐 없어지느냐 하는 차이이므로 이것만 알고 있으면 같은 개념입니다.

객체를 이동, 복사할 때 주의할 점은 기준점입니다. 기준점만 잘 선택하면 쉽게 원하는 위치까지 이동이나 복사를 할 수 있습니다. 기준점은 반드시 객체스냅(Osnap)을 이용하는 것이 좋습니다.

:: 명령라인 ::

Command: CO 또는 CP Enter
객체 선택: 복사할 객체나 선분 선택(1개를 찾음)
객체 선택: 추가 객체를 선택(더 이상 선택할 객체가 없으면 Enter)
기본점 지정 또는 [변위(D)/모드(O)] 〈변위(D)〉: 기준점 지정(P1)
두 번째 점 지정 또는 [배열(A)] 〈첫 번째 점을 변위로 사용〉: 복사해 가는 지점의 기준 지정(P2)
두 번째 점 지정 또는 [배열(A)/종료(E)/명령 취소(U)] 〈종료〉: 추가 기준 지정
(종료 시 Enter)

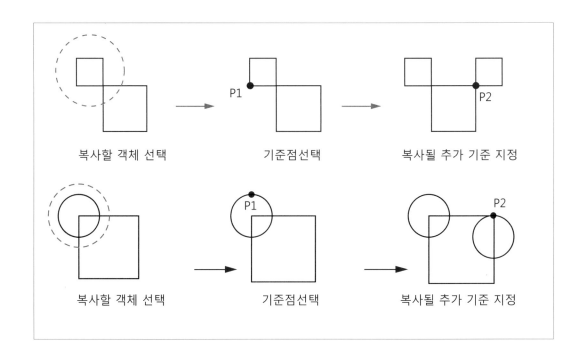

복사할 객체 선택 　　　　 기준점선택 　　　　 복사될 추가 기준 지정

복사할 객체 선택 　　　　 기준점선택 　　　　 복사될 추가 기준 지정

2) 이동하기(MOVE)

▶ Command: M [Enter]

:: 명령라인 ::

Command: M [Enter]
객체 선택: 이동할 객체나 선분 선택(1개를 찾음)
객체 선택: 추가 객체를 선택(더 이상 선택할 객체가 없으면 [Enter])
기본점 지정 또는 [변위(D)/모드(O)] 〈변위(D)〉: 기준점 지정(P1)
두 번째 점 지정 또는 [배열(A)] 〈첫 번째 점을 변위로 사용〉: 이동할 곳의 기준 지정(P2)
두 번째 점 지정 또는 [배열(A)/종료(E)/명령 취소(U)] 〈종료〉: 추가 기준 지정(또는 종료 시 [Enter])

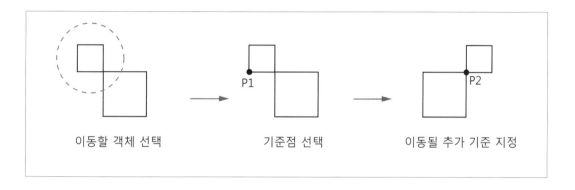

이동할 객체 선택   기준점 선택   이동될 추가 기준 지정

예제 1

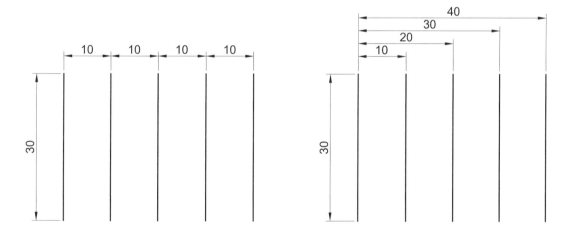

◆ 복사(Copy)와 이동(Move) 명령어를 활용해서 작도해 봅니다.

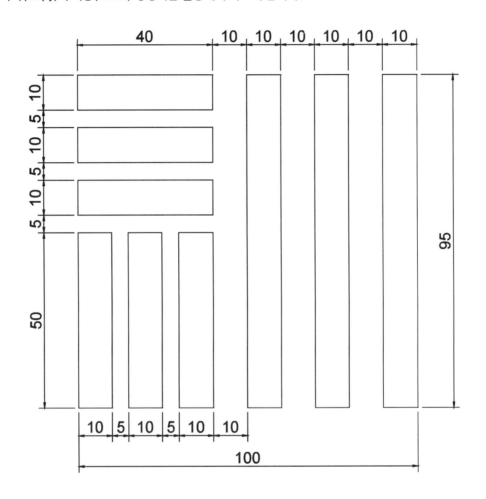

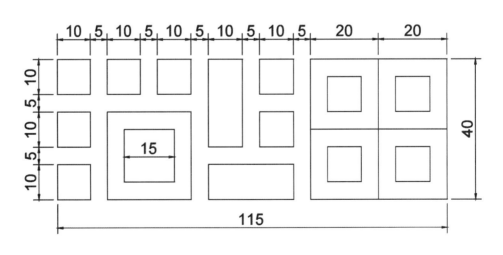

회전하기(ROTATE)

▶ **Command:** RO [Enter]

객체를 회전하는 명령어입니다. 도면에 정해진 각도로 회전하는 중요한 기능입니다.
0도를 기준으로 반시계 방향을 + 방향, 시계 방향을 – 방향으로 정의하고 있습니다.
마우스로 지정한 기준점을 중심으로 +, – 방향이 정해지므로 주의해야 합니다.

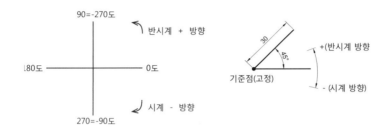

1) 회전하기

:: 명령라인 ::

Command: RO [Enter]
현재 UCS에서 양의 각도: 측정 방향 = 시계 반대 방향 기준 방향 = 0
객체 선택: S1 객체 선택(1개를 찾음)
객체 선택: 추가 객체를 지정하거나 더 이상 객체가 없으면 [Enter]
기준점 지정: 회전할 기준점 클릭(C1) [Enter]
회전 각도 지정 또는 [복사(C)/참조(R)] ⟨0⟩: 30 [Enter](회전각도 입력)

2) 회전 시 복사하기

:: 명령라인 ::

Command: RO [Enter]
현재 UCS에서 양의 각도: 측정 방향 = 시계 반대 방향 기준 방향 = 0
객체 선택: S1 객체 선택(1개를 찾음)
객체 선택: 추가 객체를 지정하거나 더 이상 객체가 없으면 [Enter]
기준점 지정: 회전할 기준점 클릭(C1)
회전 각도 지정 또는 [복사(C)/참조(R)] ⟨0⟩: C [Enter]

회전 각도 지정 또는 [복사(C)/참조(R)] ⟨0⟩: 30 Enter (회전각도 입력)

S1 객체 선택

기준점(C1)

30도 회전 복사됨

3) 회전 시 참조(Reference) 기능

:: 명령라인 ::

Command: RO Enter
현재 UCS에서 양의 각도: 측정 방향 = 시계 반대 방향 기준 방향 = 0
객체 선택: 객체 선택S1(1개를 찾음)
객체 선택: 추가 객체를 지정하거나 더 이상 객체가 없으면 Enter
기준점 지정: 회전할 기준점 클릭(C1)
회전 각도 지정 또는 [복사(C)/참조(R)] ⟨0⟩: R Enter
참조 각도를 지정 ⟨0⟩: 참조 각도 P1 지정
Specify second point: P2 지정
새 각도 지정 또는 [점(P)] ⟨0⟩: 0 Enter

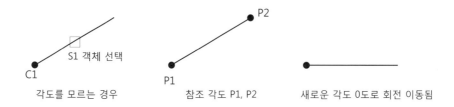

각도를 모르는 경우

C1

S1 객체 선택

참조 각도 P1, P2

P1

P2

새로운 각도 0도로 회전 이동됨

> **예제 1**

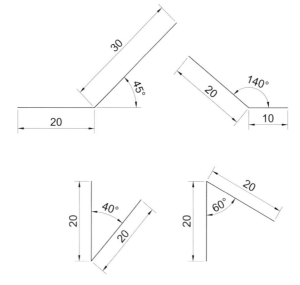

◆ 회전하기(Rotate) 명령어를 활용해서 작도해 봅니다.

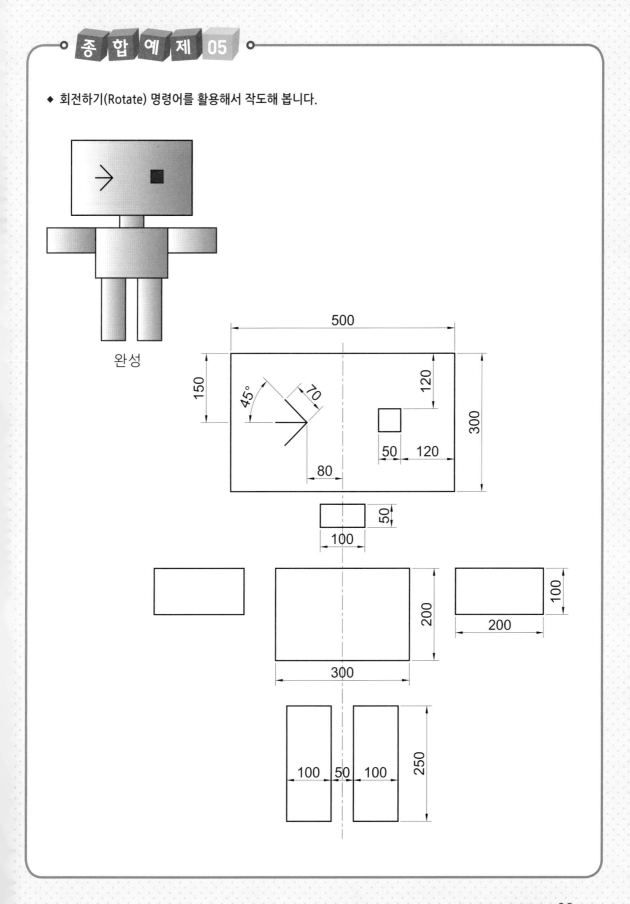

완성

◆ 회전하기(Rotate) 명령어를 활용해서 작도해 봅니다.

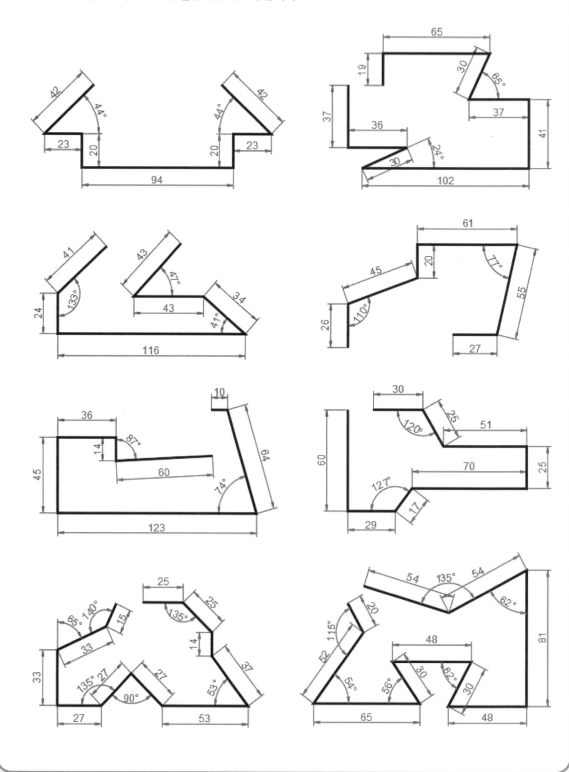

6 등간격 평행복사(OFFSET)

> ▶ **Command:** O Enter

객체를 일정한 간격으로 평행하게 복사하는 기능으로 오토캐드에서 가장 많이 사용하는 명령어입니다. 매우 중요한 명령이므로 잘 익혀두어야 합니다.

:: 명령라인 ::

Command: O Enter
간격띄우기 거리 지정 또는 [통과점(T)/지우기(E)/도면층(L)] 〈통과점〉: 20 Enter
간격띄우기할 객체 선택 또는 [종료(E)/명령 취소(U)] 〈종료〉: 객체 선택(S1)
간격띄우기할 면의 점 지정 또는 [종료(E)/다중(M)/명령 취소(U)] 〈종료〉: P1 클릭
간격띄우기할 객체 선택 또는 [종료(E)/명령 취소(U)] 〈종료〉: Enter

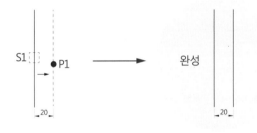

※참고: 양방향으로 등간격 복사가능합니다.

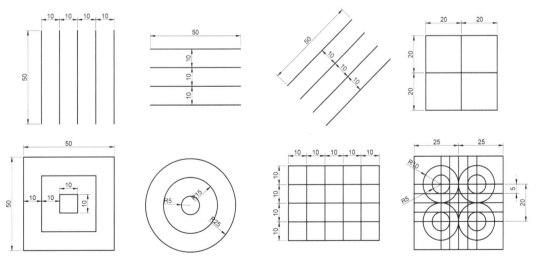

7 선 자르기(TRIM), 선 연장하기(EXTEND)

TRIM은 특정 부위를 잘라내는 명령입니다. EXTEND는 지정한 경계까지 연장할 수 있습니다. 객체를 자르거나 연장하는 명령어로서 기능만 반대일 뿐 실행하는 방법은 동일합니다.

※주의: TRIM 명령을 입력하고 나오는 '객체선택'은 자를 객체를 선택하는 것이 아니라, 잘라지기 위한 교차점을 가지고 있는 객체를 먼저 선택하고, '자를 객체선택' 시 자를 부분을 선택해야 합니다.

1) 선 자르기(TRIM)

▶ **Command: TR** Enter

:: 명령라인 ::

Command: TR Enter
객체 선택 또는 〈모두 선택〉: Enter(엔터를 누르면 객체를 모두 선택함)
자를 객체 선택 또는 Shift**를 누른 채 선택하여 연장 또는 [울타리(**F**)/.../명령 취소(**U**)]:** 자를 부분 클릭
자를 객체 선택 또는 Shift**를 누른 채 선택하여 연장 또는[울타리(F)/.../명령 취소(U)]:**

2) 선 연장하기(EXTEND)

▶ **Command: EX** Enter

:: 명령라인 ::

Command: EX Enter
객체 선택 또는 〈모두 선택〉: (엔터를 누르면 객체를 모두 선택함)
연장할 객체 선택 또는 Shift**를 누른 채 선택하여 자르기 또는[울타리(**F**)/.../명령 취소(**U**)]:** S1 클릭
※주의: S1 선택 시 선의 가장 끝부분을 선택해야 합니다.
연장할 객체 선택 또는 Shift**를 누른 채 선택하여 자르기 또는 [울타리(F)/.../명령 취소(U)] :**

> **Plus Tip+**
> TR(또는 EX)를 Enter를 2번 누른 후 자를 부분을 클릭하면 바로 자르거나 늘릴 수 있습니다.
> TR 또는 EX 명령어 실행 중 키보드의 Shift를 누른 상태로 선택하면 반대 기능으로 잠시 바꿔 사용할 수 있습니다. 두 가지 방법 모두 매우 유용한 방법이므로 잘 익혀둡니다.

◆ 선자르기(Trim), 선 연장하기(Extend) 명령어를 활용해서 작도해 봅니다.

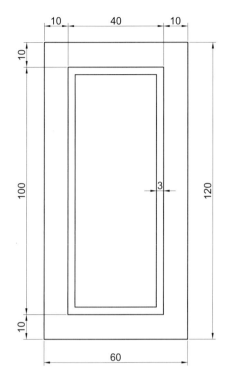

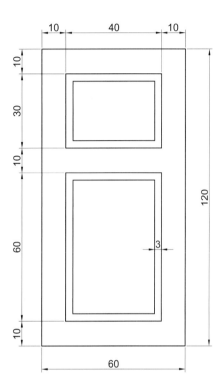

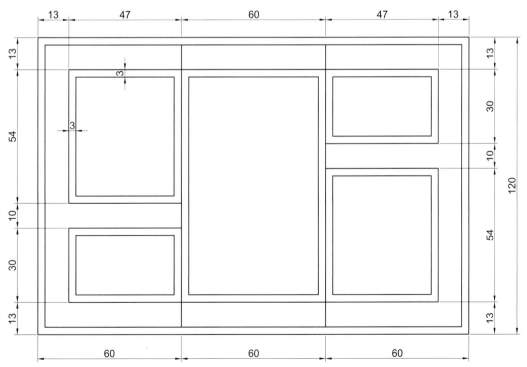

◆ 선자르기(Trim), 선 연장하기(Extend) 명령어를 활용해서 작도해 봅니다.

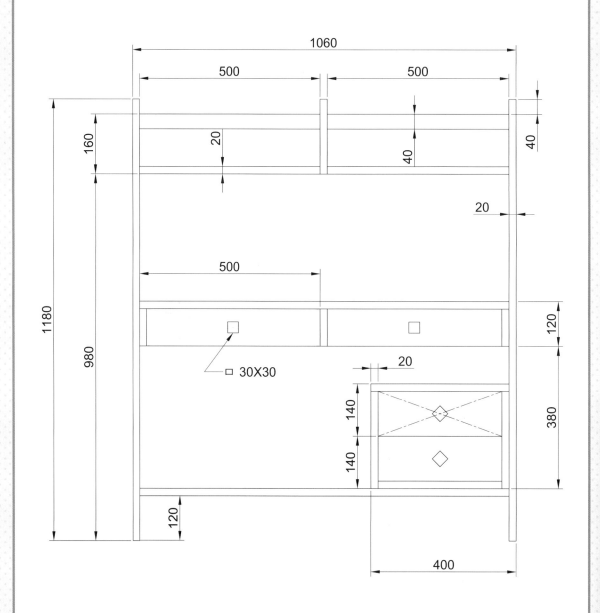

8 원 그리기(CIRCLE)

▶ **Command:** C Enter

원을 그리는 기본 방법은 원의 중심을 지정하고 원의 반지름을 입력하는 방법입니다. 명령어 실행 후 하위 명령어에서 2점, 3점, 접선, 접선, 반지름 등 다양한 방법으로 그릴 수 있습니다.

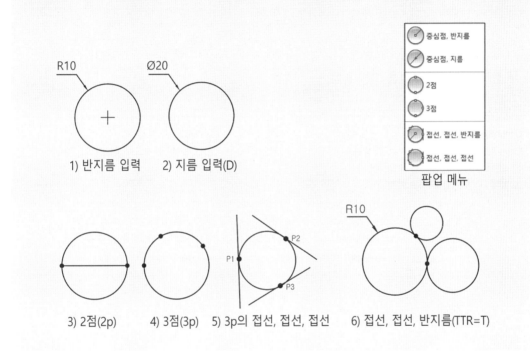

1) 반지름 입력   2) 지름 입력(D)

3) 2점(2p)   4) 3점(3p)   5) 3p의 접선, 접선, 접선   6) 접선, 접선, 반지름(TTR=T)

팝업 메뉴

1) 반지름 값을 입력하는 경우 중심점, 반지름

:: 명령라인 ::

Command: C Enter
Command: 원에 대한 중심점 지정 또는 [3점(3P)/2점(2P)/Ttr – 접선, 접선, 반지름(T)]: 중심점 클릭
Command: 원의 반지름 지정 또는 [지름(D)]: 반지름 값 입력 Enter

P1
중심점 지정   반지름 입력   Ø20 P1

2) 지름값을 입력하는 경우 중심점, 지름

:: 명령라인 ::

Command: C Enter
Command: 원에 대한 중심점 지정 또는 [3점(3P)/2점(2P)/Ttr – 접선, 접선, 반지름(T)]: 중심점 클릭
Command: 원의 반지름 지정 또는 [지름(D)]: D Enter
Command: 지름값 입력 Enter

3) 두 점(2P)을 지나는 원을 그릴 경우 2점

:: 명령라인 ::

Command: C Enter
Command: 원에 대한 중심점 지정 또는 [3점(3P)/2점(2P)/Ttr – 접선, 접선, 반지름(T)]: 2P Enter
원 지름의 첫 번째 끝점을 지정: P1
원 지름의 두 번째 끝점을 지정: P2

4) 세 점(3P)을 지나는 원을 그릴 경우 3점

:: 명령라인 ::

Command: C Enter
Command: 원에 대한 중심점 지정 또는 [3점(3P)/2점(2P)/Ttr – 접선, 접선, 반지름(T)]: 3P Enter
원 위의 첫 번째 점 지정: P1
원 위의 두 번째 점 지정: P2
원 위의 세 번째 점 지정: P3

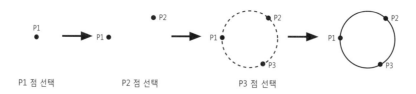

5) 세 점(3P)을 지나는 접선을 이용하여 그릴 경우 접선, 접선, 접선

:: 명령라인 ::

Command: C Enter
Command: 원에 대한 중심점 지정 또는 [3점(3P)/2점(2P)/Ttr – 접선, 접선, 반지름(T)]: 3P Enter
원 위의 첫 번째 점 지정: TAN –〉 P1
원 위의 두 번째 점 지정: TAN –〉 P2
원 위의 세 번째 점 지정: TAN –〉 P3

※OSNAP의 사분점을 미리 체크해두고 하면 편리합니다.

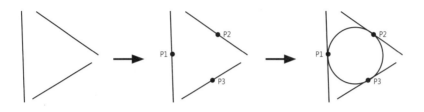

6) 두 점을 접하고 반지름 값을 입력하여 원을 그릴 경우 접선, 접선, 반지름

:: 명령라인 ::

Command: C Enter
Command: 원에 대한 중심점 지정 또는 [3점(3P)/2점(2P)/Ttr – 접선, 접선, 반지름(T)]: T Enter
원의 첫 번째 접점에 대한 객체 위의 점 지정: P1
원의 두 번째 접점에 대한 객체 위의 점 지정: P2 Enter
원의 반지름 지정 〈0〉: 10

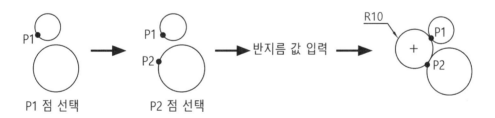

◆ 원그리기(Circle) 명령어를 활용해서 작도해 봅니다.

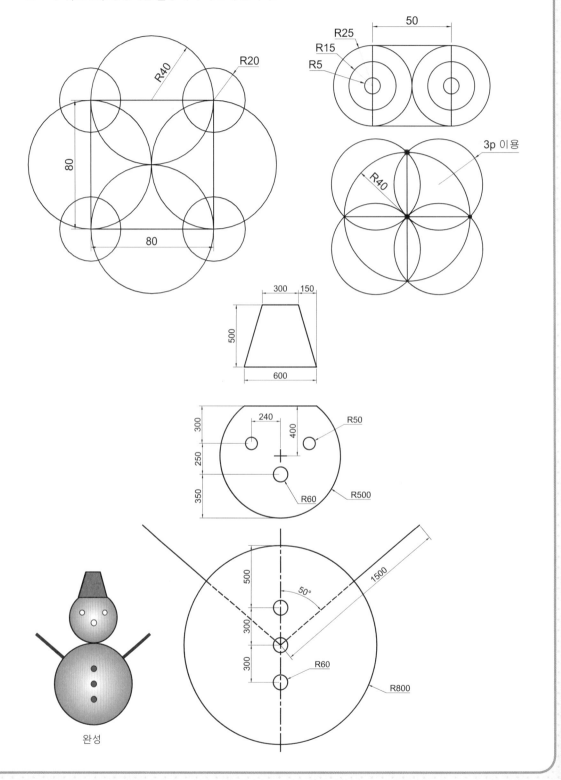

완성

◆ 원그리기(Circle) 명령어를 활용해서 작도해 봅니다.

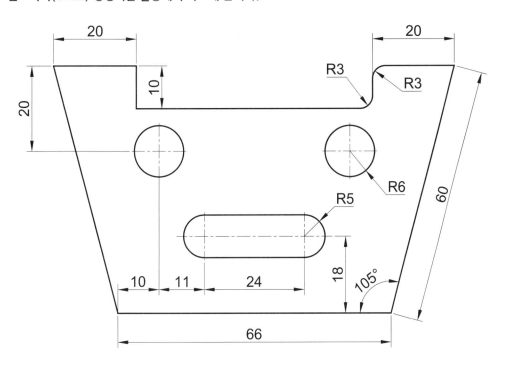

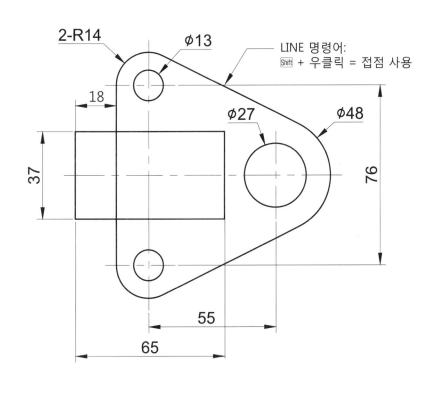

LINE 명령어:
Shift + 우클릭 = 접점 사용

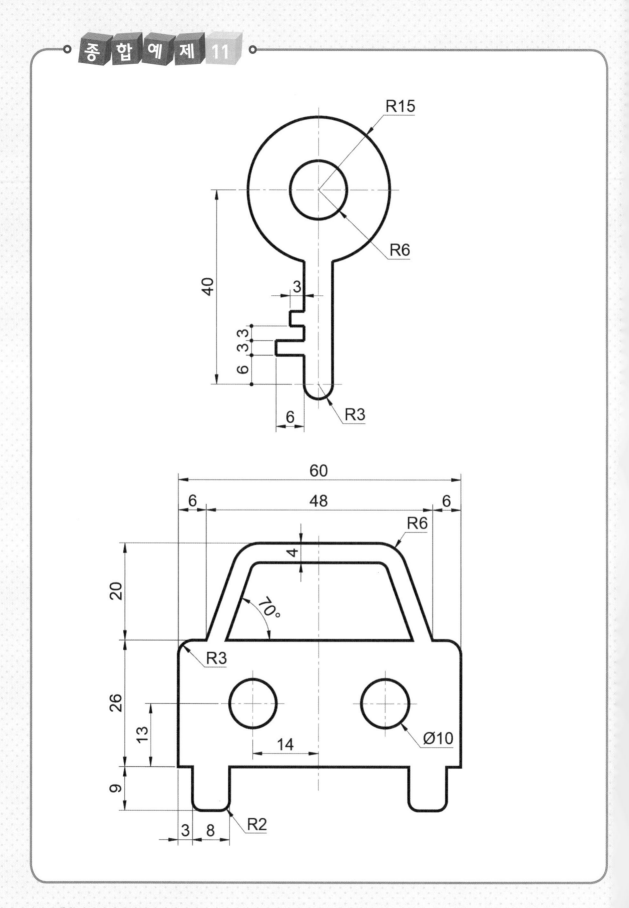

호 그리기(ARC)

▶ **Command:** A Enter

호를 그리는 방법은 좀 어렵게 느낄 수 있겠지만 몇 가지만 알고 있으면 쉽게 그릴 수 있습니다. 호를 그리기 위해서는 중심점, 시작점, 끝점, 각도, 방향 등 여러 가지 정보에 의해 호를 그릴 수 있습니다. 그러므로 사용자는 호를 그리기 전에 치수 및 방법을 고려하여 그려야 합니다.

:: 용어 설명 ::

S(시작점), C(중심점), End(끝점), Ang(각도), Len(길이), Dir(방향), Rad(반지름) 등을 의미합니다.
이 옵션들의 조합으로 호를 그릴 수 있습니다.

툴바 메뉴

3 Points	
Start, Center, End	
Start, Center, Angle	
Start, Center, Length	
Start, End, Angle	
Start, End, Direction	
Start, End, Radius	
Center, Start, End	
Center, Start, Angle	
Center, Start, Length	
Continue	

옵션 설명

- 3Point: 3점을 이용하여 호를 그립니다.
- S, C, E: 시작점, 중심점, 끝점을 이용하여 호를 그립니다.
- S, C, A: 시작점, 중심점, 각도를 이용하여 호를 그립니다.
- S, C, L: 시작점, 중심점, 길이를 이용하여 호를 그립니다.
- S, E, A: 시작점, 끝점, 각도를 이용하여 호를 그립니다.
- S, E, D: 시작점, 끝점, 방향을 이용하여 호를 그립니다.
- S, E, R: 시작점, 끝점, 반지름을 이용하여 호를 그립니다.
- C, S, E: 중심점, 시작점, 끝점을 이용하여 호를 그립니다.
- C, S, A: 중심점, 시작점, 각도를 이용하여 호를 그립니다.
- C, S, L: 중심점, 시작점, 길이를 이용하여 호를 그립니다.

1) 세 점(3P)을 이용하여 그리는 방법

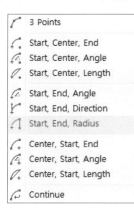

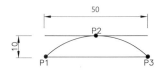

2) 반지름 값이 주어진 경우: S.E.R(Start. End. Radius)

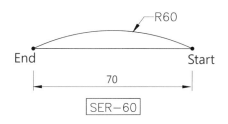

3) 각도가 주어지는 경우: S.C.A(Start. Center. Angle)

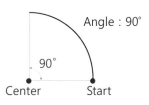

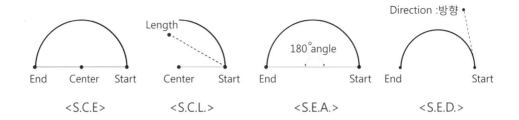

End   Center   Start   Center   Start   End   Start   End   Start

<S.C.E>   <S.C.L.>   <S.E.A.>   <S.E.D.>

Plus Tip +

* 호는 원과 직선을 이용해서 잘라낸 것(TRIM)과 같습니다.

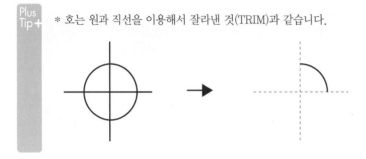

예제 1

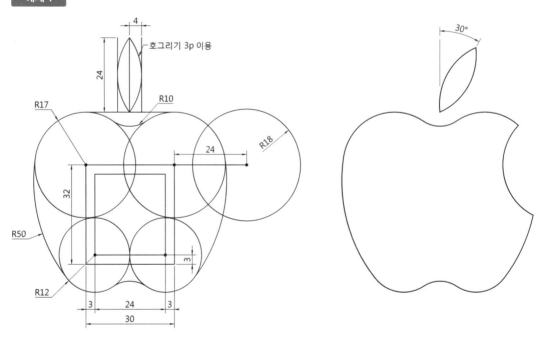

◆ 아래 그림은 평면도와 정면도입니다. 물체를 연상하면서 치수의 연관성과 형상을 이해한다는 생각으로 작도해 봅니다. ※정면도의 타원 부분은 생략함

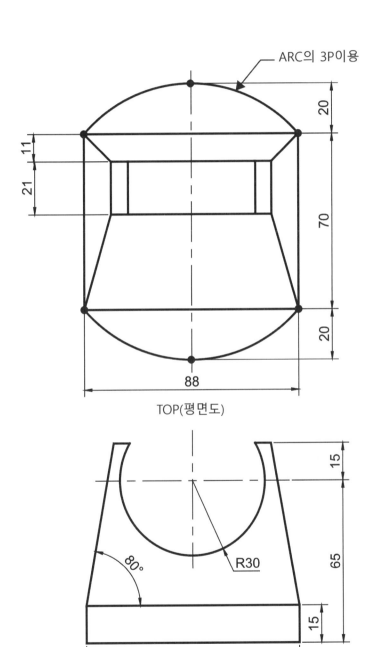

ARC의 3P이용

TOP(평면도)

3D 참고 이미지

FRONT(정면도)

◆ 아래 그림은 평면도와 정면도입니다. 물체를 연상하면서 치수의 연관성과 형상을 이해한다는 생각으로 작도해 봅니다.

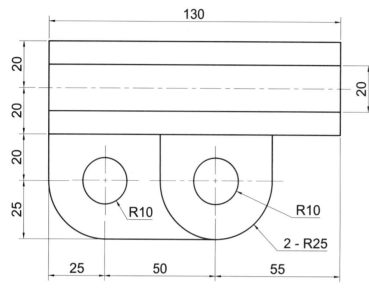

TOP(평면도)

3D 참고 이미지

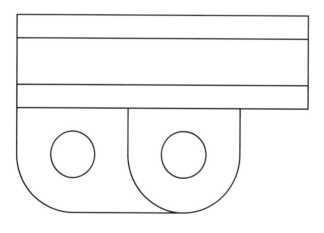

완성

◆ 배관(PIPE)을 설계하여 봅니다. 아래 배관 설계도에서 실제 배관을 조립한다는 생각으로 아래와 같이 분리하여 보면 좀더 쉽게 이해할 수 있습니다.

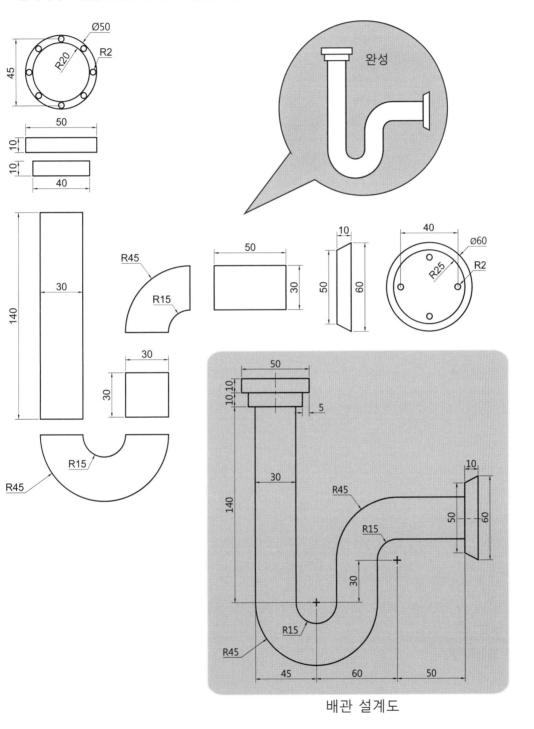

배관 설계도

10 대칭 복사(MIRROR)

> ▶ **Command:** MI [Enter]

작업 시 일반적인 사물을 좌우 또는 상하로 대칭하여 복사하는 기능입니다.

대칭복사를 할 때는 대칭축을 기준으로 하기 때문에 선의 위치를 잘 지정하여야 합니다. 또 마지막 메시지인 Delete source objects?는 원본 오브젝트의 생성 여부를 조정합니다. 기본 설정은 NO 이고 원본 객체를 남기지만, 'Yes'를 입력하면 원본 객체는 없어지고 대칭 복사된 객체만 나타납니다. 하지만 이런 경우는 많지 않고, 원본과 대칭 복사본을 같이 사용하는 경우가 더 많습니다.

:: 명령라인 ::

Command: MI [Enter]
객체 선택: 대칭 복사할 객체 선택(1개를 찾음)
객체 선택: 추가 객체를 지정하거나 더 이상 객체가 없으면 [Enter]
대칭선의 첫 번째 점 지정: 기준선의 첫 번째 기준점 지정(P1)
대칭선의 두 번째 점 지정: 기준선의 두 번째 기준점 지정(P2) [Enter]
원본 객체를 지우시겠습니까? [예(Y)/아니오(N)] 〈N〉: N [Enter](N 원본 미삭제, Y 원본 삭제)

1) 좌우대칭

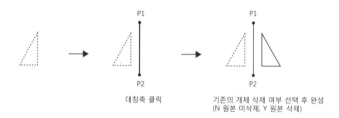

대칭축 클릭

기존의 개체 삭제 여부 선택 후 완성
(N 원본 미삭제, Y 원본 삭제)

2) 상하대칭

대칭축 클릭

기존의 개체 삭제 여부 선택 후 완성
(N 원본 미삭제, Y 원본 삭제)

3) 경사대칭

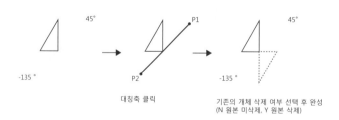

대칭축 클릭

기존의 개체 삭제 여부 선택 후 완성
(N 원본 미삭제, Y 원본 삭제)

◆ 대칭복사(Mirror) 명령어를 활용해서 작도해 봅니다.

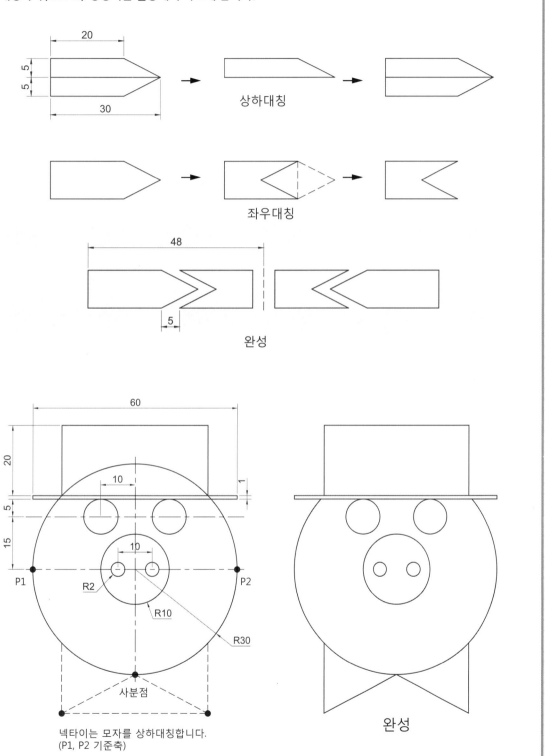

상하대칭

좌우대칭

완성

넥타이는 모자를 상하대칭합니다.
(P1, P2 기준축)

완성

◆ 대칭복사(Mirror) 명령어를 활용해서 캐릭터를 작도해 봅니다.

완성

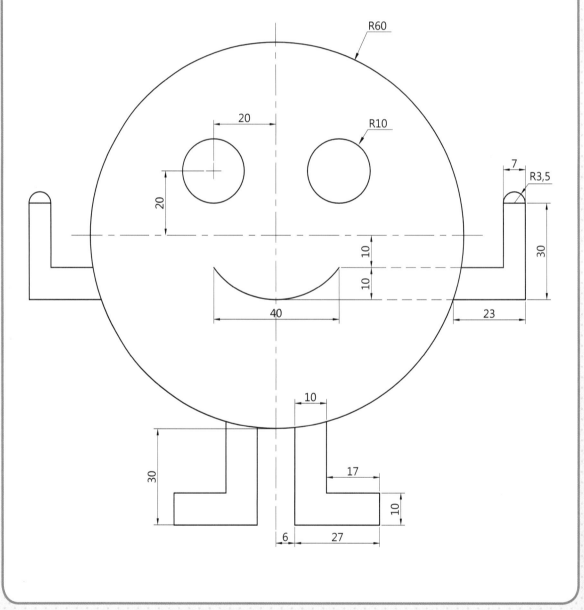

◆ 아래 그림은 정면도입니다. 3차원 물체를 연상하면서 형상을 이해한다는 생각으로 작도해 봅니다.

3D 참고 이미지

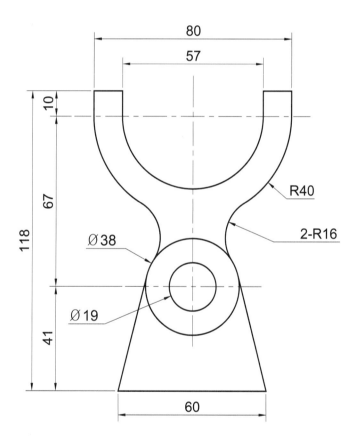

FRONT(정면도)

11 모깎기(FILLET)

모서리 처리는 두 가지 방법을 사용합니다. 이 명령은 각진 부분이나, 둥근 부분 처리 등에 이용되는 명령입니다. 많이 사용되는 명령이므로 옵션들까지 정확히 파악해 둡니다.

▶ Command: F [Enter]

:: 명령라인 ::

Command: F [Enter]
현재 설정: 모드 = 자르기, 반지름 = 0.0000
첫 번째 객체 선택 또는 [명령 취소(U)/폴리선(P)/반지름(R)/자르기(T)/다중(M)]: R [Enter]
모깎기 반지름 지정 ⟨0.0000⟩: 10
첫 번째 객체 선택 또는 [명령 취소(U)/폴리선(P)/반지름(R)/자르기(T)/다중(M)]: P1 선택
두 번째 객체 선택 또는 [Shift]를 누른 채 선택하여 구석 적용 또는 [반지름(R)]: P2 선택

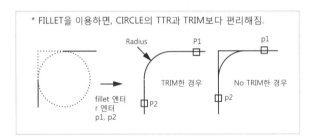

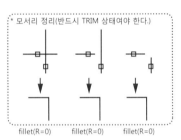

예제 1

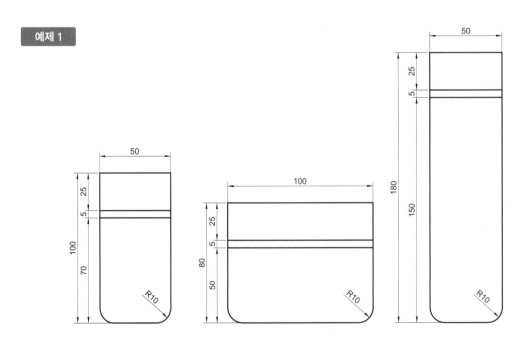

12 모따기(CHAMFER)

▶ **Command:** CHA Enter

:: 명령라인 ::

Command: CHA Enter
(자르기 모드) 현재 모따기 거리1 = 0.0000, 거리2 = 0.0000
첫 번째 선 선택 또는 [명령 취소(U)/폴리선(P)/거리(D)/각도(A)/자르기(T)/메서드(E)/다중(M)]: D Enter
첫 번째 모따기 거리 지정 〈0.0000〉: 5 Enter
두 번째 모따기 거리 지정 〈5.0000〉: 5 Enter
첫 번째 선 선택 또는 [명령 취소(U)/폴리선(P)/거리(D)/각도(A)/자르기(T)/다중(M)]: P1 선택
두 번째 선 선택 또는 Shift를 누른 채 선택하여 구석 적용 또는 [거리(D)/각도(A)/]: P2 선택

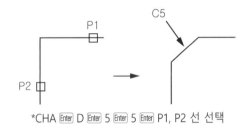

*CHA Enter D Enter 5 Enter 5 Enter P1, P2 선 선택

:: 명령라인 ::

Command: CHA Enter
(자르기 모드) 현재 모따기 거리1 = 0.0000, 거리2 = 0.0000
첫 번째 선 선택 또는 [명령 취소(U)/폴리선(P)/거리(D)/각도(A)/자르기(T)/메서드(E)/다중(M)]: D Enter
첫 번째 모따기 거리 지정 〈0.0000〉: 5 Enter
두 번째 모따기 거리 지정 〈5.0000〉: 2 Enter
첫 번째 선 선택 또는 [명령 취소(U)/폴리선(P)/거리(D)/각도(A)/자르기(T)/다중(M)]: P1 선택
두 번째 선 선택 또는 Shift를 누른 채 선택하여 구석 적용 또는 [거리(D)/각도(A)/]: P2 선택

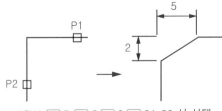

*CHA Enter D Enter 5 Enter 2 Enter P1, P2 선 선택

◆ 아래 그림은 정면도입니다.3 차원 물체를 연상하면서 형상을 이해한다는 생각으로 작도해 봅니다.

3D 참고 이미지

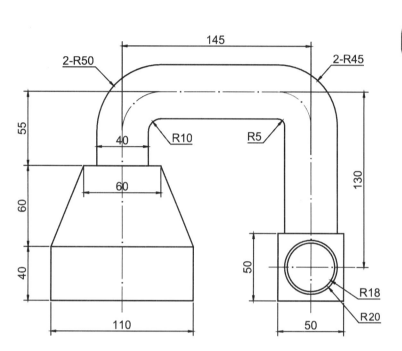

FRONT(정면도)

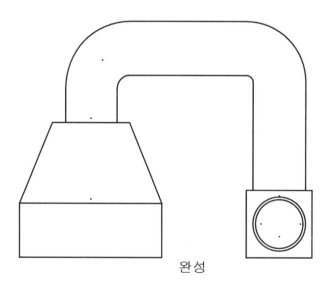

완 성

13 축척 조절하기(SCALE)

▶ **Command:** SC Enter

선택된 객체의 크기를 조정합니다. 기준점은 반드시 Osnap을 이용하고, 기준점을 기준으로 크기가 커지거나 작아지게 됩니다.

:: 명령라인 ::

Command: SC Enter
객체 선택: 객체 선택(1개를 찾음)
객체 선택: 추가 객체를 지정하거나 더 이상 객체가 없으면 Enter
기준점 지정: 객체 기준점 지정
축척 비율 지정 또는 [복사(C)/참조(R)]: 2 Enter(2 = 2배 확대, 0.5 =1/2 축소)

예제 1

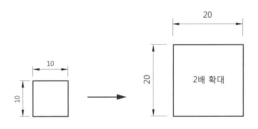

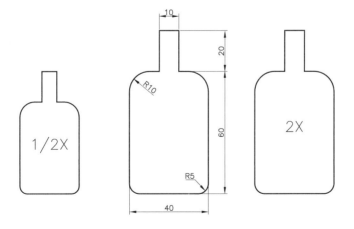

크기를 확대하는 경우는 수치값을 1, 2, 3...10..100... 등으로 입력하고, 축소하는 경우에는 0.5, 0.1, 0.01(1/2,1/3) 등 소수점 이하의 형식으로 입력하여 크기를 조절합니다.

14 늘리고 줄이기(STRETCH)

▶ **Command: S [Enter]**

stretch 기능은 scale과 다르게 한쪽 방향으로 늘이거나 줄일 때 사용됩니다. scale의 경우 정배율로 크기가 조절되지만, stretch는 원하는 영역을 선택하여 조절할 수 있습니다.

:: 명령라인 ::

Command: S [Enter]
걸침 윈도우 또는 걸침 다각형만큼 신축할 객체 선택...
객체 선택: 반대 구석 지정: 늘리기할 영역을 마우스로 드래그하여 P1, P2(1개를 찾음)
객체 선택: 추가 객체를 지정하거나 더 이상 객체가 없으면 [Enter]
기준점 지정 또는 [변위(D)] 〈변위〉: 기준점 클릭(임의의 지점을 마우스 클릭)
두 번째 점 지정 또는 〈첫 번째 점을 변위로 사용〉: 10 [Enter] 십자선을 늘어날 방향으로 두고 치수 입력(또는 십자선을 이동 방향으로 두고 거리 지정)

10만큼 모서리 늘리고 되돌리기(P1, P2의 위치를 주의)

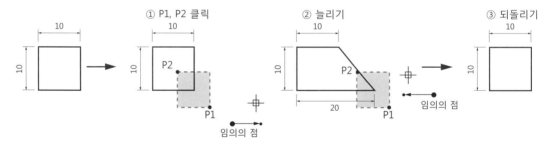

10만큼 단방향으로 늘리고 되돌려보기(P1, P2의 위치를 주의)

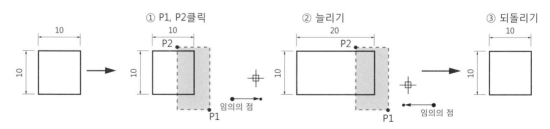

◆ 늘리고 줄이기(Stretch) 명령어를 활용해서 작도해 봅니다.

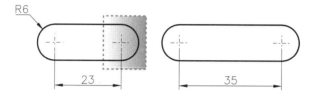

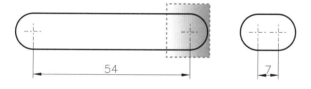

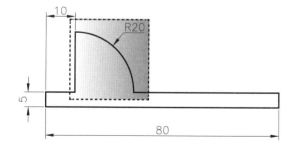

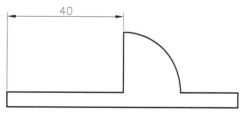

15 다각형 그리기(POLYGON)

▶ **Command: POL** Enter

다각형을 그리는 방법은 한 변의 길이를 이용하는 방법, 원에 내접하게 그리는 방법, 원에 외접하게 그리는 방법이 있습니다. 다각형 그리기를 이용하면 삼각형, 오각형, 별모양, 육각형 등 다양한 모양을 그릴 수 있습니다. Polygon은 단일 객체로 취급됩니다. 그러므로 그려진 객체를 Offset하는 경우 전체가 영향을 받게 됩니다. 또 한 번의 선택으로 다각형을 지울 수 있습니다. 이 단일 객체를 분해하기 위해서는 Explode 명령을 이용합니다. 이렇게 하면 각각의 선으로 분리됩니다.

:: 명령라인 ::

Command: POL Enter
POLYGON 면의 수 입력 〈4〉: 5 Enter (면의 수 입력)
다각형의 중심을 지정 또는 [모서리(E)]: 다각형의 중심점 지정(C1)
옵션을 입력 [원에 내접(I)/원에 외접(C)] 〈I〉: I Enter (내접하는 경우 I, 외접하는 경우 C 입력)
원의 반지름 지정: 10 Enter

모서리(E): 다각형의 한 변의 길이를 입력하여 다각형을 작도합니다.
내접(I)과 외접(C): 입력된 반지름에 외접하거나 내접하는 다각형을 작성합니다.

반지름이 10인 원의 내접과 외접 다각형의 예	모서리(E) : Edge를 이용
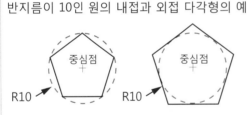 원에 내접(I)하는 오각형　원에 외접(C)하는 오각형	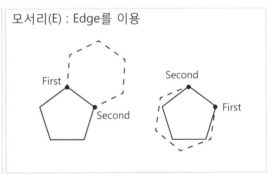

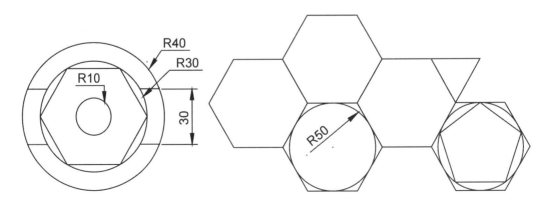

16 타원 그리기(ELLIPSE)

▶ **Command:** EL Enter

타원은 장축과 단축으로 이루어져 있습니다. 즉, 정원처럼 일정한 곡률을 이루고 있지 않습니다. 타원을 그리는 방법은 타원의 축의 끝점 또는 중심으로 그리는 방법이 있습니다. 원과 마찬가지로 Osnap의 Centerpoint(중심점), Quadrant(4분점)를 사용할 수 있습니다.

1) 축의 끝점을 이용한 방법

장축의 양끝(P1), (P2)와 단축의 수직(P3)을 이용하여 타원을 만들 수 있습니다. 타원 그리기의 첫 번째 방법으로 가장 일반적으로 사용됩니다.

:: 명령라인 ::

Command: EL Enter
타원의 축 끝점 지정 또는 [호(A)/중심(C)]: P1
축의 다른 끝점 지정: P2
다른 축으로 거리를 지정 또는 [회전(R)]: P3

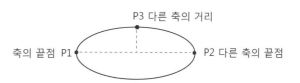

2) 중심을 이용한 방법

타원의 중심점과 장축과 단축 끝을 이용하여 타원을 만들 수 있습니다. 이 방법은 타원을 그릴 때 반드시 중심(P1)부터 클릭해야 하며 장축의 한쪽 끝(P2)과 단축의 한쪽 끝 지점(P3)을 알고 있어야 합니다.

:: 명령라인 ::

Command: EL Enter
타원의 축 끝점 지정 또는 [호(A)/중심(C)]: C Enter
타원의 중심점 지정: P1
축의 다른 끝점 지정: P2
다른 축으로 거리를 지정 또는 [회전(R)]: P3

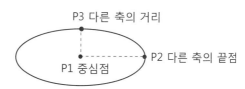

◆ 타원그리기(Ellipse) 명령어를 활용해서 작도해 봅니다.

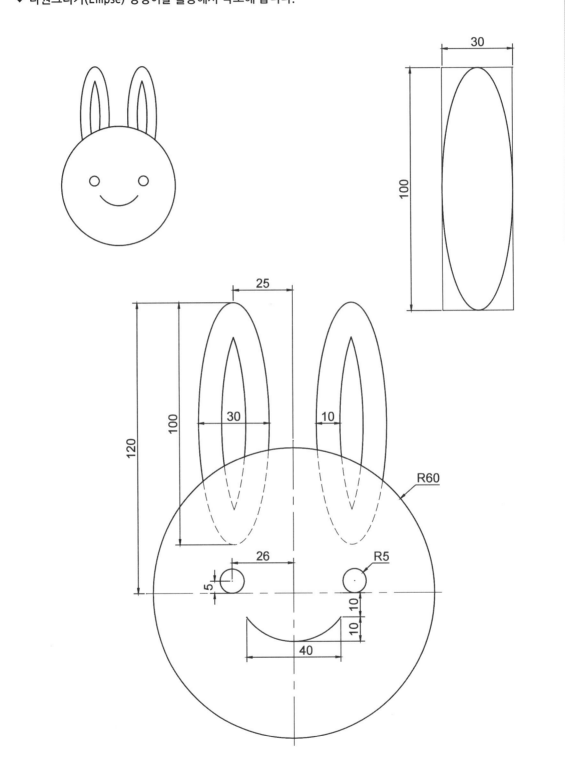

17 배열 복사하기(ARRARY)

> ▶ **Command:** AR Enter

같은 모양의 객체를 여러 개로 일정한 간격으로 복사하는 기능으로 도면 작업 시 없어서는 안되는 매우 유용한 기능입니다. 배열은 크게 두 종류가 있습니다. 선형 배열은 세로(열), 가로(행) 방향으로 배열 복사되고 원형 배열은 원의 중심이 되는 축을 기준으로 회전 복사됩니다. 두 가지 경우 모두 많이 이용되며 도면을 그리는 시간을 단축할 수 있습니다.

 2014버전 이상의 경우 명령어 "ARRAYCLASSIC"으로 입력해야 대화창이 나타납니다.

1) 직사각형 배열 복사(Rectangular Array)

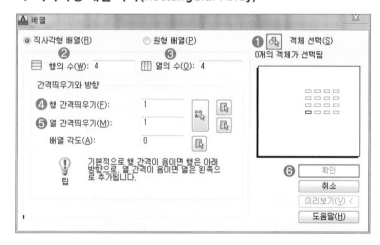

❶ 객체 선택
❷ 세로 수(Rows)
❸ 가로 수(Columns)
❹ 세로 간격(Row Offset)
❺ 가로 간격(Column Offset)
❻ 확인

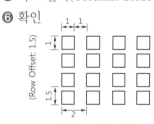

(Column Offset: 2)
Rows: 4, Columns: 4

2) 회전 배열 복사(Polar Array)

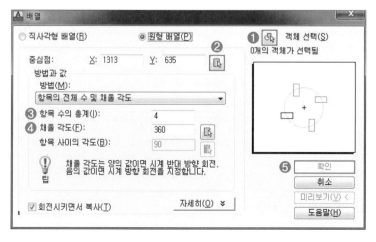

❶ 객체 선택
❷ 중심점(Center Point)
❸ 전체 개수(Total Number of Items)
❹ 채울 각도(Angle to Fill)
❺ 확인

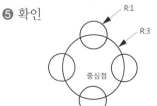

전체 개수 : 4, 전체 각도: 360°

3) 리본 메뉴 사용

▶ **Command:** AR Enter

❶ 직사각형 배열 복사

• 행(수직 방향)과 열(수평 방향)의 일정 간격 사이를 두고 배열하여 복사합니다.
• 아래 그림에서 행의 사이 거리는 한 변의 길이(1)+수직 간격(0.8)을 더한 1.8을 입력합니다.
• 아래 그림에서 열의 사이 거리는 한 변의 길이(1)+수평 간격(1)을 더한 2를 입력합니다.

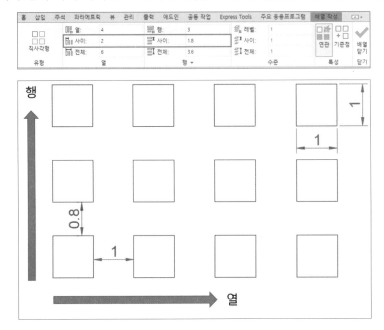

❷ 원형 배열 복사

• 복사할 전체 객체(항목)와 일정 사이를 두고 기준이 되는 원을 중심으로 회전하며 복사합니다.

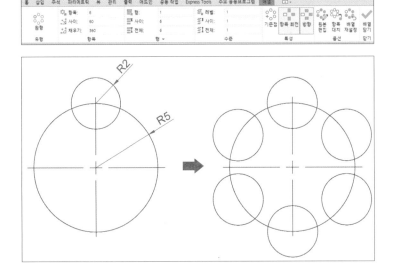

◆ 배열복사하기(Arrary) 명령어의 회전 배열 복사를 활용해서 작도해 봅니다.

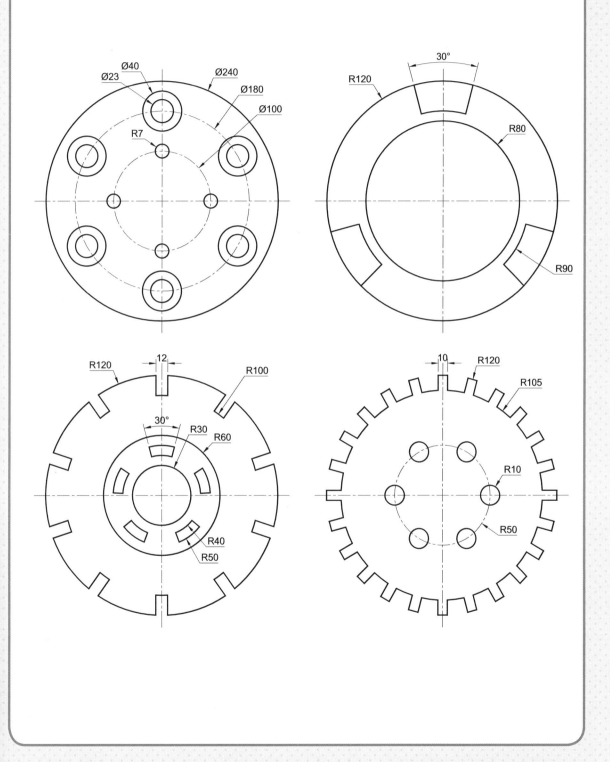

◆ 배열복사하기(Arrary) 명령어의 직사각형 배열 복사를 활용해서 작도해 봅니다. 복사(Copy)하기나 등간
  격 복사(Offset)를 이용해도 됩니다.

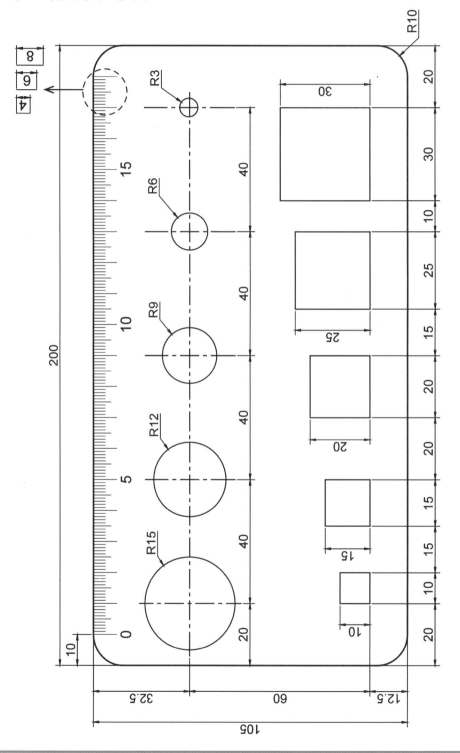

18 글자 쓰기(TEXT)

오토캐드를 이용하여 도면에 문자를 기입하는 것은 결코 쉬운 일이 아닙니다. 단순히 명령만을 알고 있다고 해서 도면에 정확히 문자를 입력할 수는 없습니다. 글자를 입력하는 방법에 대해 익혀보도록 합니다.

1) 다중행 문자 입력(TEXT 또는 MTEXT)

▶ **Command:** T Enter

:: 명령라인 ::

Command: T Enter
현재 문자 스타일: "Standard" 문자 높이: 2.5 주석: 아니오
첫 번째 구석 지정: 첫 번째 코너를 지정합니다. P1 클릭
반대 구석 지정 또는 [높이(H)/자리맞추기(J)/선 간격두기(L)/회전(R)/스타일(S)/폭(W)/열(C)]: P2 클릭
글자 입력 후 확인 버튼 클릭

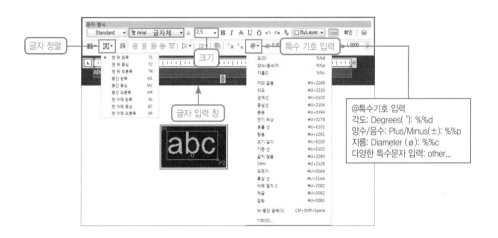

2) 글자 수정(DDEIDT)

▶ **Command:** ED Enter

DDEDIT(단축키 ED)를 이용하여 문자를 수정할 수 있습니다. 어떤 명령으로 사용하였느냐에 따라 mtext로 쓴 문자는 수정 시 대화상자가 나타나고, dtext로 쓴 문자는 바로 수정할 수 있게 됩니다. (※글자를 더블클릭하여도 수정이 가능합니다.)

3) 단일행 문자 입력

> ▶ **Command:** DT `Enter`

:: 명령라인 ::

Command: DT `Enter`
현재 문자 스타일: "Standard" 문자 높이: 2.5000 주석: 아니오
문자의 시작점 지정 또는 [자리맞추기(J)/스타일(S)]: 문자를 기입할 시작점 클릭
높이 지정 〈2.5000〉: 5 (문자의 높이를 지정 후) `Enter`
문자의 회전 각도 지정 〈0〉: `Enter` (수평쓰기는 0도를 지정)
AUTOCAD 입력 후 종료 `Enter` `Enter`

① DT(단일행 문자 입력)
하위명령어 중 J(자리맞춤)에서 문자 입력 시 정렬 옵션을 선택할 수 있습니다. 클릭한 시작점을 기준으로 문자
가 입력되는 방향이므로 아래 그림을 참고하세요.

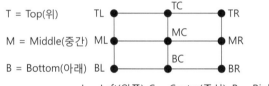

② 일정한 공간에 맞춰서 글을 쓰고자 할 경우 아래와 같이 FIT 기능을 이용하여 쓸 수 있습니다.

:: 명령라인 ::

명령: DT `Enter`
현재 문자 스타일: "Standard" 문자 높이: 2.5000 주석: 아니오
문자의 시작점 지정 또는 [자리맞추기(J)/스타일(S)]: FIT `Enter`
문자 기준선의 첫 번째 끝점을 지정: P1(시작점)
문자 기준선의 두 번째 끝점을 지정: P2(끝점)
높이 지정 〈2.5000〉: P3(문자 높이)
글자 입력 후 `Enter` `Enter`

*주의: FIT 기능을 이용 시 문자의 Style은 기본 설정값인 문자 높이 '0'으로 되어 있어야 합니다.

4) 특수 문자표(자음 입력 후 한자 키를 누르면 아래 특수문자가 나타납니다.)

◑ ㄱ + 한자 키

```
！'  ，  ·  ／  ：  ；  ？
＾  ˇ  ￣  ｀  ´  ˘  ¨  ˇ
…  ¨  ″  ─  ‖  ＼  ～  ´
～  ˘  ˘  ″  ˇ  ˙  ˙  ¡
¿  ：
```

◑ ㄴ + 한자 키

```
"  ( )  [ ]  { }  ‘  ’
“  ”  〔 〕 〈 〉 《 》 「
」『 』 【 】
```

◑ ㄷ + 한자 키

```
＋  －  ＜  ＝  ＞  ±  ×  ÷  ≠
≤  ≥  ∞  ∴  ♂  ♀  ∠  ⊥  ⌒
∂  ∇  ≡  ≒  ≪  ≫  √  ∽  ∝
∵  ∫  ∬  ∈  ∋  ⊆  ⊇  ⊂  ⊃
∪  ∩  ∧  ∨  ￢  ⇒  ⇔  ∀
∃  ∮  Σ  ∏
```

◑ ㄹ + 한자 키

```
$  %  ₩  F  ′  ″  ℃  Å  ¢
£  ¥  ¤  °F  ‰  ㎕  ㎖  ㎗  ℓ
㎘  ㏄  ㎟  ㎠  ㎡  ㎢  ㎚  ㎛
㎜  ㎝  ㎞  ㎟  ㎠  ㎡  ㎢  ㏊  ㎍
㎎  ㎏  ㏏  ㎈  ㎉  ㏈  ㎳  ㎲  ㎰
㎱  ㎲  ㎳  pV  nV  ㎶  ㎸  ㎹
㎾  ㎿  ㎐  ㎑  ㎒  ㎓  ㎔  Ω  ㏀
㏁  pF  nF  ㎌  ㏖  ㏅  rad  ㎭  ㎮
sr  Pa  ㎪  ㎫  ㎬  Wb  ℓm  ℓx  Bq
Gy  Sv  ㎏
```

◑ ㅁ + 한자 키

```
＃  ＆  ＊  ＠  §  ※  ☆  ★  ○
●  ◎  ◇  ◆  □  ■  △  ▲  ▽
▼  →  ←  ↑  ↓  ↔  ＝  ◁  ◀
▷  ▶  ♤  ♠  ♡  ♥  ♧  ♣  ▦
◈  ▧  ▨  ◐  ◑  ▣  ▤  ▥  ▩
☏  ☎  ⊙  ◈  ▣  ◁  ◎  ¶  †
‡  ↕  ↗  ↙  ↘  ↖  ♭  ♪  ♪
♬  ⓚ  ㈜  ㎢  ㎠  ™  am  pm  Tel
㉮  ㉯
```

◑ ㅂ + 한자 키

```
─  │  ┌  ┐  ┘  └  ├  ┬
┤  ┴  ┼  ━  ┃  ┏  ┓  ┛  ┗
┣  ┳  ┫  ┻  ╋  ┠  ┯  ┨  ┷
┿  ┝  ┰  ┥  ┸  ╂  ┒  ┑  ┚
┙  ┖  ┕  ┎  ┍  ┞  ┟  ┡  ┢
┦  ┧  ┩  ┪  ┭  ┮  ┱  ┲  ┵
┶  ┹  ┺  ┽  ┾  ╀  ╁  ╃  ╄
╅  ╆  ╇  ╈  ╉  ╊
```

◑ ㅅ + 한자 키

```
㉠  ㉡  ㉢  ㉣  ㉤  ㉥  ㉦  ㉧  ㉨
㉩  ㉪  ㉫  ㉬  ㉭  ㈀  ㈁  ㈂  ㈃
㈄  ㈅  ㈆  ㈇  ㈈  ㈉  ㈊  ㈋  ㈌
㈍  ㈎  ㈏  ㈐  ㈑  ㈒  ㈓  ㈔  ㈕
㈖  ㈗  ㈘  ㈙  ㈚  ㈛  ㈜  ㈝  ㈞
㈟  ㈠
```

◑ ㅇ + 한자 키

```
ⓐ  ⓑ  ⓒ  ⓓ  ⓔ  ⓕ  ⓖ  ⓗ  ⓘ
ⓙ  ⓚ  ⓛ  ⓜ  ⓝ  ⓞ  ⓟ  ⓠ  ⓡ
ⓢ  ⓣ  ⓤ  ⓥ  ⓦ  ⓧ  ⓨ  ⓩ  ①
②  ③  ④  ⑤  ⑥  ⑦  ⑧  ⑨  ⑩
⑪  ⑫  ⑬  ⑭  ⑮  (a)  (b)  (c)  (d)
(e)  (f)  (g)  (h)  (i)  (j)  (k)  (l)  (m)
(n)  (o)  (p)  (q)  (r)  (s)  (t)  (u)  (v)
(w)  (x)  (y)  (z)  (1)  (2)  (3)  (4)  (5)
(6)  (7)  (8)  (9)  (10)  (11)  (12)  (13)  (14)
(15)
```

◑ ㅈ + 한자 키

```
0  1  2  3  4  5  6  7  8
9  ⅰ  ⅱ  ⅲ  ⅳ  ⅴ  ⅵ  ⅶ  ⅷ
ⅸ  ⅹ  Ⅰ  Ⅱ  Ⅲ  Ⅳ  Ⅴ  Ⅵ  Ⅶ
Ⅷ  Ⅸ  Ⅹ
```

◑ ㅊ + 한자 키

```
½  ⅓  ⅔  ¼  ¾  ⅛  ⅜  ⅝  ⅞
¹  ²  ³  ⁴  ⁿ  ₁  ₂  ₃  ₄
```

◑ ㅋ + 한자 키

```
ㄱ  ㄲ  ㄳ  ㄴ  ㄵ  ㄶ  ㄷ  ㄸ  ㄹ
ㄺ  ㄻ  ㄼ  ㄽ  ㄾ  ㄿ  ㅀ  ㅁ
ㅂ  ㅃ  ㅄ  ㅅ  ㅆ  ㅇ  ㅈ  ㅉ  ㅊ
ㅋ  ㅌ  ㅍ  ㅎ  ㅏ  ㅐ  ㅑ  ㅒ  ㅓ
ㅔ  ㅕ  ㅖ  ㅗ  ㅘ  ㅙ  ㅚ  ㅛ  ㅜ
ㅝ  ㅞ  ㅟ  ㅠ  ㅡ  ㅢ  ㅣ
```

◑ ㅌ + 한자 키

```
ㄳ  ㄵ  ㄶ  ㄺ  ㄻ  ㄼ  ㄽ  ㄾ  ㄿ
ㅀ  ㅄ  ㅥ  ㅦ  ㅧ  ㅨ  ㅩ  ㅪ  ㅫ
ㅬ  ㅭ  ㅮ  ㅯ  ㅰ  ㅱ  ㅲ  ㅳ  ㅴ
ㅵ  ㅶ  ㅷ  ㅸ  ㅹ  ㅺ  ㅻ  ㅼ  ㅽ
ㅾ  ㅿ  ㆀ  ㆁ  ㆂ  ㆃ  ㆄ  ㆅ  ㆆ
ㆇ  ㆈ  ㆉ  ㆊ  ㆋ  ㆌ  ㆍ  ㆎ
```

◑ ㅍ + 한자 키

```
A  B  C  D  E  F  G  H  I
J  K  L  M  N  O  P  Q  R
S  T  U  V  W  X  Y  Z  a
b  c  d  e  f  g  h  i  j
k  l  m  n  o  p  q  r  s
t  u  v  w  x  y  z
```

◑ ㅎ + 한자 키

```
Α  Β  Γ  Δ  Ε  Ζ  Η  Θ  Ι
Κ  Λ  Μ  Ν  Ξ  Ο  Π  Ρ  Σ
Τ  Υ  Φ  Χ  Ψ  Ω  α  β  γ
δ  ε  ζ  η  θ  ι  κ  λ  μ
ν  ξ  ο  π  ρ  σ  τ  υ  φ
χ  ψ  ω
```

◑ ㄲ + 한자 키

```
Æ  Ð   IJ  Ŀ  Ł  Ø  Œ  Þ
Ŧ  Ŋ  æ  đ  ð  ħ  ı  ij  ĸ
ŀ  ł  ø  œ  ß  þ  ŧ  ŋ  ŉ
```

◑ ㄸ + 한자 키

```
ぁ  あ  ぃ  い  ぅ  う  ぇ  え  ぉ
お  か  が  き  ぎ  く  ぐ  け  げ
こ  ご  さ  ざ  し  じ  す  ず  せ
ぜ  そ  ぞ  た  だ  ち  ぢ  っ  つ
づ  て  で  と  ど  な  に  ぬ  ね
の  は  ば  ぱ  ひ  び  ぴ  ふ  ぶ
ぷ  へ  べ  ぺ  ほ  ぼ  ぽ  ま  み
む  め  も  ゃ  や  ゅ  ゆ  ょ  よ
ら  り  る  れ  ろ  ゎ  わ  ゐ  ゑ
を  ん
```

◑ ㅃ + 한자 키

```
ァ  ア  ィ  イ  ゥ  ウ  ェ  エ  ォ
オ  カ  ガ  キ  ギ  ク  グ  ケ  ゲ
コ  ゴ  サ  ザ  シ  ジ  ス  ズ  セ
ゼ  ソ  ゾ  タ  ダ  チ  ヂ  ッ  ツ
ヅ  テ  デ  ト  ド  ナ  ニ  ヌ  ネ
ノ  ハ  バ  パ  ヒ  ビ  ピ  フ  ブ
プ  ヘ  ベ  ペ  ホ  ボ  ポ  マ  ミ
ム  メ  モ  ャ  ヤ  ュ  ユ  ョ  ヨ
ラ  リ  ル  レ  ロ  ゥ  ワ  ヰ  ヱ
ヲ  ン  ヴ  ヵ  ヶ
```

◑ ㅆ + 한자 키

```
А  Б  В  Г  Д  Е  Ё  Ж  З
И  Й  К  Л  М  Н  О  П  Р
С  Т  У  Ф  Х  Ц  Ч  Ш  Щ
Ъ  Ы  Ь  Э  Ю  Я  а  б  в
г  д  е  ё  ж  з  и  й  к
л  м  н  о  п  р  с  т  у
ф  х  ц  ч  ш  щ  ъ  ы  ь
э  ю
```

◆ 글자쓰기(Text) 명령어를 활용해서 A3크기(420X297mm)의 표제란을 작도해 봅니다.

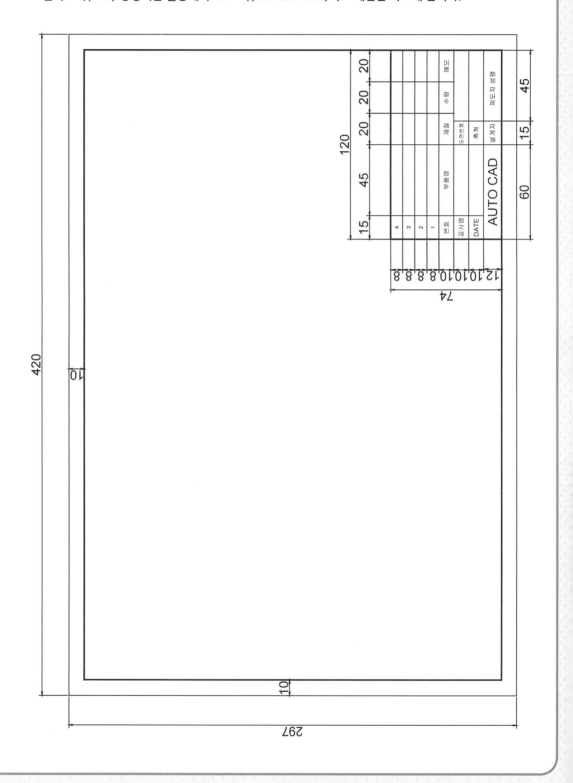

◆ 글자쓰기(Text) 명령어를 활용해서 올해의 달력을 작도해 봅니다.

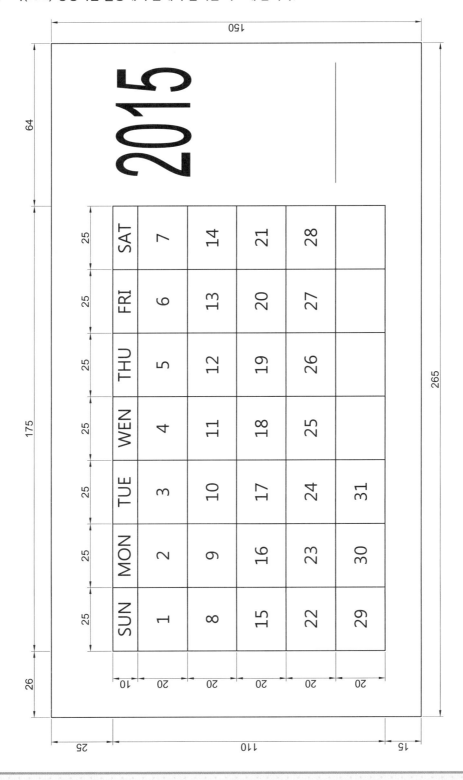

SUN	MON	TUE	WEN	THU	FRI	SAT
1	2	3	4	5	6	7
8	9	10	11	12	13	14
15	16	17	18	19	20	21
22	23	24	25	26	27	28
29	30	31				

2015

5) 표제란 작성하기

❶ 양식 및 표제부

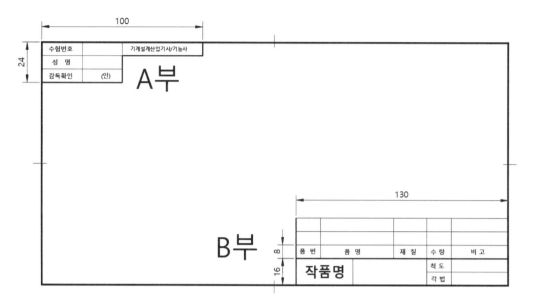

❷ A부 작성(글자 크기 3.5mm)

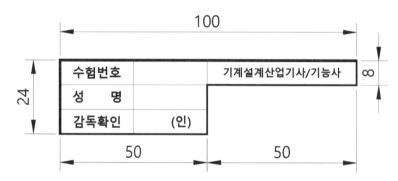

❸ B부 표제란 작성(글자 크기 3.5mm, 5mm)

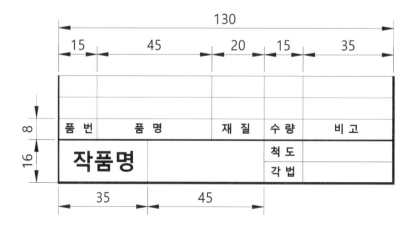

❹ 기본 설정

선 굵기와 색상 지정

선 굵기	색상	용도
7.0mm	파란색	윤곽선, 중심마크, 표제란과 부품란의 윤곽선
5.0mm	초록색	외형선, 부품번호, 개별 주서 등
3.5mm	노란색	숨은선, 치수와 기호, 일반 주서 등
2.5mm	흰색, 빨강	치수선, 해치선, 중심선, 가상선 등

레이어 설정 예시(단축키: LA)

도면명	색상	선 종류	선 굵기
0	7	Continuous	2.5mm
노랑	2	Continuous	3.5mm
초록	3	Continuous	5.0mm
빨강	1	Continuous	2.5mm
중심선	1	CENTER2	2.5mm
파랑	5	Continuous	7.0mm

❺ 도면 설정

용지 테두리선 중심마크 예시

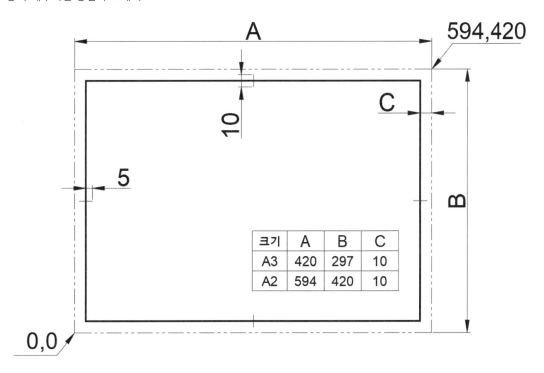

6) 거칠기 작성하기

거칠기 표시는 자격시험에서 "제거가공 하지 않음 표시"와 "w.x,y의 거칠기"를 대부분 적용합니다. 크기가 다른 2종류를 작성하여 사용합니다. 아래 그림과 같이 품번 적용과 부품 치수선에 적용하는 거칠기 기호를 작성해 봅니다.

문자 높이는 2.5, 3.5, 5.0, 7.0을 사용하고, KS 제도규격 또는 응시 조건에 따라 적용합니다.

❶ 품번에 적용하는 5mm 거칠기 기호

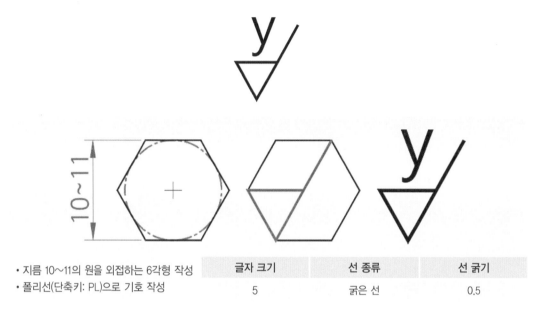

· 지름 10~11의 원을 외접하는 6각형 작성 · 폴리선(단축키: PL)으로 기호 작성	글자 크기	선 종류	선 굵기
	5	굵은 선	0.5

❷ 부품도 및 주서에 적용하는 2.5mm 거칠기 기호

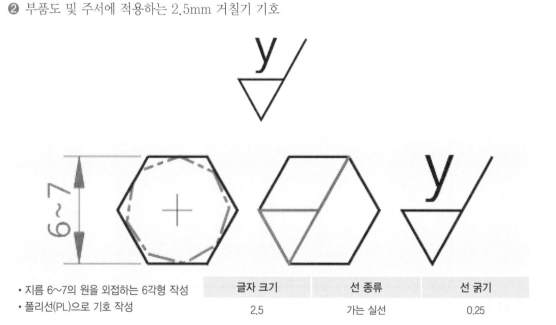

· 지름 6~7의 원을 외접하는 6각형 작성 · 폴리선(PL)으로 기호 작성	글자 크기	선 종류	선 굵기
	2.5	가는 실선	0.25

❸ 기입 방향에 따른 거칠기 작성

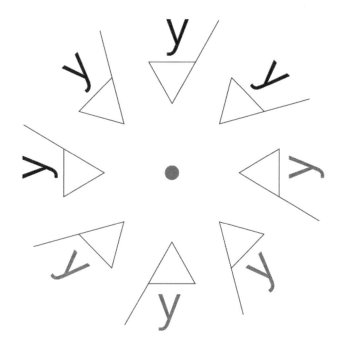

• 임의의 중심으로 원형 패턴으로 8개 기호를 생성합니다.
• 문자의 방향에 주의하여 작성합니다.
  – 오른쪽 그림에서 붉은색 문자 방향에 주의합니다. 자격 시험에서 감점 요인이 됩니다.

❹ 제거 가공하지 않는 거칠기 기호 작성

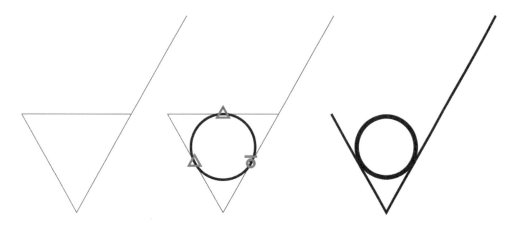

• Circle → 3p → 중간점, 중간점, 접점(Shift+우 클릭) 3점을 클릭하여 원을 작성합니다.

❺ 부품 번호 작성

글자 크기	선 종류	선 굵기
반지름 6	5	0.5

7) 치수 스택(Stack) 작성하기

❶ 편차 형태

치수의 허용 오차를 기입하는 것으로서 상한값과 하한값을 치수에 적용해 봅니다.

<순서>

• 치수 숫자 더블 클릭 후 20 숫자 뒤에 +0.1^-0.1 입력하고 엔터

　　※ " ^ " 는 키보드의 Shift +6을 눌러서 작성.

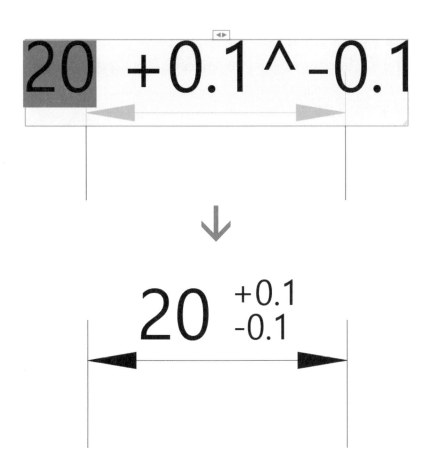

• 스택 숫자를 선택 후 아래 번개 표시를 클릭하여 "스택 특성"의 문자 크기 조절
  - 공차 치수(한계 편차) 작성 시 문자 높이에 대한 축척 0.5~0.75로 설정

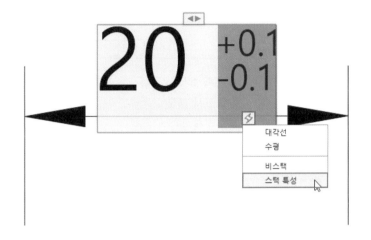

❷ 대칭 형태
치수의 허용 오차를 기입하는 것으로서 상한값과 하한값을 치수에 적용해 봅니다.

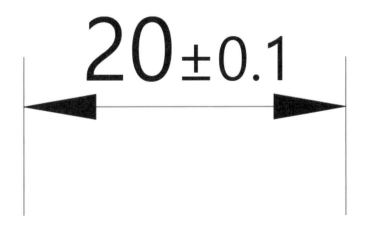

• 치수 선택 후 Ctrl+1 특성 창 열기
  - 공차 표시: 대칭
  - 공차 한계: 0.1
  - 공차 정밀도: 0.0~0.000 설정
  - 공차 문자 크기: 0.5~0.7 설정

8) 기하공차 작성하기

기하공차는 형상의 자세를 규제하는 표시로서 도면 작성 시 기입하는 방법을 알아봅니다.

<순서>

• LE 엔터 ▶ S 엔터 ▶ 주석 탭의 주석 유형 "공차(T)" 선택 ▶ 확인

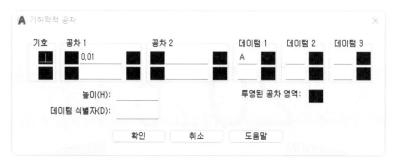

▲ 기하공차 설정 창

• "기호" 아래 검은색 영역을 클릭하여 아래 그림의 기하공차 형상을 선택

▲ 기호 표시 창

• "공차 1" 아래 검은색 영역은 지름 표시를 하는 부분이고 공차값에 0.01 입력

9) 주서 작성

• "주서" 글자 크기: 5, 내용은 글자 크기: 3.5, 거칠기 기호는 작은 크기를 사용합니다.
• 글자체는 시험의 응시 조건을 확인하여 적용합니다.
• 아래 1, 4, 5, 6번의 내용은 도면에 따라 없는 부품일 경우 작성하지 않습니다.

주 서

1. 일반공차-가)가공부: KS B ISO 2768-m
   나)주조부: KS B 0250-CT11
   다)주강부:KS B 0419-B급
2. 도시되고 지시없는 모떼기 1x45°, 필렛 R3
3. 일반 모떼기 0.2x45°
4. ▽ 부위 외면 명청색, 명적색 도장 후 가공
5. 기어 치부 열처리 $H_RC50\pm2$
6. 표면 거칠기 ▽ = ▽
   $\overset{w}{\triangledown}$ = $\overset{12.5}{\triangledown}$, N10
   $\overset{x}{\triangledown}$ = $\overset{3.2}{\triangledown}$, N8
   $\overset{y}{\triangledown}$ = $\overset{0.6}{\triangledown}$, N6

10) 기타

• 타이틀은 "정면도" 글자 크기: 3.5, "축척 1/2" 글자 크기: 2.5

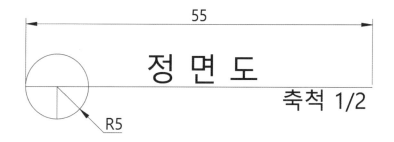

19 무늬 넣기(HATCH)

▶ **Command:** H Enter

해치는 경계 영역이 닫혀있는 객체 안에 일정한 무늬를 반복적으로 넣는 명령어입니다. 생성된 무늬는 단일 객체이며, 분해(Explode)하면 각각의 선으로 변합니다. 도면을 모두 완성한 다음 마지막 단계에서 해 주는 것이 일반적입니다.

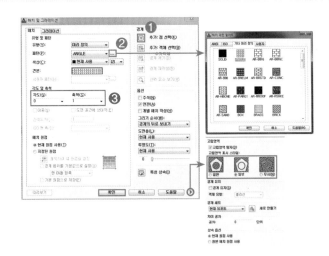

① 경계
- 추가: 점 선택
  - 가장 많이 사용되는 경계 영역을 선택하는 방법으로, 클릭한 점을 둘러싸는 외곽선을 선택할 때 사용합니다.
- 추가: 객체 선택
  - 경계가 되는 객체를 선택하는 방법입니다. 경계를 선택하면 비활성화된 버튼이 활성화됩니다.
② 패턴 미리보기
- 패턴의 이미지를 미리보기할 수 있습니다.
③ 각도 및 축척
- 사용된 패턴을 각도 및 축척을 조절하여 알맞은 크기로 조절할 수 있습니다.
⊙ 고립영역 표시 스타일
  - 일반: 그림과 같이 선택 영역 내부에만 해치를 합니다.
  - 외부: 그림과 같이 외곽 부분만 해치를 합니다.
  - 무시: 그림과 같이 내부의 객체를 선택하게 되더라고 모두 무시하고 해치됩니다.

AutoCAD 제공 기본 패턴

ANSI

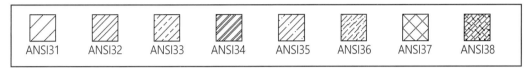

ISO

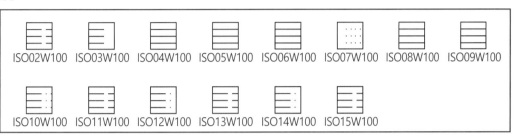

기타 미리 정의

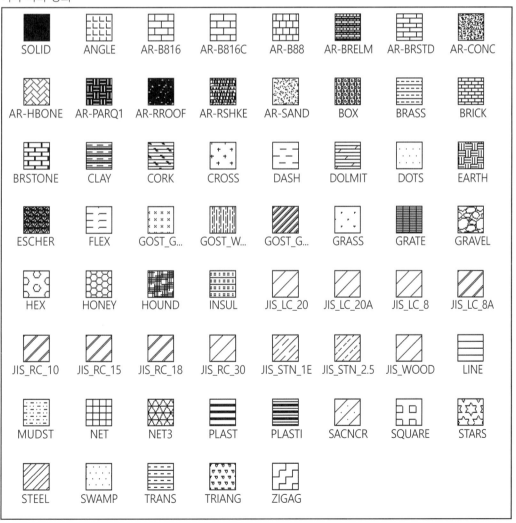

◆ 무늬넣기(Hatch) 명령어를 활용해서 작도해 봅니다.

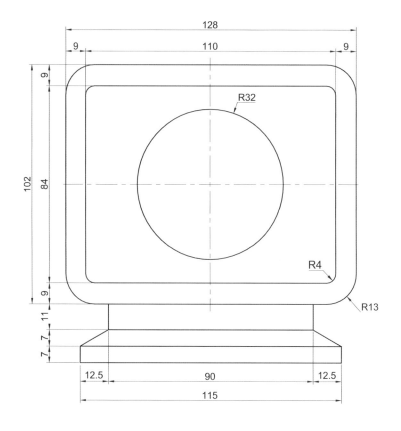

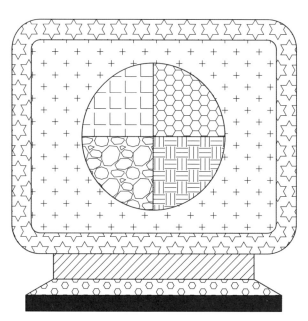

◆ 무늬넣기(Hatch) 명령어를 활용해서 금연 픽토그램을 작도해 봅니다.

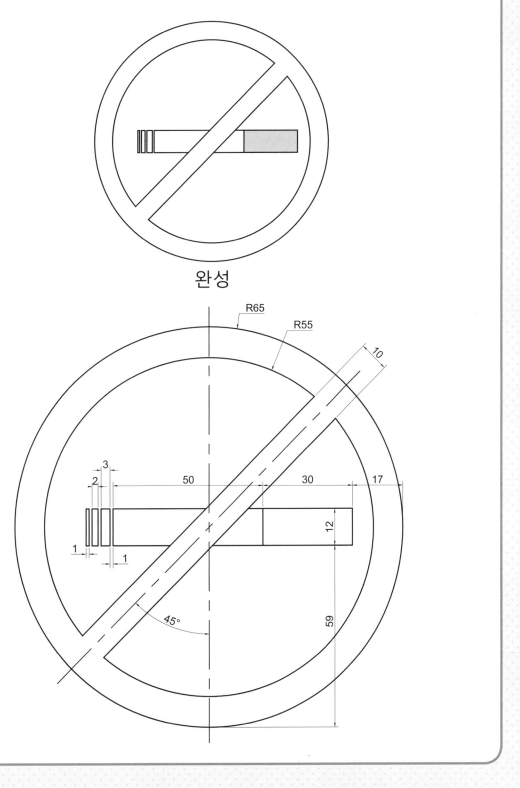

완성

◆ 아래 그림에 원하는 무늬(HATCH)를 넣어 봅니다.

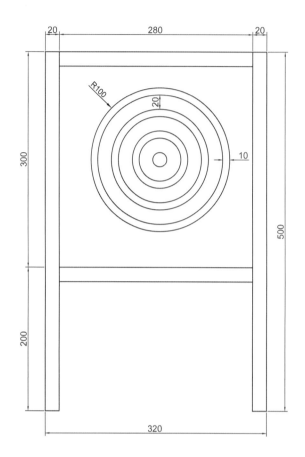

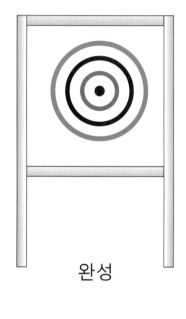

완성

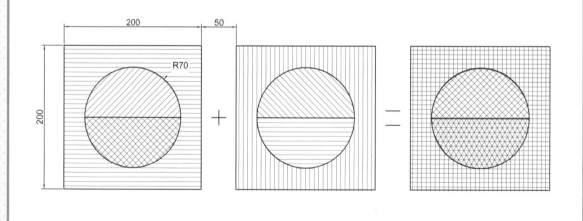

◆ 한국의 태극기를 그려 봅니다.

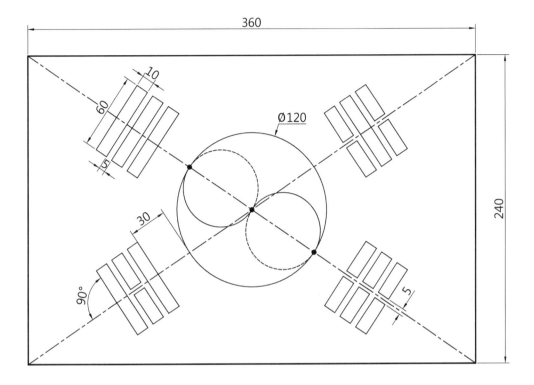

완성

◆ **주어진 치수를 가지고 도면을 작도하고 해치를 넣어 봅니다.**

※ 해치의 그라데이션을 이용합니다.

참고용 제품 이미지입니다.

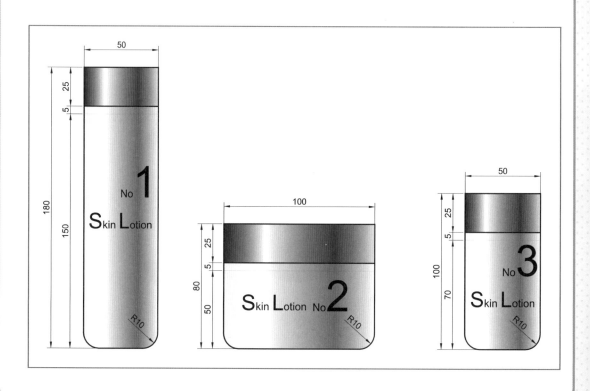

◆ 무늬넣기(Hatch) 명령어를 활용해서 USB 메모리를 작도해 봅니다.

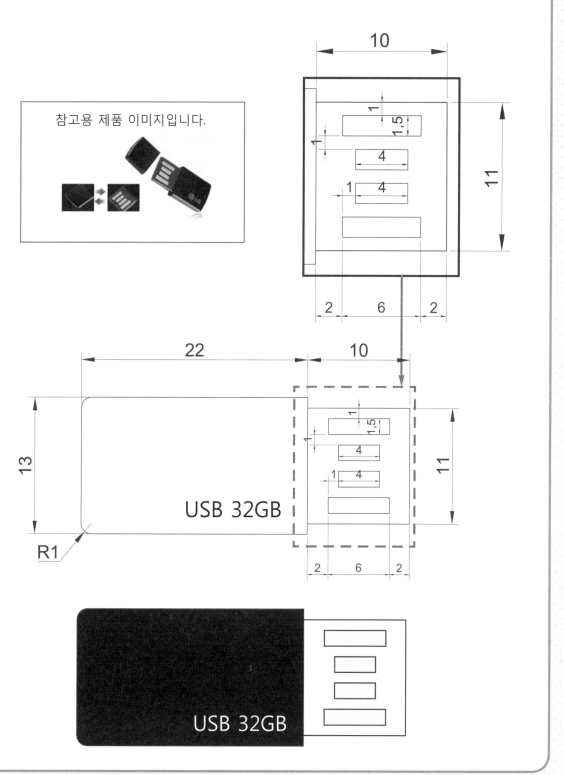

참고용 제품 이미지입니다.

USB 32GB

20 도넛모양 만들기(DONUT)와 솔리드(Solid), 화면 재생성(REGEN)

1) 도넛 모양 만들기(Donut)

▶ **Command:** DO Enter

도넛 모양을 만들 때 사용하는 기능입니다. 안쪽 지름과 바깥쪽 지름을 이용해서 도넛 모양의 원을 만듭니다. 내부가 채워진 형태를 그릴 수 있습니다.

:: 명령라인 ::

Command: DO Enter
도넛의 내부 지름 지정 〈0.5000〉: 10 Enter
도넛의 외부 지름 지정 〈1.0000〉: 15 Enter
도넛의 중심 지정 또는 〈종료〉: 중심점 클릭 Enter

<DONET, FILL>

10 inside diameter
15 outside diameter

inside diameter: 0
outside diameter: 15

2) 솔리드(SOLID)

▶ **Command:** SO Enter

비어 있는 공간에 색을 채워 넣는 명령어입니다. 클릭 순서에 따라서 아래와 같이 다르므로 주의해야 합니다.

:: 명령라인 ::

Command: SO
첫 번째 점 지정: P1 클릭
두 번째 점 지정: P2 클릭
세 번째 점 지정: P3 클릭
네 번째 점 지정 또는 〈종료〉: P4 클릭 Enter

<SOLID>

3) REGEN(화면 재생성)

▶ **Command:** RE Enter

원이 각지게 보일 경우 다시 선이 부드럽게 보이게 합니다.

:: 명령라인 ::

Command: RE Enter
REGEN 모형 재생성 중

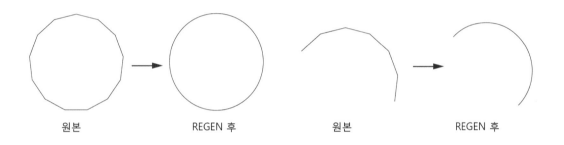

| 원본 | REGEN 후 | 원본 | REGEN 후 |

21 폴리선(PLINE), 폴리선 편집 (PEDIT), 선 분해(EXPLODE)

1) 폴리선(PLINE)

▶ **Command:** PL [Enter]

Line 명령과 유사하지만 선이 연결되어 있고, 직선과 호, 선의 두께를 조절해서 그릴 수 있습니다.

:: 명령라인 ::

Command: PL [Enter]
시작점 지정: 클릭
현재의 선 폭은 0.0000임
다음 점 지정 또는 [호(A)/반폭(H)/길이(L)/명령 취소(U)/폭(W)]: 클릭
다음 점 지정 또는 [호(A)/닫기(C)/반폭(H)/길이(L)/명령 취소(U)/폭(W)]: 종료 시 [Enter]

2) 폴리선 편집(PEDIT)

▶ **Command:** PE [Enter]

폴리선을 수정, 편집하는 명령어입니다.

:: 명령라인 ::

Command: PE [Enter]
폴리선 선택 또는 [다중(M)]: M [Enter]
옵션 입력 [닫기(C)/결합(J)/폭(W)/정점 편집(E)/맞춤(F)/스플라인(S)/비곡선화(D)/선종류생성(L)
/반전(R)/명령 취소(U)]: ※옵션 설명 참고

> ※옵션 설명
> 결합(J): 두 개의 끝점을 연결하여 한 개의 객체로 만든다.
> 폭(W): 선의 두께를 바꾼다.
> 스플라인(S): 곡선화한다.
> 비곡선화(D): 곡선을 직선화한다.
> 명령 취소(U)

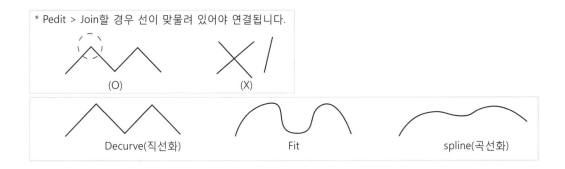

* Pedit > Join할 경우 선이 맞물려 있어야 연결됩니다.

(O)　　　　　　(X)

Decurve(직선화)　　　　Fit　　　　spline(곡선화)

3) 선 분해(EXPLODE)

▶ **Command:** X [Enter]

연결된 선을 분해할 수 있습니다. Rectangle 명령어로 그린 사각형은 분해하여 개별적인 선으로 만들 수 있습니다. 반대로 Explode된 객체는 Pedit 명령의 Join 명령을 이용하여 다시 Pline으로 만들 수 있습니다.

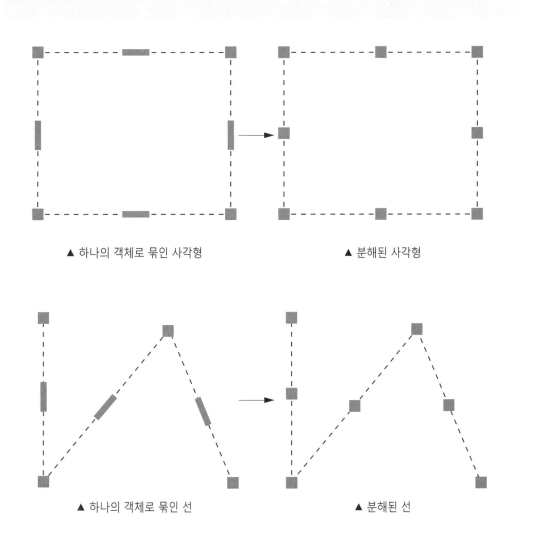

▲ 하나의 객체로 묶인 사각형　　　　　▲ 분해된 사각형

▲ 하나의 객체로 묶인 선　　　　　▲ 분해된 선

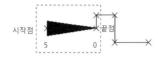

◆ 폴리선 편집(Pe) 명령어를 활용해서 집을 작도해 봅니다.

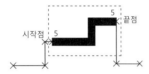

:: 명령라인 ::

Command: PL [Enter]
시작점 지정: 클릭
현재의 선 폭은 0.0000임
다음 점 지정 또는 [호(A)/반폭(H)/길이(L)/명령 취소(U)/폭(W)]: W [Enter]
시작 폭 지정 〈0.0000〉: 5 [Enter]
끝 폭 지정 〈5.0000〉: 0 [Enter]
다음 점 지정 또는 [호(A)/반폭(H)/길이(L)/명령 취소(U)/폭(W)]: 클릭
(종료 시 [Enter])

:: 명령라인 ::

Command: PL [Enter]
시작점 지정: 클릭
현재의 선 폭은 0.0000임
다음 점 지정 또는 [호(A)/반폭(H)/길이(L)/명령 취소(U)/폭(W)]: W [Enter]
시작 폭 지정 〈0.0000〉: 5 [Enter]
끝 폭 지정 〈5.0000〉: 5 [Enter]
다음 점 지정 또는 [호(A)/반폭(H)/길이(L)/명령 취소(U)/폭(W)]: 클릭
(종료 시 [Enter])

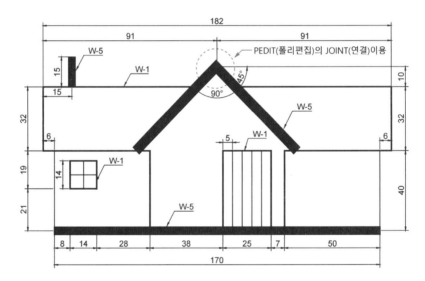

Plus Tip+

※ 폴리선 편집(PEDIT)의 조인트(JOINT) 이용

▲ 분해된 경우

▲ 연결된 경우

◆ 폴리선 편집(Pe)의 연결(Joint), 선두께(Width) 명령어를 활용해서 캐릭터를 작도해 봅니다.

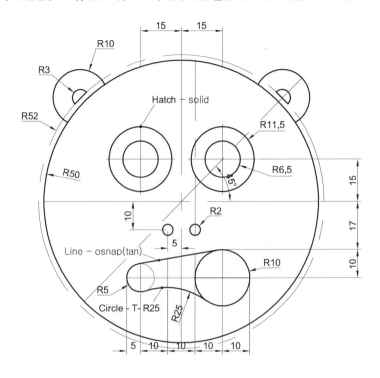

1) Pedit - m - W:1
2) Hatch – solid

Pedit - m - W:1

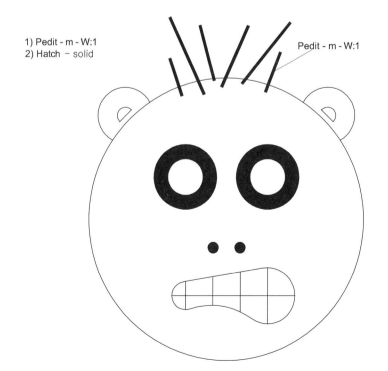

22 선 끊기(BREAK)

▶ **Command:** BR Enter

객체를 자르거나 끊어 놓을 때 사용하는 기능입니다.

Trim과 비슷하게 생각할 수 있지만, 큰 차이가 있습니다. Trim은 객체들의 교차점이 있어야만 자르기를 할 수 있는데 반하여 Break 명령은 임의의 점을 이용하여 자를 수 있습니다. 또 Break 명령은 두 개의 점을 이용해서 원하는 길이만큼 자를 수 있습니다. 객체를 선택할 때 선택하는 점이 자르기의 시작점이 됩니다. 그래서 내부에 First라는 옵션이 있어, 자르기의 시작점을 옮길 수 있습니다.

1) 임의의 길이만큼 끊기

:: 명령라인 ::

Command: BR Enter
객체 선택: 끊고자 하는 객체 선택
두 번째 끊기점을 지정 또는 [F 첫 번째 점]: 끊고자 하는 지점 클릭

P1   임의의 길이로 끊긴다.

2) 원하는 길이만큼 끊기

:: 명령라인 ::

Command: BR Enter
객체 선택: 끊고자 하는 객체 선택
두 번째 끊기점을 지정 또는 [F 첫 번째 점]: F Enter
첫 번째 끊기점: 끊고자 하는 첫 번째 지점 클릭 (P1)
두 번째 끊기점: 원하는 방향으로 마우스 이동 후 수치 입력

P1   수치 입력   입력한 수치만큼 끊긴다.

23 선 타입(LINETYPE), 선 축척 조절(LTSCALE)

1) 선 타입(LINE TYPE)

▶ **Command:** LT Enter

다양한 종류의 선 모양을 사용하는 기능입니다. 캐드에 내장되어 있는 여러 가지 선 종류를 작업 시
중심선, 점선 등 필요한 선의 모양으로 바꿀 수 있습니다.

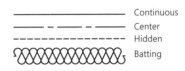

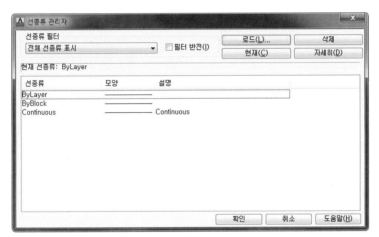

2) 선축척 조절(LTSCALE)

▶ **Command:** LTS Enter

선의 크기, 축척을 조정합니다. 이 명령은 전체 도면의 모든 선의 크기를 조정합니다. 선의 모양이
제대로 보이지 않는 경우 사용하며, 축척값을 조절하여 선의 모양이 제대로 보이도록 합니다.

▲ LTS: 1인 경우　　　▲ LTS: 0.5인 경우　　　▲ LTS: 2인 경우

24 특성 일치(MATCHPROP), 특성 알아보기(PROPERTIES)

1) 특성 일치(MATCHPROP)

> ▶ **Command:** MA Enter

작업 시 레이어와 객체의 특성을 변경하고자 할 경우 명령어를 이용하여 동일하게 만드는 기능입니다. 선의 색상, 축척 등 속성을 쉽게 변경할 수 있습니다.

:: 명령라인 ::

Command: MA Enter
원본 객체를 선택하십시오: 객체 선택(S1)
대상 객체를 선택 또는 [설정(S)]: 대상 객체 선택(S2) Enter

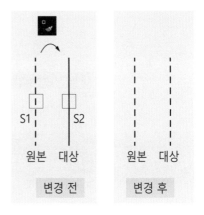

2) 특성 알아보기(PROPERTIES)

객체를 선택한 후 Ctrl + 1 또는 아이콘 📋으로 객체의 특성을 수정할 수 있다.

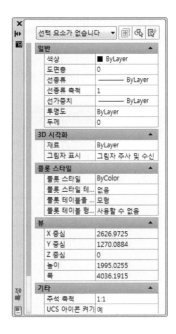

25 블록(BLOCK), 블록 쓰기 (WBLOCK), 블록 삽입(INSERT)

1) 블록 만들기(BLOCK)

▶ **Command:** B [Enter]

선택한 객체의 이름을 지정하여 저장합니다. 저장된 블록은 언제든지 불러서 사용할 수 있습니다. 이 블록은 일반 블록이라 하며, 현재 도면에서만 사용 가능한 블록입니다. 도면이 저장될 때 블록 정보도 같이 저장되므로 현재 도면에서는 언제든지 사용할 수 있습니다.

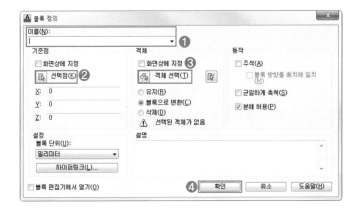

① 블록 이름을 지정합니다.
② 아이콘을 클릭한 후 객체를 선택합니다.
③ 아이콘을 클릭한 후 객체의 기본이 될 점을 선택합니다.
④ [확인]을 클릭해 종료합니다.

2) 블록 쓰기(WBLOCK)

▶ **Command:** W [Enter]

외부에서 사용할 수 있는 블록을 만들 때 쓰이는 기능입니다.
BLOCK은 현재 작업 중인 도면에서만 사용가능하지만 블록쓰기(WBLOCK)는 현재도면뿐만 아니라 외부의 다른 도면에서도 불러와서 사용할 수 있습니다. Wblock으로 만든 블록은 파일이 생성되는데 이때 확장자는 ~.dwg입니다. 오토캐드 도면 형식으로 저장되므로 이 블록을 Open 명령으로 불러들일 수 있습니다. 즉, 오토캐드의 모든 도면(~.dwg)은 블록으로 사용할 수 있다는 것과 같습니다.

① 아이콘을 클릭한 후 객체를 선택합니다.
② 아이콘을 클릭한 후 객체의 기본이 될 점을 선택합니다.
③ 파일 이름과 저장될 경로를 지정합니다.
④ [확인]을 클릭해 종료합니다.

3) 블록 삽입(INSERT)

▶ **Command:** I Enter

블록을 불러와 삽입하기 위한 명령어입니다. [찾아보기]를 클릭해 블록을 삽입할 수 있습니다.

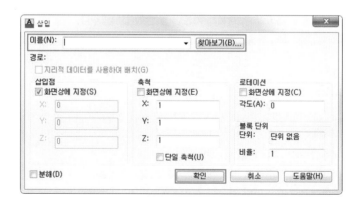

26 정렬하기(ALIGN)

객체를 2D 및 3D의 다른 객체와 정렬할 수 있습니다. 한 쌍, 두 쌍의 근원점과 정의점을 지정하여 선택한 객체를 이동, 회전 또는 기울이거나 다른 객체의 점에 맞춰 정렬할 수 있습니다.

❶ 한 쌍의 점을 사용하는 ALIGN
  단 한 쌍의 근원점과 대상점을 선택한 경우에는 선택된 객체가 2D 또는 3D로 근원점(P1)에서 대상점(P2)으로 이동합니다.

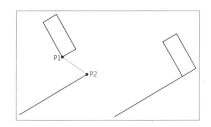

❷ 두 쌍의 점을 사용하는 ALIGN
  두 쌍의 점을 선택한 경우에는 선택한 객체를 이동, 회전 및 축척하여 다른 객체와 정렬할 수 있습니다.

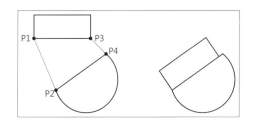

:: 명령라인 ::

▶ **Command:** al [Enter]
객체 선택: 1개를 찾음
객체 선택: [Enter]
첫 번째 근원점 지정: P1
첫 번째 대상점 지정: P2
두 번째 근원점 지정: P3
두 번째 대상점 지정: P4
세 번째 근원점 지정 또는 〈계속〉: [Enter]
정렬점을 기준으로 객체에 축척을 적용합니까 ? [예(Y)/아니오(N)] 〈N〉: [Enter]

> **객체 선택**
> 배열할 객체를 선택하고 [Enter]를 누릅니다. 근원점과 대상점을 지정하라는 일련의 프롬프트가 표시됩니다. 지정하는 점 쌍의 개수에 따라 결과가 달라집니다.

도면층 기본 설정(LAYER)

▶ Command: LA [Enter]

작업 시 도면층(LAYER) 설정을 통해 도면 작업의 효율성을 높일 수 있습니다. 각각의 도면 작성을 하여 원하는 부분만 감추거나 볼 수 있고 출력 시 복잡한 도면을 레어어 설정에 따라 출력할 수 있습니다.

도면층 개수에는 제한이 없습니다. 캐드는 실행과 동시에 0번 도면층이 생성됩니다. 도면층을 잘 이용하면 출력 시 선굵기 조절 등 다양한 효과를 볼 수 있습니다.

레이어툴 스크롤바

<레이어 특성>

상	이름	켜기	동결	잠금	색상	선종류	선가중치	투명도	플롯 스타일
		❶	❷	❸	❹	❺	❻	❼	
✓	0	♀	☼	🔓	□ 흰...	Continu...	── 기본...	0	색상_7

① 도면층 이름: '0'번 도면층은 삭제되지 않고 이름도 변경되지 않습니다. 고유한 레이어이며 이미 사용한 레이어는 삭제되지 않습니다.

② 켜기(전구모양): On/off 기능으로 화면상에 나타나거나 사라지게 합니다.

③ 동결(태양모양): 동결되는 의미로 lock 기능이 설정되지 않고 현재 레이어로 설정되지 않습니다.

④ 잠금(자물쇠): 선택되지 않고 화면에 나타나지만, osnap 설정은 가능합니다.

⑤ 색상: 도면층별 색상을 바꿉니다.

⑥ Linetype(선 타입): 선 모양을 설정합니다.

⑦ Lineweight(선 두께): 선 두께를 설정합니다 .

※ 레이어 이름을 바꿀 때는 레이어를 선택한 후 마우스 오른쪽 버튼 또는 [F2]를 누릅니다.

28 치수 기본 설정(DIMENTION)

▶ **Command:** D Enter

오늘 배우는 내용은 제일 중요한 부분인 치수를 기입하는 명령어입니다.

지금까지 배운 도면에 치수를 기입하면 이제 완성된 도면이 됩니다. 치수 기입은 생각만큼 쉬운 작업이 아니며 설정에 대해 충실히 알고 있지 않으면 원하는 형태의 치수를 기입할 수 없습니다. 치수 기입 방법을 배우기 전에 자주 나오는 치수 용어들을 알아두면 도움이 많이 됩니다.

1) 치수 스타일 관리자

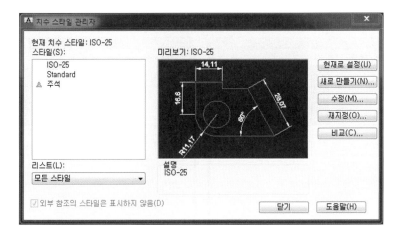

- 현재로 설정: 변경된 치수를 현재로 설정합니다.
- 새로 만들기: 새로운 치수 스타일을 만듭니다.
- 수정: 치수 스타일을 수정합니다.

치수 용어 설명

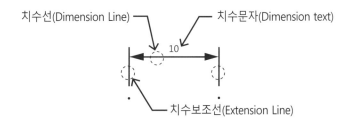

2) 치수 스타일 설정(DIMSTYLE)

• 선 탭

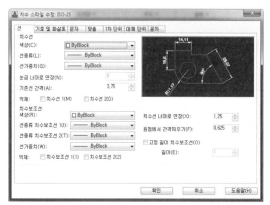

▲ 치수선과 관련된 설정을 합니다. 보조선의 길이, 색상 등을 설정합니다.

• 기호 및 화살표 탭

▲ 화살표 모양 변경, 크기, 원중심 표시 등을 설정합니다.

• 문자 탭

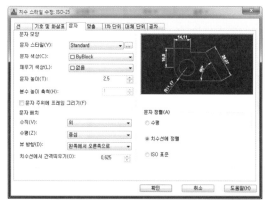

▲ 문자 크기, 배치 및 정렬 모양을 설정합니다.

• 맞춤 탭

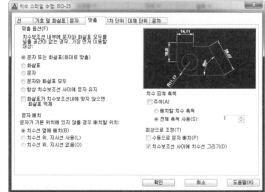

▲ 치수 전체의 축척을 조절하고, 치수선의 배치 등을 설정 합니다.

3) 풀다운메뉴 아이콘 설명

- 선형: 선의 가로, 세로 방향의 선형 치수기입을 합니다.
  두 점을 이용하여 치수기입을 할 수도 있고, 객체를 선택하여 치수기입을 할 수도 있습니다. 가장 많이 이용하는 명령입니다.

- 정렬: 경사치수, 각도가 있는 치수 기입을 합니다.

- 호길이: 일반 호나 폴리선의 호의 치수 기입을 합니다. 기호가 자동으로 생성되어 호임을 표시합니다.

- 세로좌표: 절대좌표 치수를 기입합니다.

- 반지름: 원이나 호의 반지름 치수를 기입합니다.

- 지름: 원이나 호의 지름을 표시합니다. 지름 표시부호인 파이 마크가 자동으로 붙게 됩니다.

- 각도: 각도 치수기입을 합니다. 3개의 점을 이용하여 원하는 부분의 각도 치수기입을 할 수 있습니다.

- 기준선: 층을 쌓아 가는 형태의 치수기입을 합니다. 이 명령을 사용하기 위해서는 위에서 배운 dimlinear, dimaligned, dimangular를 먼저 선행한 후에 사용합니다.

- 연속: 치수를 옆으로 붙여서 계속 연속기입하게 합니다. dimbaseline과 마찬가지로 먼저 dimlinear, dimaligned, dimangular의 명령이 선행되어야 합니다.

- 다중 지시선: 다양한 지시선을 기입합니다.

- 중심 표시: 원이나 호의 중심을 표시합니다.

아래 그림은 치수의 모양 중 가장 많이 사용되는 기입 방식입니다. 참고하기 바랍니다.

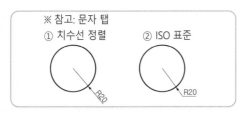

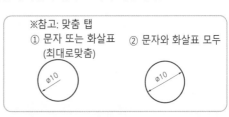

출력 기본 설정(PLOT)

> ▶ **Command:** PLOT(Ctrl + P) Enter

PLOT은 대화상자를 이용하여 도면을 출력할 수 있도록 해주는 명령어입니다. 캐드에서 출력은 쉽지 않습니다. 여러 옵션과 설정을 해야 되므로 난해할 수 있습니다. 출력과 관련해 핵심적인 내용을 요약 정리한 것이니 잘 익혀두도록 합니다.

:: 대화상자 ::

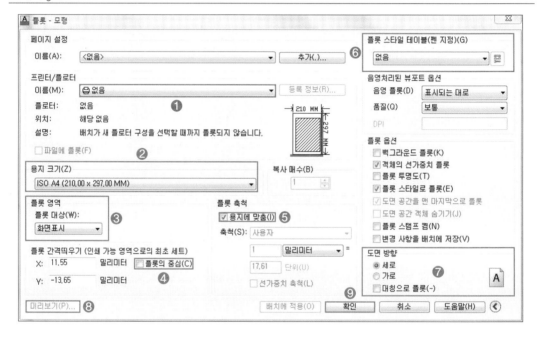

① 프린터/플로터
- "이름(M)"에서 사용하는 프린터기기를 설정합니다.

② 용지 크기(Z)
- 출력 용지의 크기를 선택합니다. 용지 크기는 사용자가 선택한 프린터가 지원하는 크기만 목록에 나타나게 됩니다(A4, A3 등).

③ 플롯 영역
- 윈도우: 플롯 대상을 윈도우로 하면 출력될 영역을 사용자가 직접 설정하여 출력합니다.
- 한계: 플롯 대상을 한계로 하면 도면의 한계 영역으로 설정된 부분만을 출력합니다.
- 화면 표시: 플롯 대상 도면이 화면에 보이는 대로 출력합니다.

④ 플롯 간격띄우기(인쇄 가능 영역으로의 최초 세트)
- "플롯의 중심"을 체크하여 용지 가운데 출력하도록 합니다.

⑤ 플롯 축척
- 도면의 확대, 축소 비율을 설정합니다.
- "용지에 맞춤" 체크 시 도면의 용지에 꼭 맞게 설정되어 출력됩니다. 축척은 무시됩니다.
- 도면이 용지에 출력될 경우 실제 비율을 지정합니다.

⑥ 플롯 스타일 테이블(펜 지정)
- 컬러 출력 또는 흑백 출력과 같은 다양한 방식으로 출력할 때 설정합니다.
- 여러 옵션 중 많이 사용되는 "흑백 출력은 monochrome.ctb"를 선택하고, "컬러 출력은 acad.ctb"를 선택합니다.
- 편집 아이콘을 클릭하면 플롯 스타일 테이블 편집기 대화상자에서 색상에 따른 선가중치 (굵기), 선 종류 변경 등 다양한 편집이 가능합니다.

⑦ 도면 방향
- 가로, 세로, 대칭으로 플롯 등 출력할 도면의 방향을 설정합니다.

⑧ 미리보기
- 출력 전 실제 출력될 도면을 미리 볼 수 있습니다.

⑨ 확인
- 설정을 완료하고 출력합니다.

◆ 포크 그리기

앞에서 학습한 기초 명령어를 가지고 연습할 수 있는 예제입니다.
다양한 예제를 통해서 응용력과 기초 실무 능력을 익혀보도록 합니다.

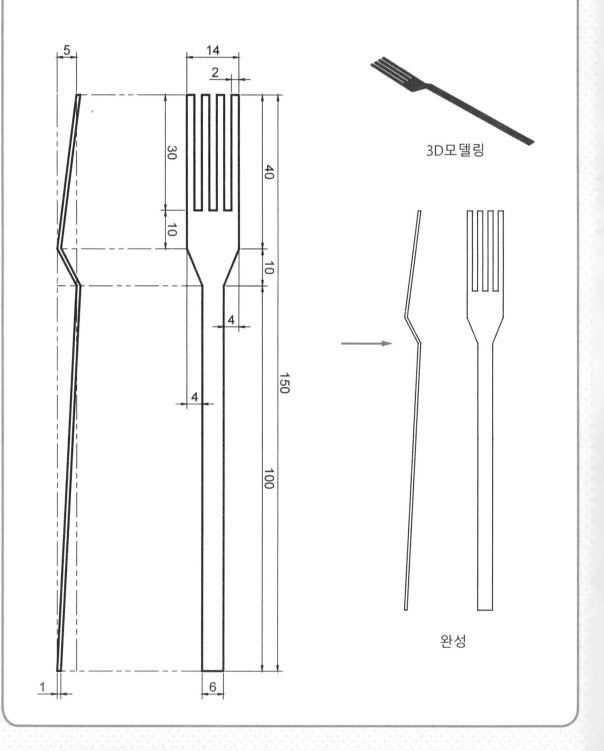

3D모델링

완성

◆ 치수를 참고하여 아래 휴대폰 도면을 완성해 보세요.

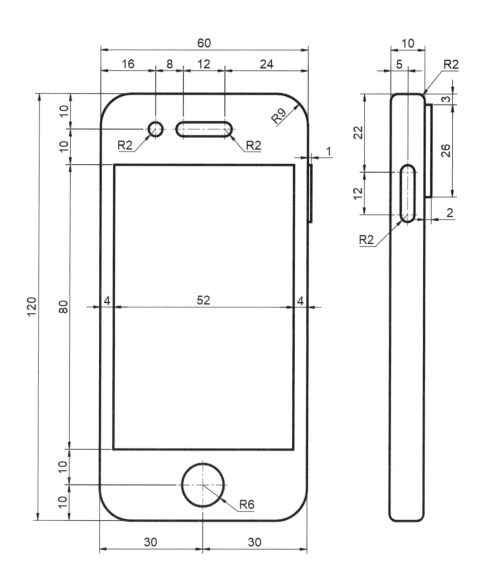

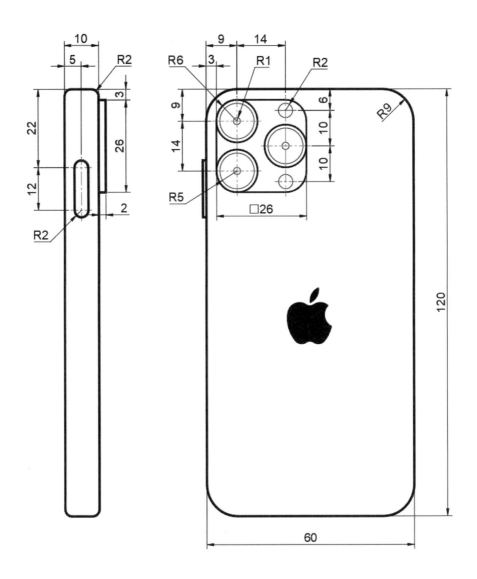

◆ 원룸 도면 그리기(그리는 순서는 다음 페이지 참고)

⑦ 완성(테두리 및 도면배치하기)

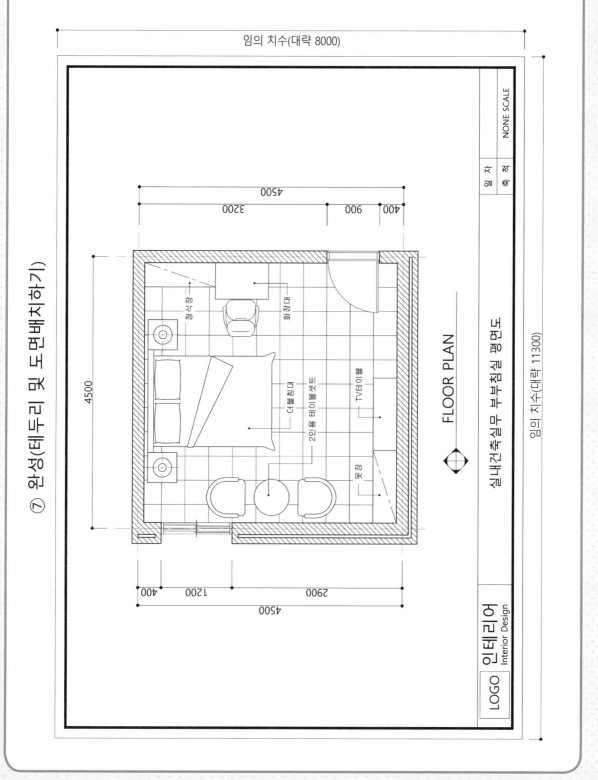

임의 치수(대략 8000)

임의 치수(대략 11300)

NONE SCALE

일자 / 축척

FLOOR PLAN

실내건축실무 부부침실 평면도

LOGO 인테리어 Interior Design

4500 / 3200 / 900 / 400

4500

4500 / 2900 / 1200 / 400

장식장 / 화장대 / 더블침대 / 2인용 테이블셋트 / TV테이블 / 옷장

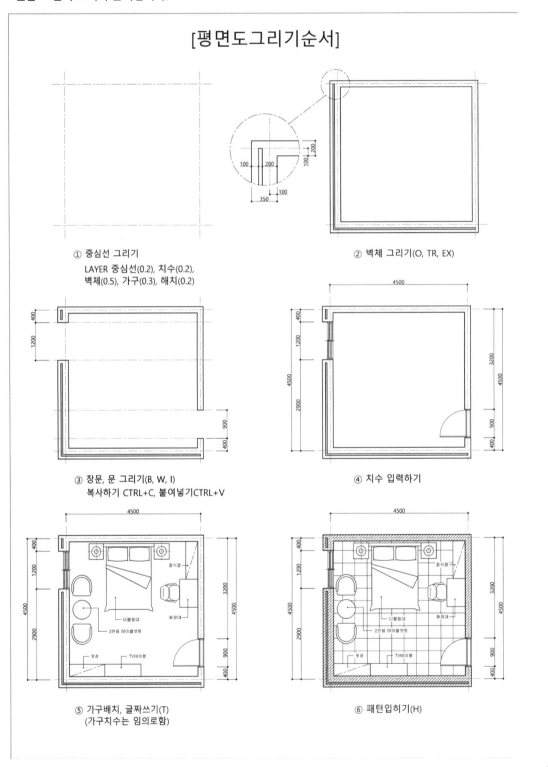

◆ 원룸 도면의 그리기 순서입니다.

[평면도그리기순서]

① 중심선 그리기
LAYER 중심선(0.2), 치수(0.2),
벽체(0.5), 가구(0.3), 해치(0.2)

② 벽체 그리기(O, TR, EX)

③ 창문, 문 그리기(B, W, I)
복사하기 CTRL+C, 붙여넣기CTRL+V

④ 치수 입력하기

⑤ 가구배치, 글짜쓰기(T)
(가구치수는 임의로함)

⑥ 패턴입히기(H)

앞서 작업한 도면을 포토샵과 3d 모델링 소프트웨어 스케치업 또는 3d 맥스를 이용해서
작품을 완성한 것입니다. 기본 도면과 실제 모습을 비교하며 참고하세요.

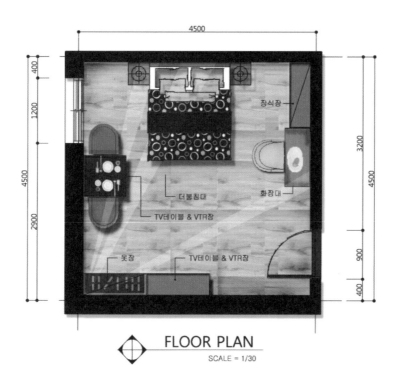

FLOOR PLAN
SCALE = 1/30

종합예제 38

◆ 전원주택평면도 - 벽체 그리기

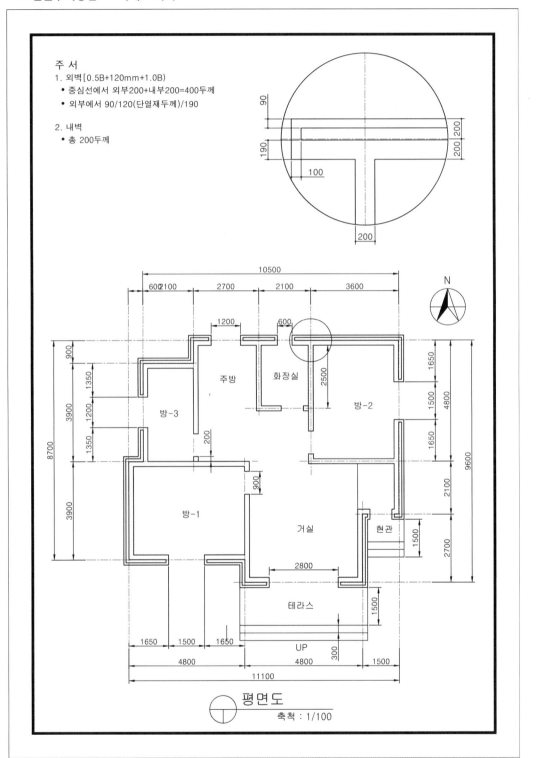

주 서
1. 외벽 [0.5B+120mm+1.0B)
• 중심선에서 외부200+내부200=400두께
• 외부에서 90/120(단열재두께)/190

2. 내벽
• 총 200두께

평면도
축척 : 1/100

※ 완성도면(창호 및 가구 배치)

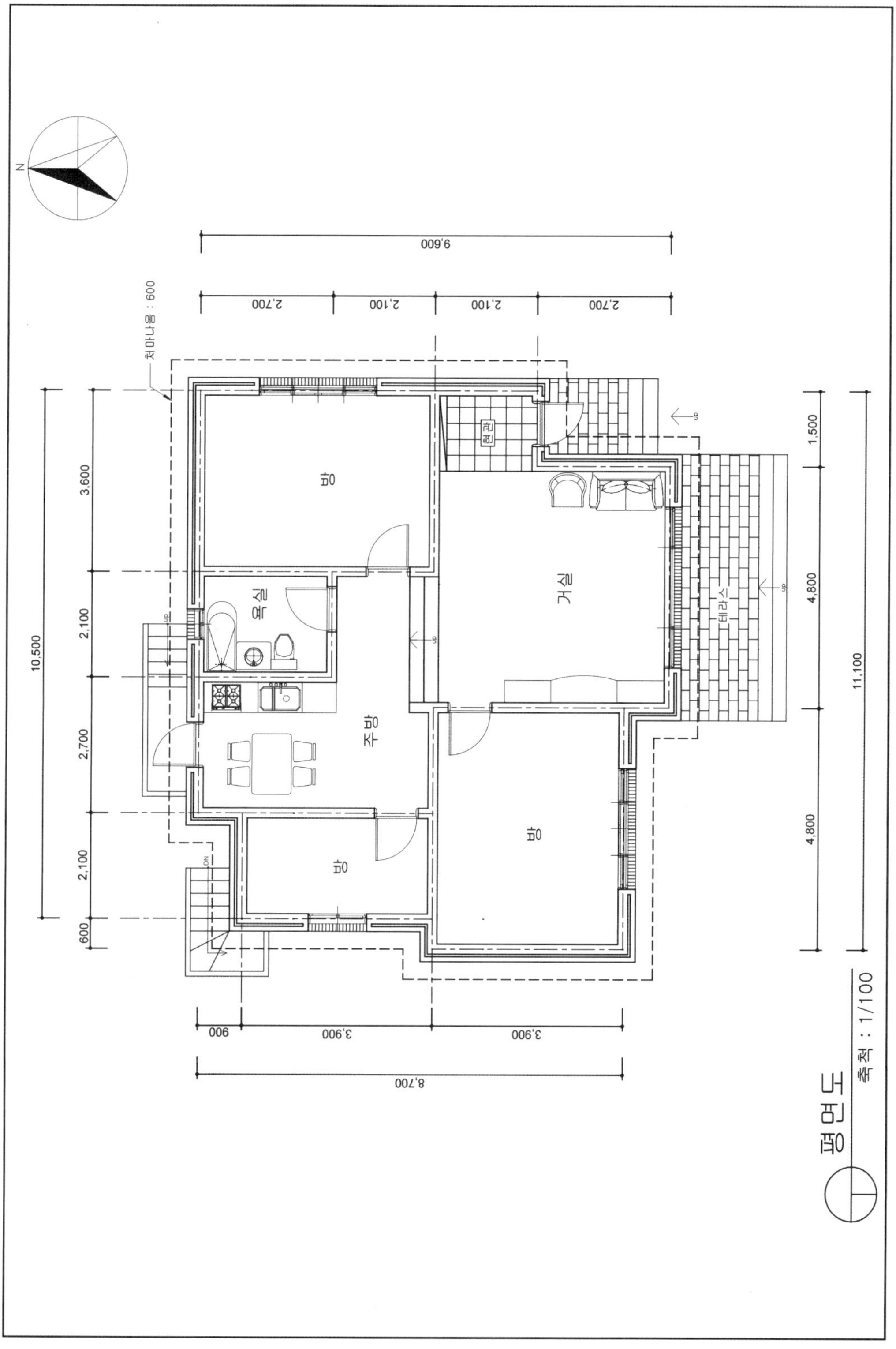

평면도

축척 : 1/100

전원주택 평면도 – 조감도 이미지(스케치업 렌더링 사용)

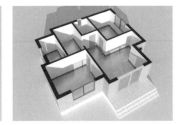

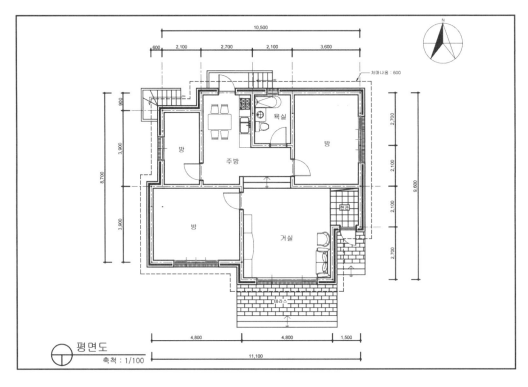

평면도
축척 : 1/100

◆ **아래 그림을 참고해서 디지털카메라를 완성해 봅니다.**

※ 확대도면은 다음 페이지 참고

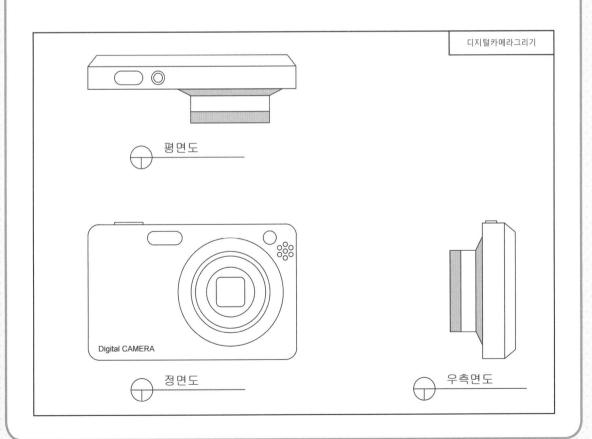

디지털카메라그리기

평면도

정면도

우측면도

Digital CAMERA

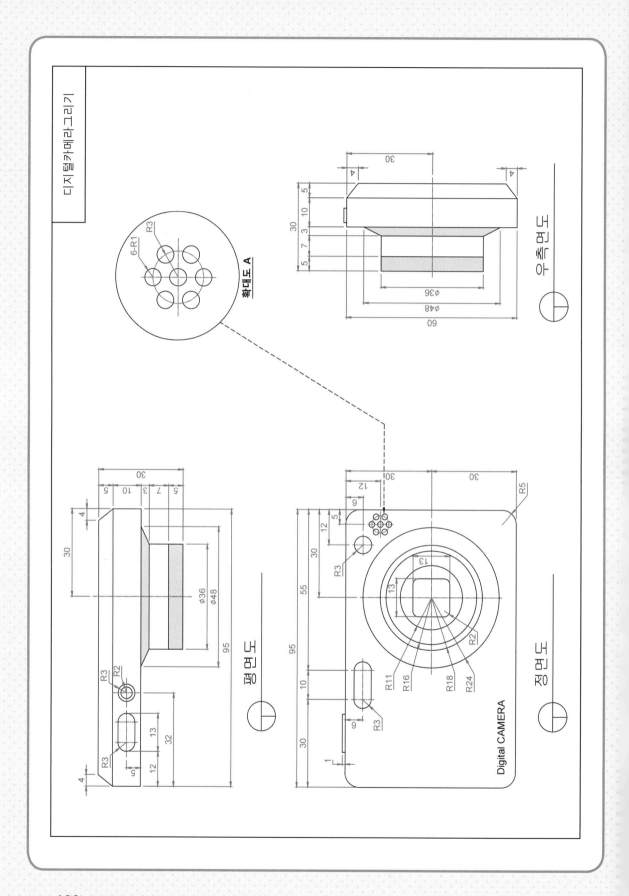

디지털카메라그리기

확대도 A

6-R1
R3

우측면도

30
4
4
5
5
30
10
3
7
5
Ø36
Ø48
60

평면도

30
5
10
3
7
5
4
30
Ø36
Ø48
95

R3
R2
R3
13
32
12
5
4

정면도

Digital CAMERA

R5
12
6
5
30
12
R3
30
55
95
10
30
1
6
R3
13
13
R2
R11
R16
R18
R24

◆ **삼각법을 이용해 작도해 봅니다. (이미지 참고)**

아래 그림에서 각 기준도형 사이의 수직/수평을 유지하고 45도선을 이용하여 외형을 만들어 줍니다.

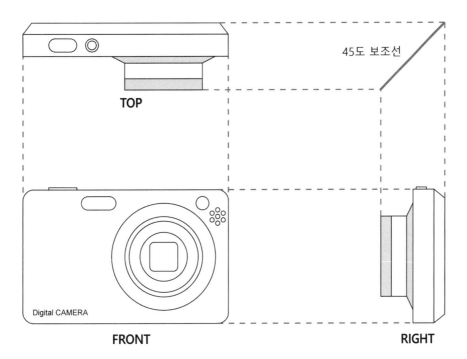

TOP, FRONT, RIGHT를 아래와 같이 치수를 연관지어 생각하며 작도합니다.

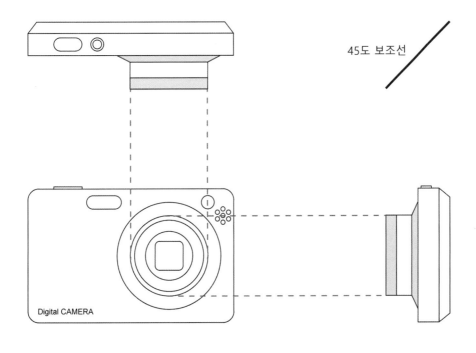

◆ TOP(평면도)과 FRONT(정면도)를 아래와 같이 치수를 연관지어 생각하며 작도합니다.

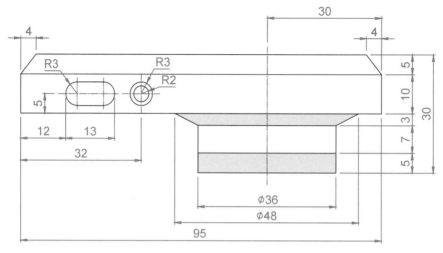

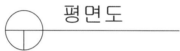

평면도

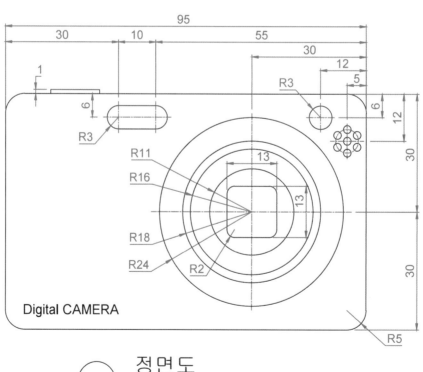

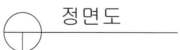

정면도

◆ **TOP(평면도)과 RIGHT(우측면도)는 45도선을 이용하여 작도합니다.**

그림과 같이 일직선 상에 놓고 보게 되면 좀 더 이해가 빠를 것입니다.

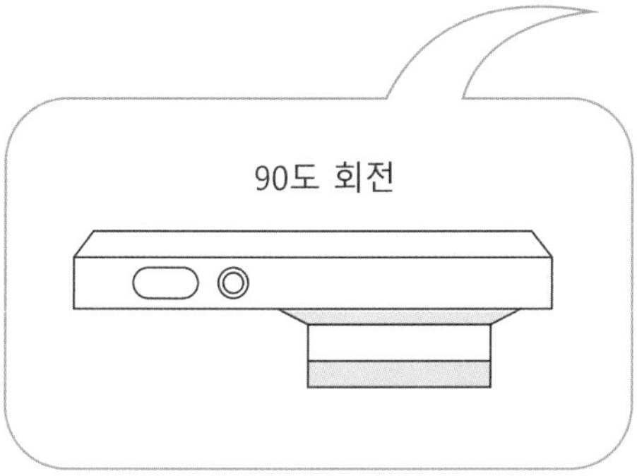

90도 회전

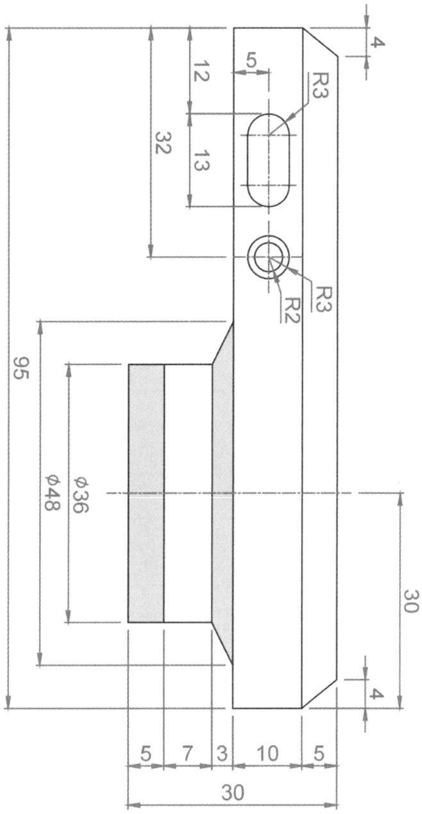

평면도

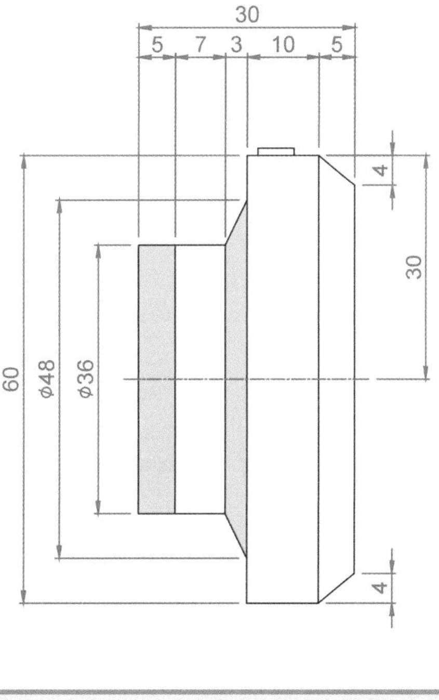

우측면도

PART 02

CAD 실무능력평가 (CAT) 2급

Part2 CAD 실무능력평가 2급에서는 전공자 및 직장인은 물론, 실무에서 유용하게 사용할 수 있으며 자격증 취득을 원하는 수험생들이 더 빠르게 취득할 수 있도록 문제 풀이 방법과 설정 등 핵심 요령에 대해 배워보도록 하겠습니다.

1 CAD 실무능력평가(CAT) 2급 시험 개요

2D CAD 응용프로그램의 기능적 측면과 기초 제도에 대한 전반적인 지식과 기술을 평가하는 실무 중심의 자격시험입니다. 설계 분야뿐만이 아니라 산업 전반에 기본 필수적으로 사용되고 있는 2차원 CAD의 활용능력을 극대화하여 자격 취득 후 설계 기획부터 제품 양산에 이르는 업무 프로세스에 대한 이해를 증대시킬 수 있습니다.

1) 시험 구성
• 2차원 도면 작성 및 객체 및 치수 작성
• 도면 공간 배치 작성, 출력 설정

2) 응시 자격
• 2급 : 제한 없음
• 1급 : 해당 종목의 2급 자격을 취득한 자(본 응시 자격은 2020년 1월부터 적용)

3) 합격 기준
100점 만점에 60점 이상인 자

4) 출제 기준

세부 항목	성취 기준 및 주요 출제 요소
모형 공간 (객체 작성)	• 삼각 투상법을 이용한 도면을 이해한다. • 시작하기 옵션 및 환경 설정을 할 수 있어야 한다. • 도면층을 설정할 수 있어야 한다. • 객체 및 치수를 작성할 수 있어야 한다. 　– 치수 문자의 글꼴과 색상을 지정할 수 있어야 한다.
도면 공간 (배치 작성)	• 도면 외곽선 및 표제란을 작성할 수 있어야 한다. 　– 문자의 글꼴과 높이를 지정할 수 있어야 한다. • 뷰포트 생성 및 축척을 설정할 수 있어야 한다. • 뷰포트 동결과 정렬을 할 수 있어야 한다. • 선 종류 및 축척을 설정할 수 있어야 한다. • 블록을 이용한 뷰 제목을 작성할 수 있어야 한다.
출력	• 페이지 설정 및 관리사 출력 설정을 할 수 있어야 한다.

5) 실격사항
• 템플릿 파일로 도면을 작성하지 않은 경우
• 모형 공간 또는 배치(도면 공간) 작성을 하지 않은 경우

- 제출된 파일에 내용이 없는 경우
- [배치] 탭에서 뷰포트를 사용하지 않은 경우
- 전체 도형을 축척을 줄여서 작성한 경우
- 위치 틀림이 10개소 이상인 경우

6) CAD실무능력평가 2급 배점 기준 변경(2023년 8월 정기시험부터 실시)

채점 분류		상세 내용	감점		
			변경 전	변경 후	계산
모형공간	객체 작성	• 선이 누락된 경우	18	8	개소
		• 위치 틀림(연관점이 틀리고 잘못 그린 경우)이 있는 경우			
		• 불필요한 객체가 남은 경우(잔여 객체, 45도 보조선 등)	16	8	개소
		• 선 종류가 잘못 적용된 경우			
		• 선 연결 상태가 불량(선 연장 및 모서리 정리 등)인 경우	8	4	개소
		• 선이 중복된 경우(외형선, 숨은선, 중심선끼리 겹친 경우)	8	4	개소
		• 중심선을 잘못 그리거나 그리지 않은 경우	8	2	개소
	도면층	• 필요한 Layer 미작성, 필요 없는 Layer를 만든 경우	4		개소
		• 객체가 다른 도면층에 작성된 경우			
		• Layer 설정이 잘못된 경우(이름 및 선 종류 등)	2		전체
도면공간	치수	• [배치] 탭에서 치수를 작성한 경우	최대 10		개소
		• 모든 치수가 치수 도면층이 아닌 경우			
		• 치수선 분해	2~5		개소
		• 치수 유형이 틀린 경우			
		• 치수가 누락된 경우	4		개소
		• 치수보조선이 작성된 객체의 선과 겹친 경우	2		개소
	도면 양식 작성 및 배치	• [배치] 탭 내에 불필요한 객체가 있는 경우	16	8	전체
		• 외곽선, 표제란, 타이틀 기호가 0 Layer가 아닌 경우	2~6	1~3	개소
		• 외곽선, 표제란, 수험번호, 타이틀을 작성하지 않은 경우	2~12	2~6	개소
		• 타이틀 블록을 사용하지 않은 경우	4	2	전체
		• 문자 스타일이 다른 경우	2		전체
		• 타이틀이 외곽선을 벗어난 경우			
		• 타이틀이 모형 공간에 작성된 경우	2	1	전체
		• 뷰포트에 도면이 잘리거나 다른 도면이 보이는 경우	2		개소
		• 표제란 크기가 틀린 경우, 내용이 누락되거나 틀린 경우			
		• 타이틀 블록 및 문자가 배치된 도면과 겹치거나 틀리게 입력된 경우			
		• 뷰포트 축척이 틀린 경우	3~10	2~6	개소
		• 객체의 수평과 수직 정렬이 맞지 않는 경우	3~6	2~4	개소
		• 뷰포트 도면층이 [동결]이나 [끄기]가 아닌 경우	2	1	전체
		• 한 개의 뷰포트로 배치 작성 또는 뷰포트가 3개가 아닌 경우	5	3	전체
		• 선(중심선과 숨은선, 가상선 등)의 유형이 표현되지 않은 경우	2~6	1~3	개소
		• 뷰포트가 다른 도면층에 작성된 경우	2	1	개소
	출력	• Limits 설정 오류	2		전체
		• 페이지 설정 관리자 설정이 틀린 경우	1~5		전체
신규 항목		• [배치] 탭에서 객체(외형선, 중심선, 숨은선, 가상선 등)를 작성한 경우		전체 8	전체

2 삼각법 투상의 정의

투상도법은 공간에 있는 물체의 모양이나 크기를 하나의 평면 위에 가장 정확하게 나타내기 위하여 사용하는 방법입니다. 즉, 입체적인 형상을 평면적으로 그리는 방법입니다. (도면을 읽을 때에는 평면적인 도면을 입체적으로 상상해 낼 수 있는 능력이 필요합니다.) CAD 실무능력평가(CAT) 2급 문제는 다양한 형상을 삼각 투상법으로 나타낸 것입니다. 한국산업규격(KS)은 기계 제도에 원칙적으로 제3각법을 사용하도록 규정하고 있는데, 이유는 제1각법에 비하여 도면을 이해하기 쉽고 치수 기입이 편리한 부분이 있어서 입니다. 이에 여러분께 투상법에 대한 설명을 간략히 하겠습니다.

1) 투상도의 종류

• 투상법은 크게 정투상도와 입체 투상도로 분류하고 정투상에는 제3각법과 제1각법이 있고, 입체적 투상도에는 등각 투상도, 사투상도, 투시도가 있습니다.

정투상도		등각 투상도	사투상도	투시도법
제1각법	제3각법			

• 정투상도(Orthographic Projection Drawing)
  – 기계 제도 분야에서 가장 많이 사용되는 방법입니다.
  – 물체의 위치와는 관계가 없이 언제나 같은 형상, 같은 크기의 실제 형상과 크기로 표시됩니다.

2) 제1각법과 제3각법

  – 제1면각은 공간 안에 물체를 각각의 면에 수직인 상태로 중앙에 놓고 '보는 위치'에서 물체 뒷면의 투상면에 비춰지도록 하여 처음 본 것을 정면도라 하고 각 방향으로 돌아가며 비춰진 투상도를 얻는 원리를 제1각법이라고 합니다.
  – 제3면각은 공간 안에 물체를 각각의 면에 수직인 상태로 중앙에 놓고 '보는 위치'에서 물체 앞면의 투상면에 반사되도록 하여 처음 본 것을 정면도라 하고 각 방향으로 돌아가며 반사되도록 하여 투상도를 얻는 원리를 제3각법이라고 합니다.
  – 3각법을 이용한 투상도는 물체를 보는 방향과 같은 쪽에 나타나므로, 물체의 모양과 크기를 쉽게 파악할 수 있으나 1각법은 좌, 우측 방향을 반대로 그려야 하므로 매우 불편합니다.
  – 1각법과 3각법의 가장 큰 차이점은 아래와 같이 물체의 도면이 우측면과 평면도 등의 위치가 다르게 된다는 것입니다. 그러므로 가장 많이 사용되는 방식은 3각법으로 도면을 작성합니다.

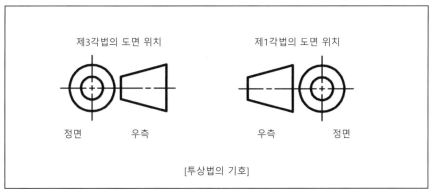

제3각법의 도면 위치

정면　　　　　우측

제1각법의 도면 위치

우측　　　　　정면

[투상법의 기호]

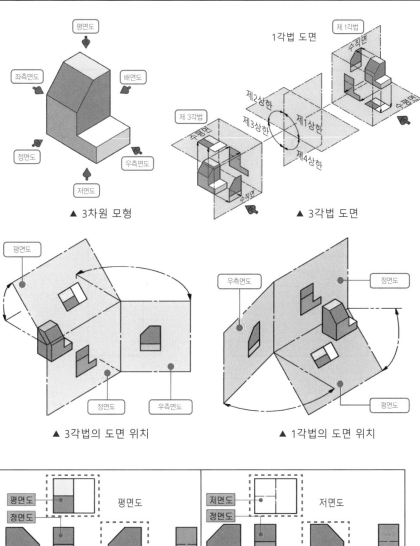

▲ 3차원 모형

▲ 3각법 도면

▲ 3각법의 도면 위치

▲ 1각법의 도면 위치

▲ 3각법 도면

▲ 1각법 도면

3 기초도면 작도법

이 장에서는 CAD 실무능력평가 2급을 준비하는 수험생들이 2차원 도면을 작도하기 위해 필요한 기본 도면 작도법을 여러 가지 유형으로 구분지어 익혀보겠습니다.

1) 수직/수평면

아래 그림을 보게 되면 2개의 직사각형과 A라고 표기된 부분이 보입니다.

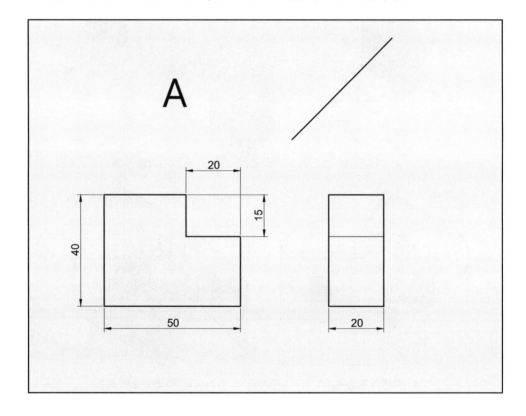

❶ 2차원 도면을 그리는 방법 중 기본적이면서도 중요한 것은 두 개의 도형으로부터 외형선을 그어 나머지 한쪽의 객체를 만들어 주는 방법입니다. 그러면, 그림 A지점에 해당하는 평면도를 작도하는 방법을 살펴보겠습니다. 포인트를 따기 전에 평면도와 우측면도의 교차 부분에는 45도 보조선을 그어줍니다.

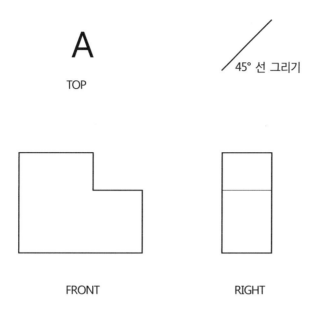

❷ 다음으로 정면도와 우측면도의 선끝에서 포인트를 따서 외형선을 그어줍니다. 그어진 외형선을 가만히 보면 각각 만나는 꼭지점이 생기게 됩니다. 이 꼭지점들을 선으로 그어 연결해 주면 A지점의 만들고자 하는 사각형이 나오게 됩니다.

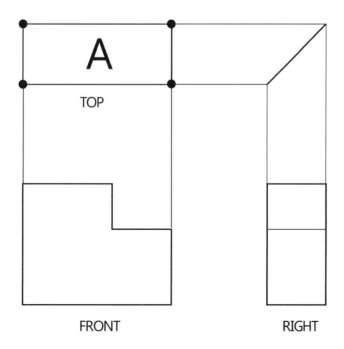

❸ 아래 그림과 같이 정면(P1)과 평면(P2)에 선을 그어 줍니다.

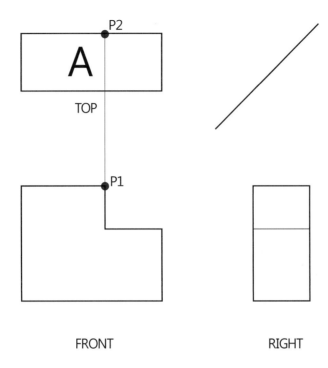

❹ 다음과 같이 평면도가 완성됩니다.

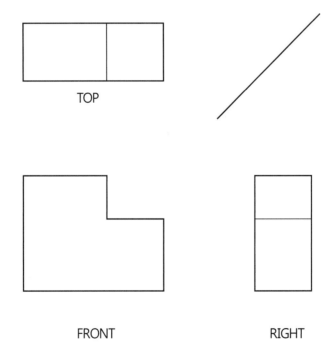

3차원 도면을 2차원 도면(평면도, 정면도, 우측면도)으로 나누는 과정에서 가장 쉬우면서도 중요한 기초 부분입니다.

여기서 짚고 넘어가야 할 점은 현재 A의 위치에 있는 객체를 평면도라 부르며 TOP이라고 표시합니다. 그리고 아래 두 도형 중 왼쪽에 있는 객체를 정면도(FRONT), 오른쪽에 있는 객체를 우측면도(RIGHT)라고 부릅니다.

3차원 입체 도형을 3개로 나누어 표기하는 방법으로 '삼각법(삼각투시법)'이라고도 불리는데 현재 CAD 실무능력평가 2급에서는 2차원 도면을 보고 주어진 시간 안에 도면을 똑같이 작도하는 연습을 필요로 하며 CAD 실무능력평가 1급에서는 2차원 도면을 보고 3차원 도면을 작성하는 연습을 합니다.

2) 기울어진 면(한쪽 기울어진 면)

한쪽 평면이 수직면이 아닌 기울어진 면일 경우에 평면도를 작도하는 방법을 연습해 봅니다. 그림을 보면 수직/수평면과 다르게 한쪽이 기울어져 있는데, A지점에 어떠한 변화가 나오는지 익혀보겠습니다.

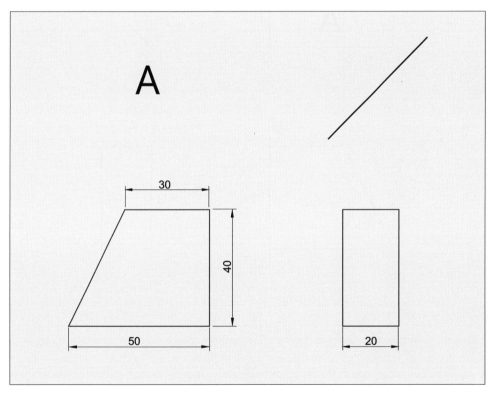

※ 포인트를 따기 전에 평면도와 우측면도의 교차 부분에는 45도 보조선을 그어 줍니다.

출처: 한국 ATC센터, "AutoCAD기술자격지침서", (주)엠듀, 2013, pp.145~152

❶ 먼저 정면도와 우측면도의 끝부분을 그림에 해당하는 평면도 A에 그어 객체를 만듭니다.

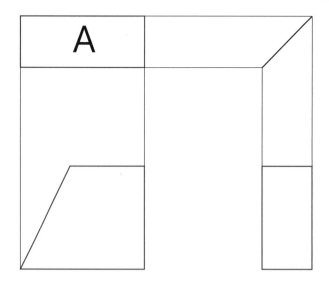

❷ 정면도의 기울어진 끝부분에 수직선으로 그어줍니다.

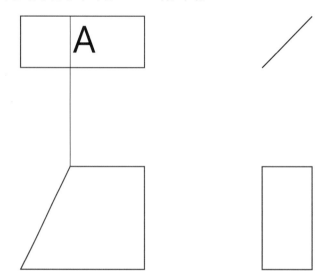

❸ 위쪽 평면도에 그려진 선을 객체에 맞게 맞춰주면 A 지점의 평면도가 완성됩니다.

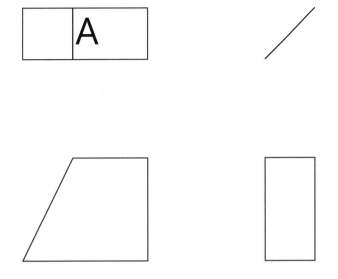

3) 양쪽 기울어진 면

이번에는 기울어진 두 개의 도형으로 평면도를 작도하는 방법입니다.

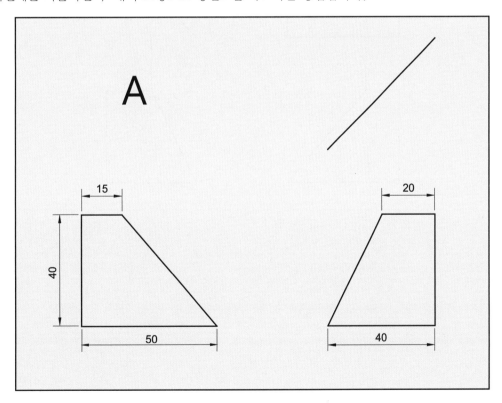

❶ 정면도와 우측면도의 끝지점을 수직과 45도 선을 이용하여 A지점에 외형을 만들어 줍니다.

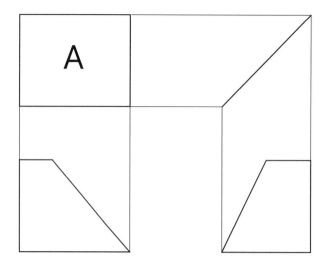

❷ 정면도와 우측면도의 기울어진 끝점에서 선을 그어 A지점에 아래와 같이 만들어 줍니다.

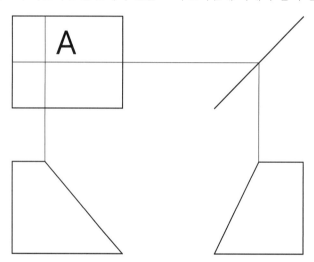

❸ 아래와 같이 A지점에 선을 그어 주면 완성됩니다.

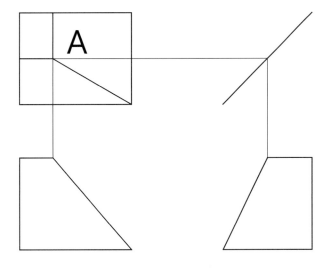

4) 잘린 모서리

시험에서 자주 출제되는 유형 중의 하나인 잘린 모서리의 기초입니다.

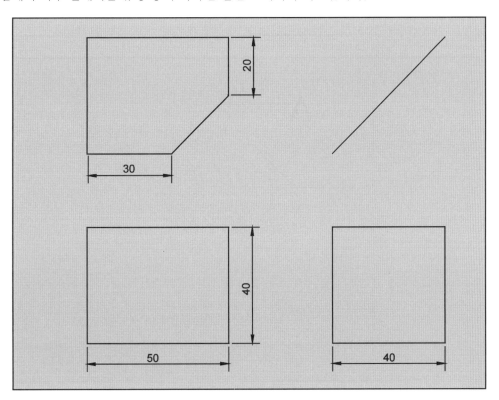

❶ 평면도의 잘린 모서리 부분 양쪽을 정면도와 우측면도에 선을 그어 주면 잘린 모서리 부분이
정면도와 우측면도에 표시됩니다.

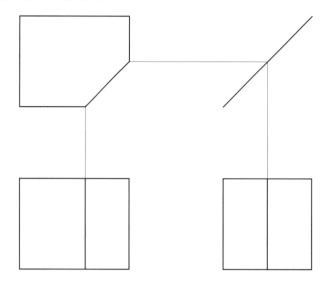

5) 잘린 모서리 응용

응용문제로 이번엔 잘린 모서리 부분과 평면도, 우측면도가 기울어진 경우입니다.

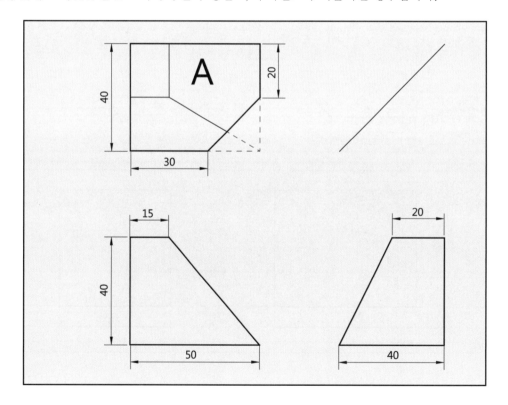

❶ 먼저 A 지점의 잘린 모서리 부분에서 아래쪽 꼭지점(P2)과 중간 교차점(P1)을 외형선으로 정면
도에 내려줍니다.

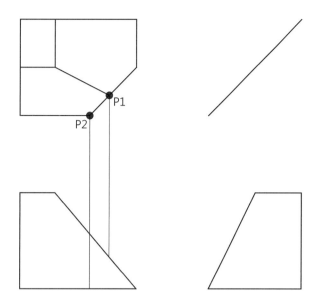

❷ 그림과 같이 정면도에 선을 연결하면 평면도의 잘린 모서리 부분이 그려집니다.

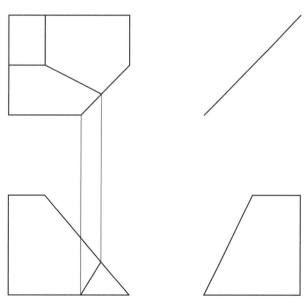

❸ A지점의 잘린 모서리 부분 중 교차점과 윗부분의 꼭지점을 45도 보조선을 따라 내려 그림과
같이 외형선을 우측면도에 그어줍니다.

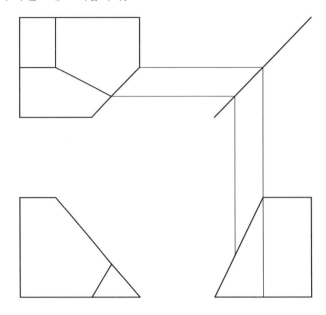

❹ 정면도와 같이 교차된 부분을 외형선을 그어 우측면도를 완성합니다.

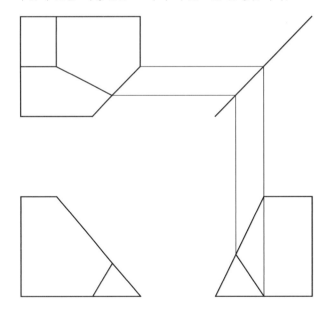

❺ 평면도에서 모서리가 잘린 부분이 정면도과 우측면도에 아래와 같은 선이 보이게 됩니다. 시험에 자주 출제되므로 잘 익혀 둡니다.

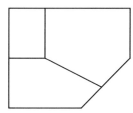

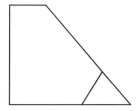
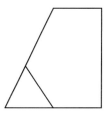

타원 유형에 따른 작도 방법

시험에 출제되는 문제 중 자주 나오는 타원에 대해 알아보도록 하겠습니다. 타원을 그리는 방법
과 문제에 나오는 유형에 따라 모양을 이해하고 작도하는 요령에 대해 알고 있어야 합니다.

1) 타원 1유형

잘린 원기둥을 대각선으로 자르면 다른 위치에서 볼 때 타원의 형상처럼 보입니다. 최근 타원을
이용한 다양한 문제가 시험으로 자주 출제됩니다.

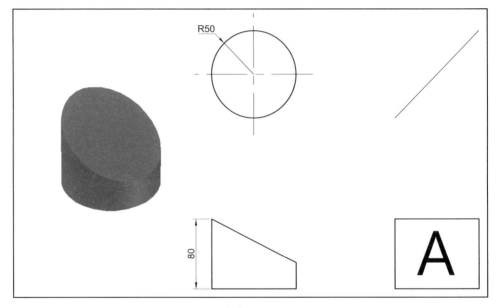

출처: 한국 ATC센터, "AutoCAD기술자격지침서", (주)엠듀, 2013, pp.153~162

❶ 평면도와 정면도의 외곽선을 그어 우측면의 외형을 작도합니다.

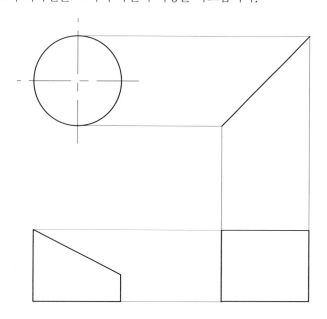

❷ 평면도의 원 중심과 정면도의 경사진 선이 만나는 교차점을 아래와 같이 선을 그어 우측면도에서 타원의 중심을 찾습니다. 평면도와 정면도에서 그은 외형선이 만나는 B지점이 만들어질 타원의 중심 부분이 됩니다.

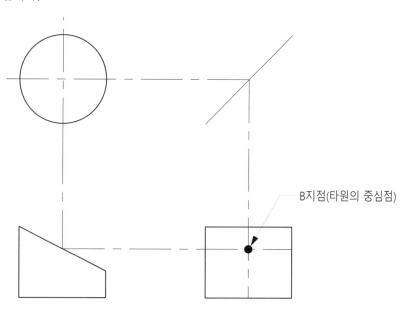

B지점(타원의 중심점)

❸ 평면도의 원 사분점을 수직 수평으로 선을 그어 우측면도에 교차하는 중심점과 꼭지점을 이용하여 그림과 같이 타원이 형성되었습니다.

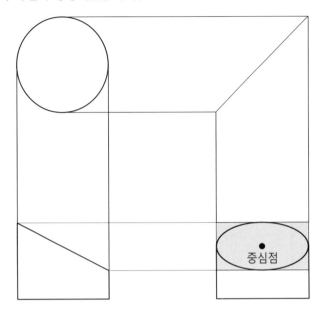

❹ 선을 정리하여 우측면도를 완성합니다.

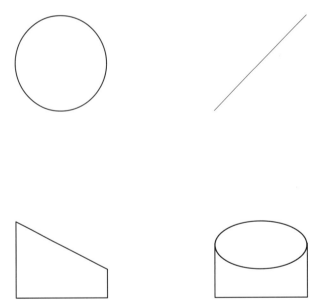

2) 타원 2유형

원기둥의 윗부분을 조금만 경사지게 잘랐을 때의 형상을 작도해보겠습니다.

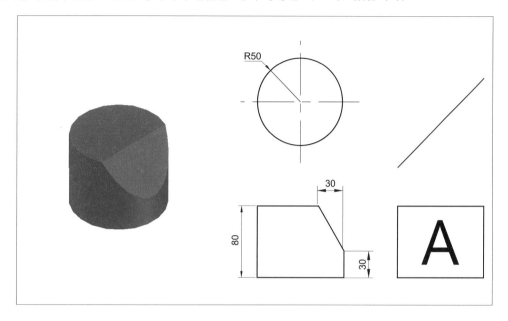

❶ 평면도의 원 사분점을 수직 수평으로 선을 그어 우측면도에 교차하는 중심점과 꼭지점을 이용하여 그림과 같이 타원이 형성되었습니다.

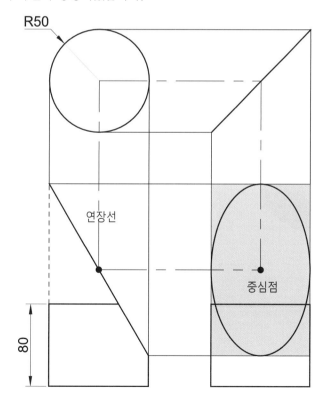

❷ 나머지 선을 정리하여 우측면도를 완성합니다.

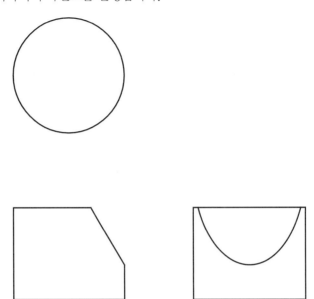

3) 타원 3유형

원기둥의 윗부분을 완만한 경사로 잘라진 형상으로 작도해보겠습니다.

※ 기울어진 경사는 임의로 작성합니다.

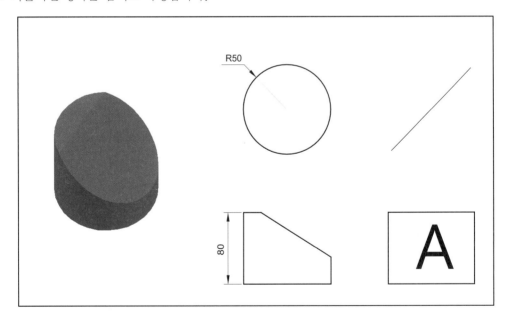

❶ 평면도의 원 사분점을 수직 수평으로 선을 그어 우측면도에 교차하는 중심점과 꼭지점을 이용하여 그림과 같이 타원이 형성되었습니다.

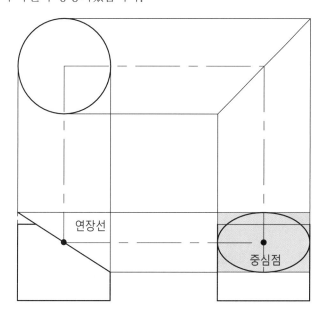

❷ 나머지 선을 정리하여 우측면도를 완성합니다.

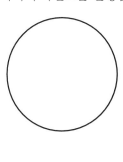

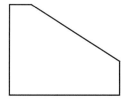

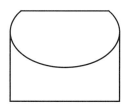

4) 타원 4유형

이번에는 평면도의 원이 잘려나간 형태를 가지고 있는 유형입니다.

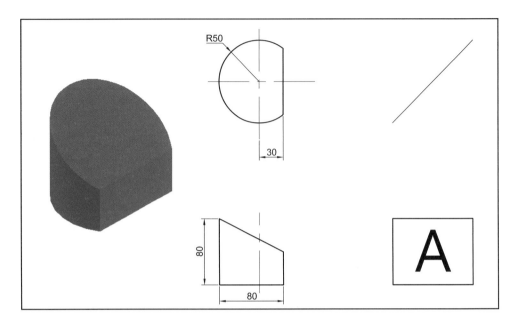

❶ 평면도와 정면도의 외곽선을 그어 우측면도의 외형을 작도합니다.

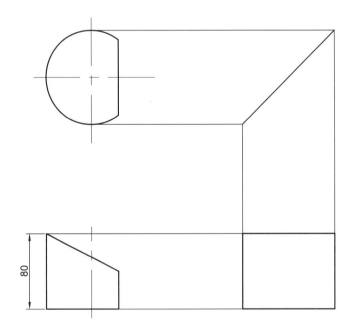

출처: 한국ATC센터

❷ 평면도에 정원을 다시 그려 사분을 수직으로 선을 긋고, 정면도의 기울어진 선을 연장하면 교차하게 됩니다. 그 교차점을 수평으로 그어 우측면도에 타원을 그리게 됩니다.

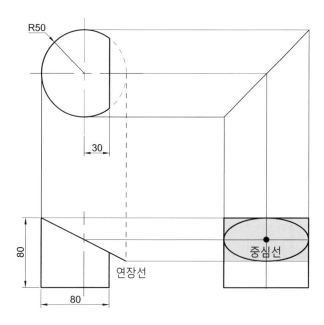

❸ 정면도의 경사의 끝지점을 수평으로 긋습니다.

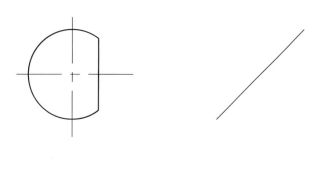

❹ 타원과 수평선의 교차점에 수직으로 선을 긋습니다.

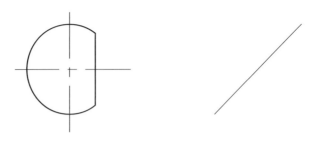

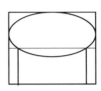

❺ 아래와 같이 선을 정리하여 우측면도를 완성합니다.

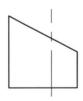

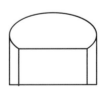

5) 타원 5유형

이번 유형은 원의 중심이 절단선 바깥에 위치한 경우입니다. 이러한 응용 문제가 많이 출제되고 있으며 까다로운 유형입니다. 그림을 잘 보면서 익혀봅니다.

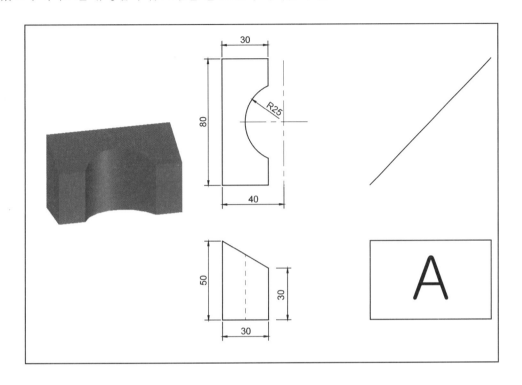

❶ 평면도의 정원에서 중심 및 사분점을 정면의 경사진선과 45도선을 이용하여 우측면에 선을 긋게 되면 아래와 같이 타원이 그려질 영역과 중심점이 보이게 됩니다.

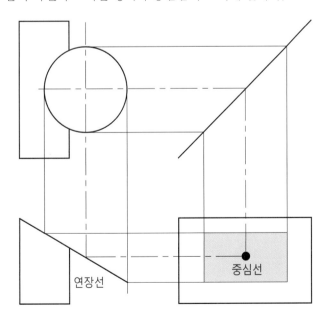

❷ 우측면의 사각형 영역 안에 타원을 그려넣습니다.

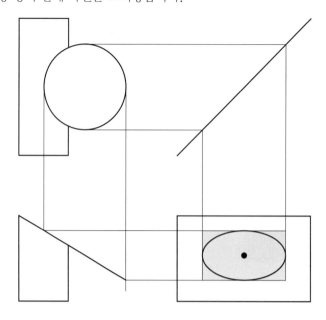

❸ 평면도에서 원이 잘려진 지점과 정면도의 경사진 끝점을 이용해 우측면도를 작도합니다.

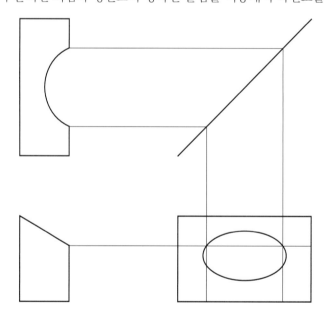

❹ 아래 그림과 같이 선을 정리하여 우측면도를 완성합니다.

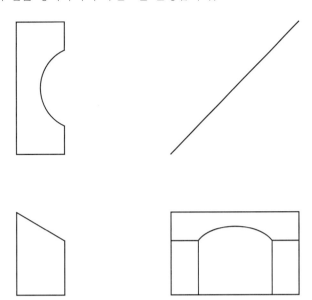

5 CAD 실무능력평가(CAT) 2급 시험절차

순서	주의사항 및 시험 치는 요령
1 kpc 자격 사이트 접속	• 시험 20분 전 입실 • 수험표, 신분증 반드시 지참 • 감독관의 지시에 따라 응시 사이트 접속 후 시험 응시
2 시험용 템플릿 다운로드	바탕화면에 저장하고, 저장 시 파일 이름을 변경하지 않습니다.
3 기본 설정	❶ 옵션 설정(OP) ❷ 레이어 설정(LA) ❸ 객체 스냅 설정 [F3] / 그리드 끄기 [F7] ❹ 문자 스타일 변경(ST) ❺ 치수 문자 색상 변경(D)
4 모형 공간 도면 작성	• 삼각법, 평면도, 정면도, 우측면도 작도
5 치수 설정	• 치수 설정 및 입력
6 배치 공간 배치 작성	• 표제란, 테두리, 수험번호, 타이틀 입력
7 페이지 설정	• 페이지 설정관리자 설정
8 파일 업로드	• 파일 업로드는 여러 번 할 수 있습니다. • 변경 후 수시로 업로드 합니다.
최종 제출 후 종료	"수험번호.dwg" 파일 1개 제출 종료 후 응시 불가능하니 감독관에게 확인 후 퇴실

1) kpc 자격시험 사이트 접속

시험 당일 감독관의 지시에 따라 응시 사이트 접속 후 시험에 응시합니다.

2) 템플릿 파일 다운로드

시험용 템플릿 파일은 반드시 바탕화면에 저장하고, 저장 시 파일 이름을 변경하지 않습니다.

3) 기본 설정 방법

CAT 2급 시험을 치르기 위해 사전에 필요한 기본 설정이 필요한 부분이 있습니다. 프로그램 및 시험과 관련된 설정을 익혀 두도록 합니다.

❶ 옵션 설정(OP)

ⓐ 화면 표시 : 배치 요소에서 [배치 및 모형 탭 표시]만 체크합니다. 나머지는 해제합니다.

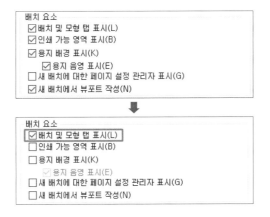

ⓑ 색상 : 배경화면의 색상을 변경합니다.
　색상 변경 : "2D 모형 공간", "시트/배치" 모두 검정색으로 변경합니다.

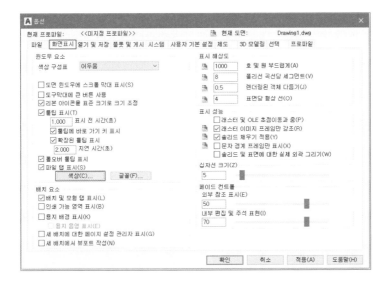

(c) [열기 및 저장] 탭에서 자동으로 저장하는 시간을 조절합니다. (자동 저장: 5분)

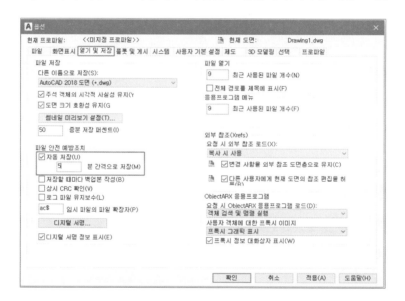

❷ 레이어 설정(LA)

레이어 설정은 응시조건에 정해져 있는 레이어를 모두 생성해야 합니다. 총 7개의 레이어를 생성하고, 색상을 지정합니다. 아래 그림을 참고하여 레이어를 설정합니다.

이름	색상	번호	선 종류	선가중치(선굵기)
0(기본으로 있음)	흰색	7	Continuous(실선)	기본값
외형선	초록색	3	Continuous(실선)	–
숨은선	노란색	2	HIDDEN	–
중심선	흰색	7	CENTER	–
가상선	선홍색	6	PHANTOM	–
뷰포트	하늘색	4	Continuous(실선)	–
치수	빨간색	1	Continuous(실선)	–
문자	흰색	7	Continuous(실선)	–

※ 각 도면층을 선택하고 [F2]를 누르면 이름을 바꿀 수 있습니다.

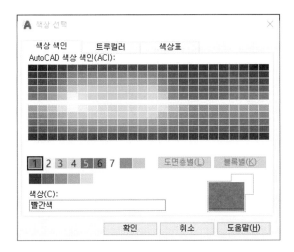

❸ 객체 스냅 설정 F3 / 그리드 끄기 F7

스냅 설정은 사용자에 따라 다소 다를 수 있으나 기본적으로 자주 사용되는 스냅과 불필요한 스냅으로 구분하여 사용합니다.

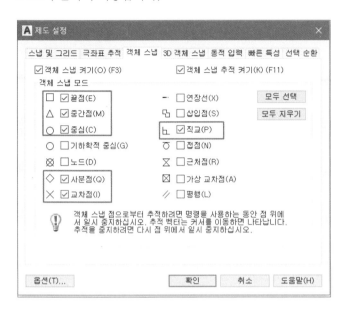

① 끝점
② 중간점
③ 중심
④ 사분점
⑤ 교차점
⑥ 직교

※ 화면하단 OSNAP(OS 또는 SE)
  활성화 되어 있어야 함

※ 기타 기능키 설정
  동적입력 창 끄기 F12

❹ 문자 스타일 변경(ST)

전체 문자 글꼴은 "굴림"으로 변경합니다. (※ t : 글자 입력)

❺ 치수 문자 색상 변경 (D)

치수 스타일(D) 실행 후 수정을 클릭하여 아래 그림과 같이 시험에 맞게 설정합니다.

• [문자] 탭에서 「문자 색상」은 "노란색"으로 변경합니다.

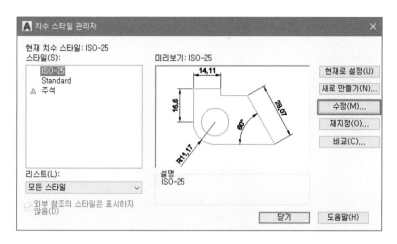

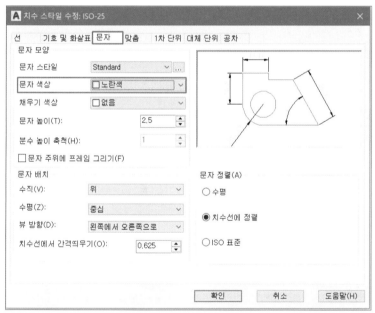

※ 시험과 관련하여 나머지 치수 설정은 뒤의 "실전문제 치수설정"을 참고하세요.

4) 치수 설정

사전에 치수스타일(D)에서 문자 색상은 '노란색'으로 문자스타일(ST)에서 전체 문자 글꼴은 '굴림'으로 되어 있어야 합니다. 앞서 언급한 "기본 설정 방법"을 참고합니다.

4-1) 치수스타일 관리자(D)

❶ 치수스타일 관리자에서 수정으로 들어갑니다.

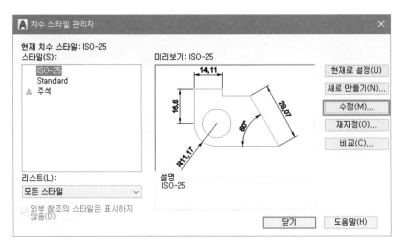

❷ [기호 및 화살표] 탭에서 중심표시는 '없음'으로 체크합니다. (Dimcen=0과 같음)

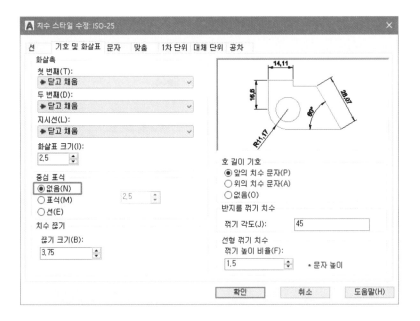

❸ [맞춤] 탭의 전체 축척 사용값은 문제의 축척으로 변경합니다. 예를 들면, 축척1/2은 전체 축척
을 2로 변경합니다. (예시 1/3→3으로 변경)

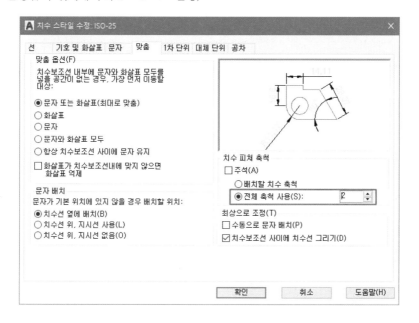

4-2) 치수모양 설정방법

❶ 치수보조선 숨김

특성창(명령: ch 또는 Ctrl+1)을 열어서 설정합니다.
치수보조선의 경우 먼저 클릭한 것이 치수보조선 1, 두
번째 클릭한 것이 치수보조선 2로 인식합니다. 치수보조
선이 다른 종류의 선과 겹치는 경우 안 보이게 설정하여
야 합니다.

해당하는 치수를 선택 후 Ctrl+1(숫자)을 눌러 특성창에
서 치수보조선 1, 2와 모델링 선이 겹치므로 '끄기'하여
안 보이도록 설정합니다.

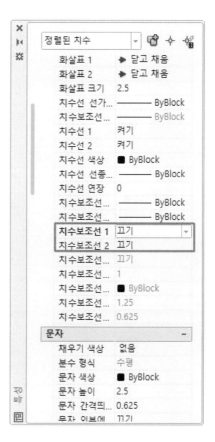

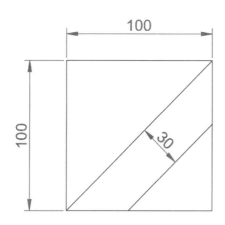

❷ "치수선에 정렬"은 아래와 같습니다.

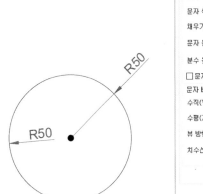

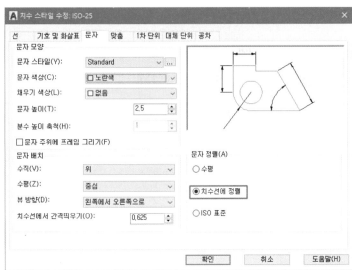

❸ [맞춤] 탭의 [문자와 화살표 모두]로 체크하게 되면 반지름 치수선이 중심까지 연장됩니다.

※ 치수가 원 내부에 적용되는 옵션이며 원 밖으로는 표시되지 않습니다. 다시 원 밖으로 표시해야 할 경우 [문자 또는 화살표]로 체크를 변경해야 됩니다.

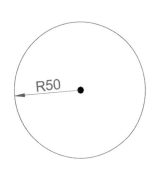

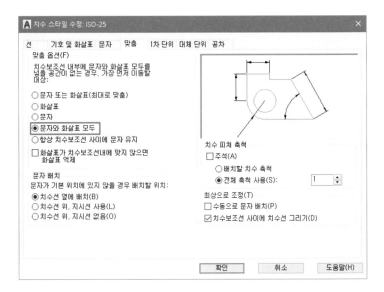

❹ [ISO 표준]은 원과 관련된 치수의 문자가 모두 수평으로 표시되도록 하는 옵션입니다.

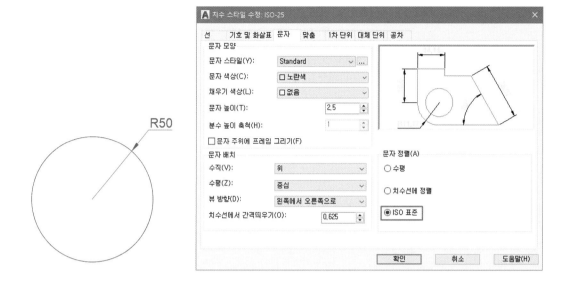

❺ [치수보조선 사이에 치수선 그리기] 체크를 해제하는 경우 아래와 같이 원 안에 치수보조선이 안 보이게 합니다.

※ [문자] 탭의 [ISO표준] : 치수의 문자가 수평으로 기입됩니다.

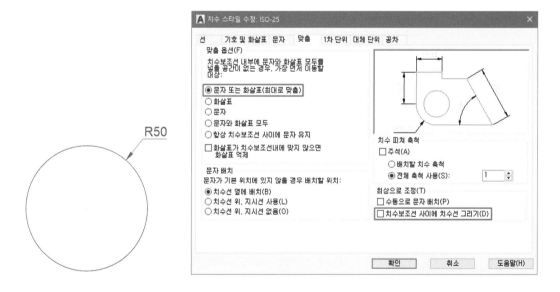

❻ 회전치수 작성 (선형치수의 회전옵션을 이용)

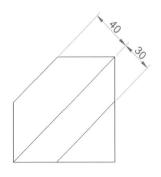

우선 회전치수와 정렬치수 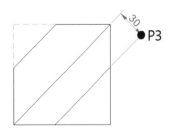를 구분해야 합니다.

회전치수는 치수보조선의 길이가 다른 경우입니다.

정렬치수는 보조선의 양쪽 길이가 같고, 클릭한 2점에서 기입이 되므로 회전치수와 구분하여야 합니다.

그림과 같이 기입된 치수는 보조선의 길이가 다른 경우로서 회전치수로 기입해야 됩니다.

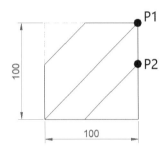

① 선형 아이콘 클릭 ┤선형 ▾

P1과 P2는 치수보조선의 시작 위치를 의미합니다.

∷ **명령라인** ∷

명령: _명령: _dimlinear
첫 번째 치수보조선 원점 지정 또는 〈객체 선택〉: P1
두 번째 치수보조선 원점 지정: P2

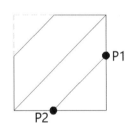

② 옵션 중 회전(R)을 입력합니다. P1, P2는 치수보조선이 기입될 각도를 의미합니다. 숫자를 입력하여 각도를 지정할 수도 있습니다.

치수선의 위치 지정 또는 [여러 줄 문자(M)/문자(T)/각도(A)/수평(H)/수직(V)/회전(R)]: R Enter
치수선의 각도를 지정 〈0〉: P1
두 번째 점을 지정: P2

③ 마우스를 P3방향으로 기입될 위치를 정하도록 합니다.

치수선의 위치 지정 또는 [여러 줄 문자(M)/문자(T)/각도(A)/수평(H)/수직(V)/회전(R)]: P3
치수 문자 = 30

④ 나머지 치수도 동일한 방법을 사용해 기입합니다.

❼ 지시선(Lead) 작성

P1, P2 클릭 후 문자를 입력합니다.

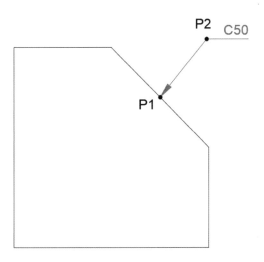

:: 명령라인 ::

명령: LEAD Enter
LEADER
지시선 시작점 지정: 화살표의 시작점 P1 클릭
다음 점 지정: F8 을 해제하고 적당히 대각선 가서 P2 클릭
다음 점 지정 또는 [주석(A)/형식(F)/명령 취소(U)] 〈주석(A)〉: 내용을 입력 Enter
주석 문자의 첫 번째 행 입력 또는 〈옵션〉: C50 Enter
주석 문자의 다음 행을 입력: (없으면 그냥 Enter)

5) 모형공간 도면작성

5-1) 모형 작성

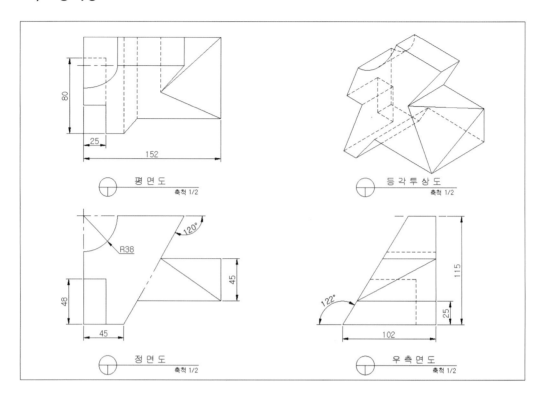

문제풀이 과정과 요령을 배워보도록 하겠습니다.

작도 전 프로그램의 기본적인 설정을 마친 후 작업합니다.
 – 그리드 끄기, 옵션 설정, 객체스냅 설정, 레이어 설정, 치수 설정, 문자스타일 등

우선 평면도, 정면도, 우측면도 각 부분의 전체적인 높이와 폭의 치수를 확인합니다.
그림에서 우측면도의 높이가 115이면 정면도의 높이도 동일한 115임을 알 수 있습니다.
그리고 우측면도의 길이가 102면 평면도의 폭도 동일합니다.
각 평면도, 정면도, 우측면도를 보면서 서로의 연관된 전체 치수를 가장 먼저 확인하고, 세부적인
치수를 보면서 각 부분의 연결되는 선이 어떤 것인지 예상해 봅니다.

문제를 직접 풀어보면서 도면을 그리는 순서를 익히고 분석해 보겠습니다.

5-2) 정면도 작도

❶ 정면도의 수평 45와 수직 115선을 그립니다.

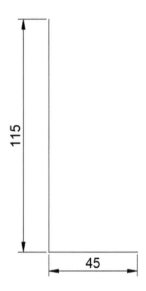

❷ 임의의 수평선(길이 100 정도)을 그려 120°로 회전합니다. 그리고 아래 그림과 같이 이동합니다.

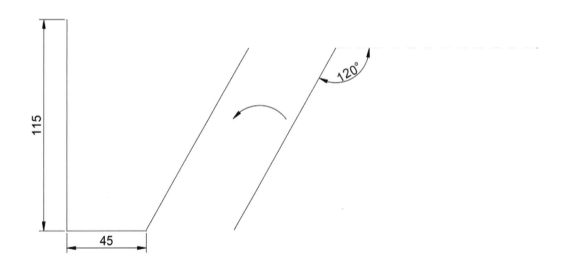

❸ 상단 부분에 수평으로 선을 긋고, 각도선을 상단선까지 연장(EX)합니다. 수평선의 연장 부분을 교차하여 벗어난 나머지 선을 정리하도록 합니다.

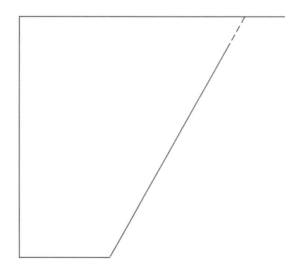

❹ 수직선을 아래 그림과 같이 간격 띄우기(O) 152만큼 합니다.

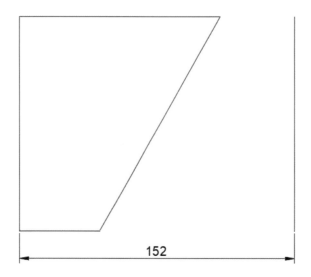

❺ 하단에 임의의 수평선을 긋고 수직으로 25와 45만큼 간격 띄우기(O) 하도록 합니다.

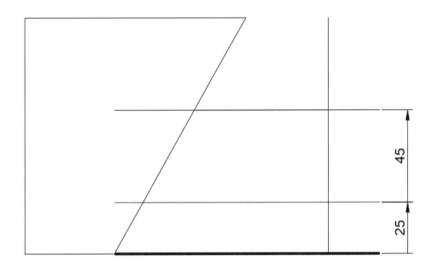

❻ 아래 그림에서 진하게 표시된 부분만 자르기(TR)하여 남기도록 합니다. 정면의 전체적인 윤곽이 완성되었습니다.

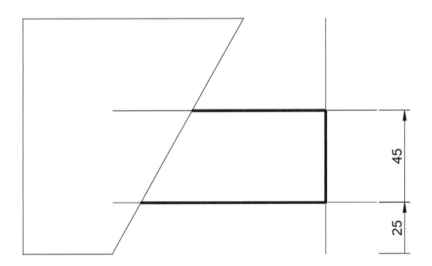

5-3) 평면도, 우측면도를 작도합니다.

❶ 작성 된 정면도를 이용해 아래와 같이 평면도와 우측면도 작성을 위해 선을 긋습니다. 수직선은 평면도의 전체 폭을 의미하고, 수평선은 우측면도의 전체 높이를 의미합니다.

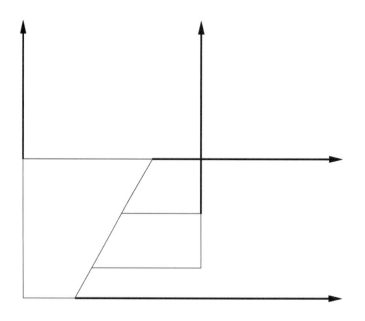

❷ 정면도에서 어느 정도 공간을 두고 수평선과 수직을 아래 그림과 같이 작성합니다. 정면도에서 띄워진 공간은 정해져 있지 않습니다. 치수를 넣을 공간이므로 임의로 정하되 정면도의 전체 폭과 높이만큼을 띄워서 공간을 만들어 선을 긋는 것이 적당합니다.

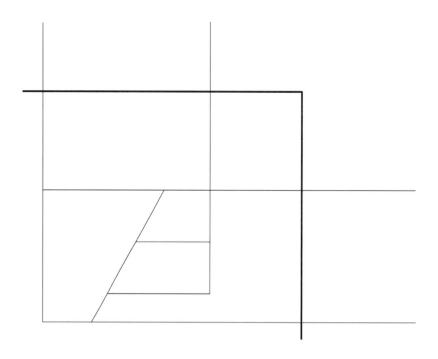

❸ 앞서 그어놓은 수평선과 수직선의 모서리 부분에 45° 보조선을 작도합니다. 평면도와 우측면도를 연관 짓는 선이므로 매우 중요 부분입니다.

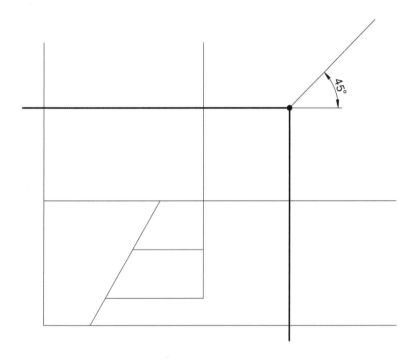

❹ 우측면도 수평의 102로 간격 띄우기(O)를 합니다. 여기서 평면도에서도 같은 간격으로 간격 띄우기를 합니다. 평면도와 우측면도가 아래와 같이 연관 지어 작도됨을 숙지하도록 합니다.

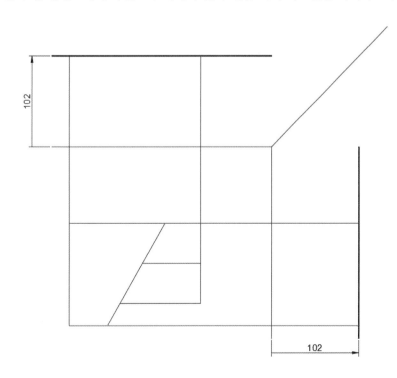

❺ 아래와 같이 선을 정리하여 평면도, 우측면도의 전체적인 위치와 범위를 알 수 있도록 합니다.

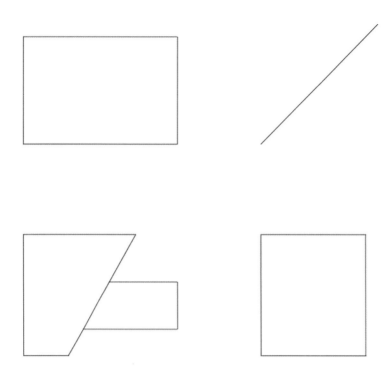

❻ 우측면도에서 경사진 부분을 우선 작성합니다.
임의의 수평선(길이 150 정도)을 그려 122°로 회전 후 아래와 같이 이동합니다.

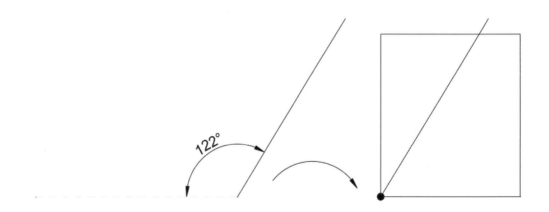

5-4) 평면도를 작도합니다.

❶ 정면도의 P1, P2 부분을 그림과 같이 평면도 부분에 동일한 P1, P2 부분을 찾아 선을 연결합니다.

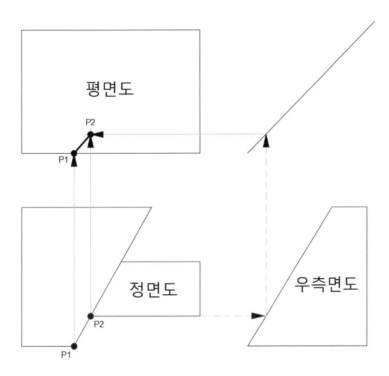

❷ 위에서 연결한 선을 아래와 같이 정리합니다. 외형 부분의 모양을 갖추는 것이 바람직합니다.

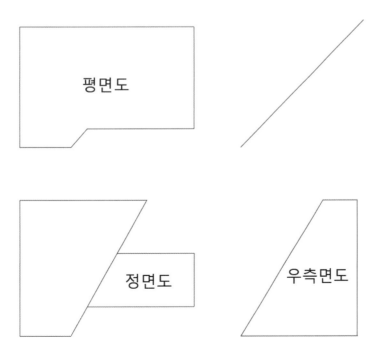

❸ 정면도에서 경사의 끝부분과 우측면도의 경사 끝부분을 45° 선을 이용해 아래와 같이 평면도 부분을 작성합니다.

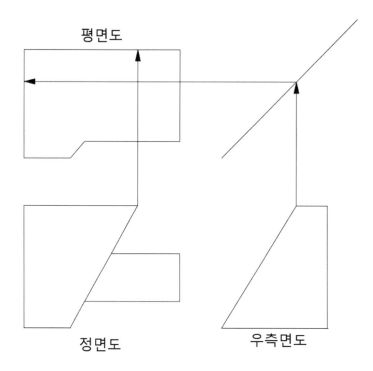

❹ 아래와 같이 선을 정리하도록 합니다.

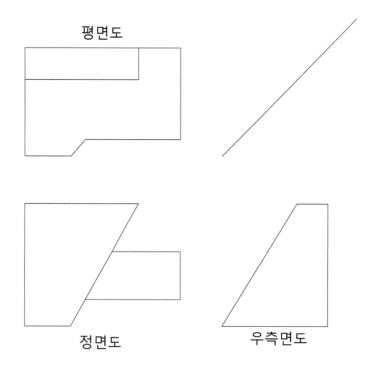

❺ 정면도의 P1 지점을 아래 그림과 같이 수직, 수평선을 그어 평면도에서 교차되는 P1 지점을 찾도록 합니다.

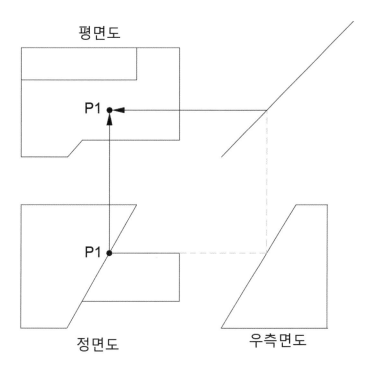

❻ 평면도 P1 지점을 이용하여 모서리 선 3개를 연결합니다. 정확한 지점을 하나 찾아 3개의 선이 완성되었습니다. 문제풀이 과정에서 정확한 특정 지점을 찾는 것은 매우 중요합니다.

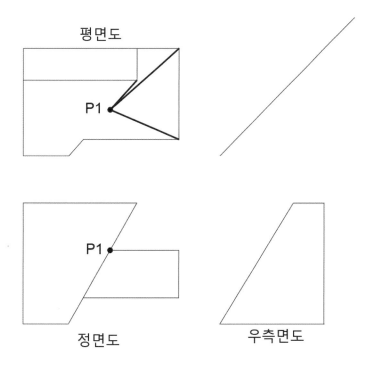

5-5) 내부선 작도하기

❶ 정면도의 치수 값 25와 48이 있는 부분을 작도합니다.

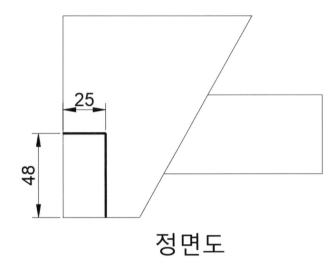

정면도

❷ 정면도의 P1 지점을 우측면의 경사 부분을 이용하여 평면도의 P1 지점을 찾도록 합니다.

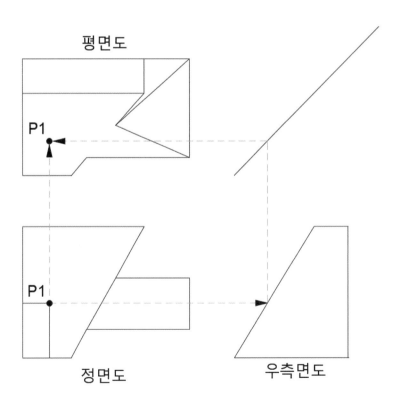

❸ 아래와 같이 평면도 모서리 부분을 정리합니다.

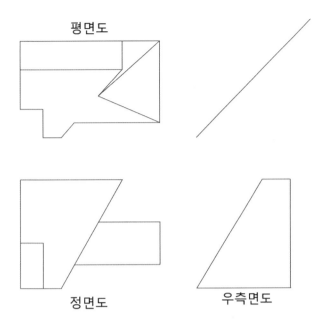

5-6) 타원 작도

❶ 정면도 반지름이 38인 원의 사분점을 수직, 수평으로 선을 그어 평면도에 사각형 영역이 보이도록 선을 긋습니다. 우측면에서 원의 사분점과 경사진 선 윗부분과 만나지 않으므로 사분점까지 연장해야 합니다. 그리고 아래 그림과 같이 작업합니다.

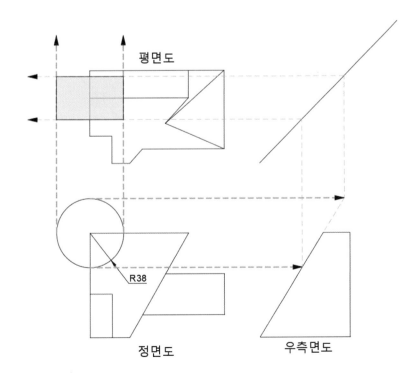

❷ P1, P2 점을 이용하여 사각형(REC) 명령을 이용해 그립니다. 다시 그리는 이유는 타원을 그릴 때 사각형의 중간점을 잡기 위해서입니다.

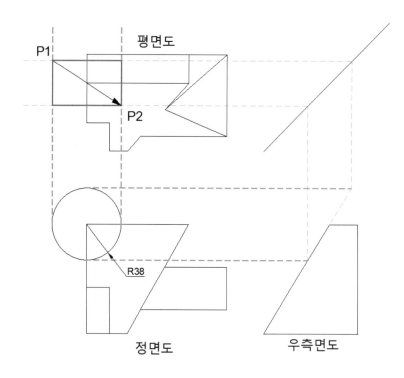

❸ 사각형만 남기고 나머지 선을 모두 삭제합니다. 사각형의 중간점 3점을 이용해 타원을 작성합니다.
　– 명령 : 타원 그리기(EL), 객체스냅(OS)〉중간점

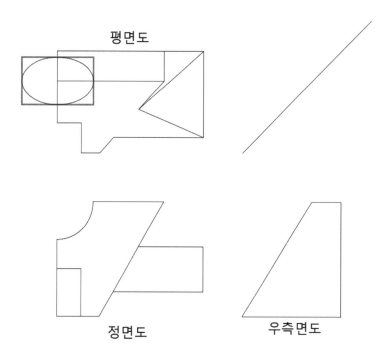

❹ 아래와 같이 타원 부분의 선을 정리하여 완성합니다.

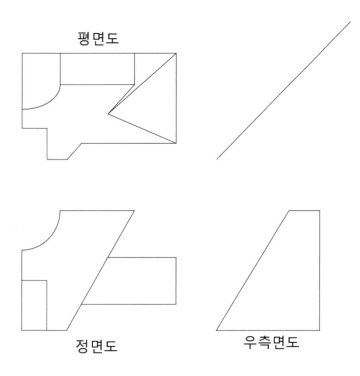

평면도

정면도 우측면도

5-7) 가상선(2점 쇄선) 작도

❶ 정면도의 2점 쇄선(가상선 레이어) 부분 선을 작성합니다. break 또는 trim 등 사용자가 편리한 기능을 사용하여 만들도록 합니다.

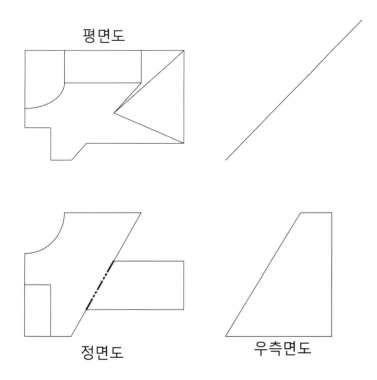

평면도

정면도 우측면도

5-8) 마무리하기

❶ 정면도의 가로 25, 세로 48 모서리 부분과 평면도 부분을 이용하여 우측면도를 작도합니다.

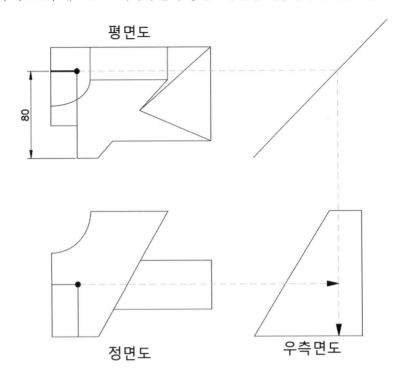

❷ 아래 그림과 같이 선을 정리하고, 숨은선 레이어로 변경합니다. 그리고 나머지 선을 찾아 그린 후 모형을 완성합니다.

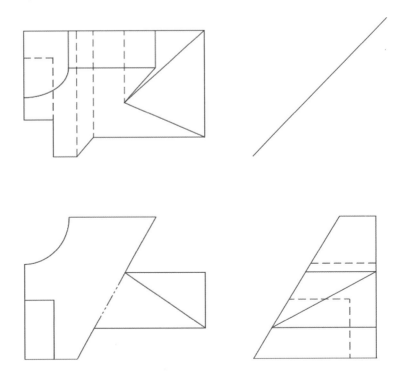

❸ 중심선을 평면도, 정면도, 우측면도에 작도하여 모형을 완성합니다. 평면, 정면, 우측면도 모두
선이 누락된 곳이 없는지 선의 종류가 잘못된 곳은 없는지 반드시 확인해야 합니다.

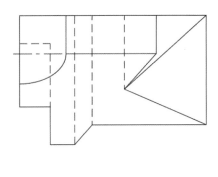

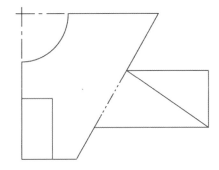
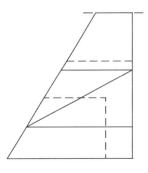

Plus
Tip+
[모형] 탭에서 반드시 45° 보조선을 지우고 제출해야 합니다.
감점사항이므로 주의하시기 바랍니다.

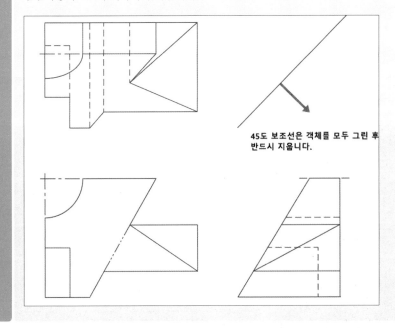

45도 보조선은 객체를 모두 그린 후
반드시 지웁니다.

6) 배치공간 배치작성

6-1) 배치 작성 limits 설정 및 외곽선, 표제란 작성

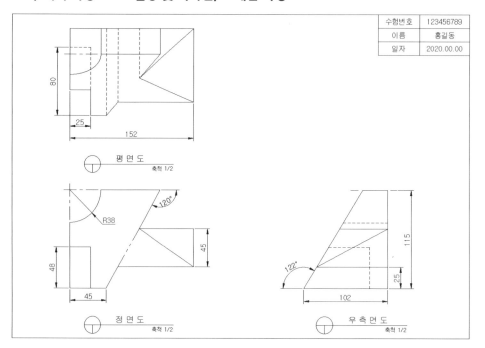

수험번호	123456789
이름	홍길동
일자	2020.00.00

❶ 캐드화면 왼쪽 하단의 "배치1" 버튼을 클릭합니다. "배치1"에서 표제
란과 테두리, 뷰포트를 완성해야 합니다.

❷ 아무것도 없는 화면으로 되어 있는 상태에서 작업해야 합니다.
　– 불필요한 객체는 지웁니다. (전체지우기 : e Enter all Enter)

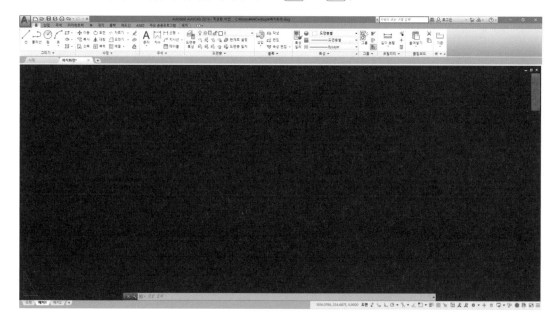

6-2) limits 설정 및 사각 테두리선 그리기

다음은 [배치] 탭에서 작업하는 순서로 먼저 레이어를 변경 후 범위 설정은 A4 크기인 0, 0 / 297, 210으로 설정합니다. 배치작성 제시 내용을 보고 사각 테두리선 및 표제란을 작성합니다.

❶ 레이어 변경
[배치] 탭에서 도면층을 '0'번 레이어로 설정합니다.

❷ limits (한계, 범위) 설정
• 응시창의 문제 화면을 참고하여 범위를 설정합니다.
• 도면범위 설정 limits [Enter] A4 크기인 0,0 [Enter] 297,210 [Enter]을 입력합니다.
• Z [Enter] A [Enter] 전체 화면보기를 합니다.

:: 명령라인 ::

명령: LIMITS [Enter]
도면 공간 한계 재설정:
왼쪽 아래 구석 지정 또는 [켜기(ON)/끄기(OFF)] 〈0.0000,0.0000〉: 0,0 [Enter]
오른쪽 위 구석 지정 〈297.0000,210.0000〉: 297,210 [Enter]

명령: Z [Enter]
ZOOM
윈도우 구석 지정, 축척 비율(nX 또는 nXP) 입력 또는
[전체(A)/중심(C)/동적(D)/범위(E)/이전(P)/축척(S)/윈도우(W)/객체(O)] 〈실시간〉: a [Enter]
배치 재생성 중.

❷ 사각 테두리선 그리기
• 사각형 (REC [Enter] 0,0 [Enter] 297,210 [Enter])을 작성합니다.

:: 명령라인 ::

명령: REC [Enter]
RECTANG
첫 번째 구석점 지정 또는 [모따기(C)/고도(E)/모깎기(F)/두께(T)/폭(W)]: 0,0 [Enter]
다른 구석점 지정 또는 [영역(A)/치수(D)/회전(R)]: 297,210 [Enter]

• 그려진 사각형 안쪽으로 Offset (간격 띄우기)을 10으로 외곽선을 그립니다.

:: 명령라인 ::

명령: O [Enter]
OFFSET
현재 설정: 원본 지우기=아니오 도면층=원본 OFFSETGAPTYPE=0
간격 띄우기 거리 지정 또는 [통과점(T)/지우기(E)/도면층(L)] 〈통과점〉: 10 [Enter]
간격 띄우기할 객체 선택 또는 [종료(E)/명령 취소(U)] 〈종료〉: 테두리 객체 선택
간격 띄우기할 면의 점 지정 또는 [종료(E)/다중(M)/명령 취소(U)] 〈종료〉: 테두리 안쪽 영역 클릭
간격 띄우기할 객체 선택 또는 [종료(E)/명령 취소(U)] 〈종료〉: [Enter]

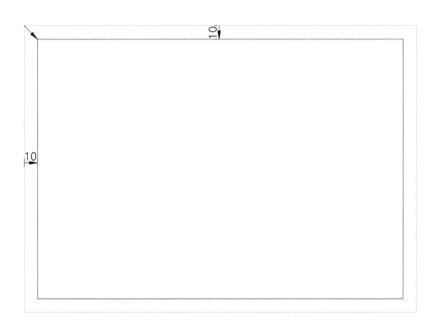

• 바깥 사각형은 삭제합니다.

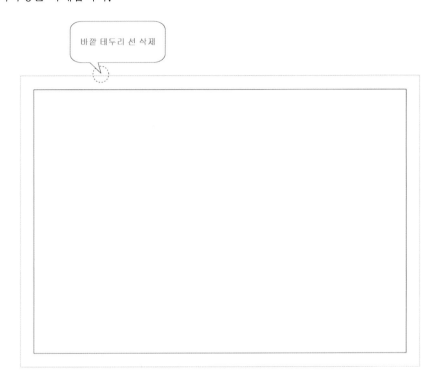

❷ 배치작성 제시 내용을 보고, 표제란을 작성합니다.

※타이틀 블록과 테두리선은 모두 "0" 도면층으로 글자는 "문자" 도면층으로 구분하여 작성합니다.

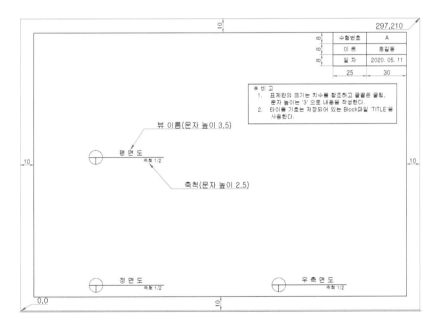

• 표제란을 작성하기 위해 안쪽 테두리선을 분해합니다.

:: 명령라인 ::

명령: X [Enter]
EXPLODE
객체 선택: (안쪽 테두리선 선택) 반대 구석 지정: 1개를 찾음
객체 선택: [Enter]

• 수험번호, 이름, 일자 등 문자 입력을 위해 "문자" 도면층으로 변경합니다.
• 글자쓰기 T[Enter] 옵션 중 MC(중간의 중심) 글자를 기입합니다.

✓ 표제란에는 수험번호, 이름, 일자를 기입
✓ 글꼴은 굴림,
✓ 문자 높이는 3,
✓ 문자는 모두 "문자" 도면층에서 작성합니다. 0번 레이어로 작성할 경우 감점되니 주의해야 합니다.

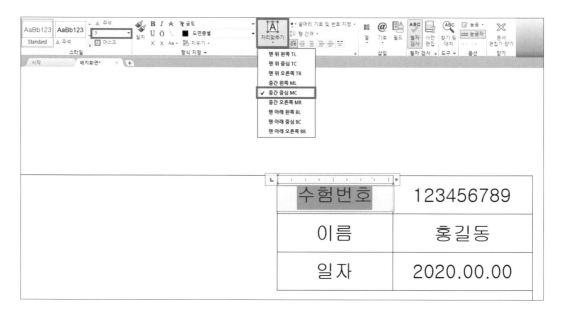

• 표제란을 그림과 같이 작성합니다.

	수험번호	A
∞	이 름	홍길동
∞	일 자	2020. 00. 00
	25	30

6-3) MVIEW 생성하기

❶ 지금까지 모든 작성은 [배치] 탭의 "0" 레이어에서 하는 것이며, 이제 뷰포트 작성을 위해 "뷰포트" 레이어로 변경합니다.

• 뷰포트를 생성하기 위하여 단축키 MV를 입력합니다. 같은 크기의 뷰를 만들기 위하여 '4'를 입력한 후 안쪽 사각형의 좌측상단 P1에서 우측하단의 P2로 드래그하여 뷰를 생성합니다. 사각형 뷰 4개 중 우측 상단에 있는 사각 테두리 선을 선택하여 지웁니다. 같은 크기의 뷰 3개가 완성됩니다.

:: 명령라인 ::

명령: MV Enter
MVIEW
뷰포트 구석 지정 또는 [켜기(ON)/끄기(OFF)/맞춤(F)/음영 플롯(S)/잠금(L)/객체(O)/폴리곤(P)/복원(R)/도면층(LA)/2/3/4] ⟨맞춤(F)⟩: 4 Enter
첫 번째 구석점 지정 또는 [맞춤(F)] ⟨맞춤⟩: P1 클릭
반대 구석 지정: P2 클릭
모형 재생성 중.

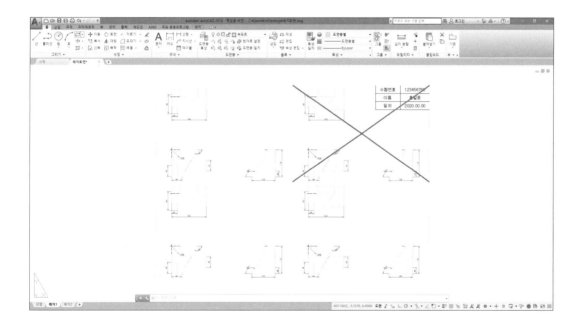

각 뷰포트별로 더블 클릭하여 활성화시킨 후(또는 MS 명령어) 마우스 휠을 클릭한 채로 끌거나 PAN 명령을 이용하여 각 뷰가 잘 보이도록 이동합니다. 다시 도면 공간으로 전환할 때는 외곽선 바깥을 더블 클릭하거나 PS명령을 이용하면 쉽게 도면 공간으로 전환됩니다.
(pan: 화면 이동, ps: 배치공간 이동, ms: 모형공간 이동)

❷ 각 뷰포트별로 사각형 안쪽 영역을 더블클릭하여 활성화시킵니다. 선을 클릭하지 않습니다. 평면, 정면, 우측면도가 한가운데에 보이도록 위치를 이동합니다.

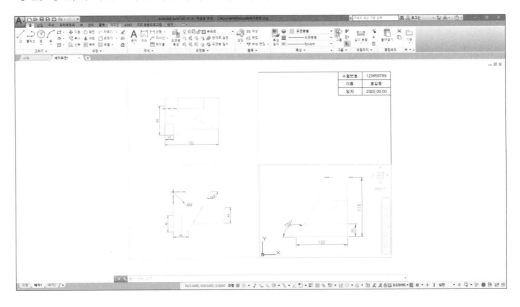

6-4) 뷰포트 축척 조절하기

❶ Mview 테두리선 3개를 아래와 같이 드래그하여 선택합니다. 선택 시 다른 선이 선택되지 않도록 주의하여야 합니다.

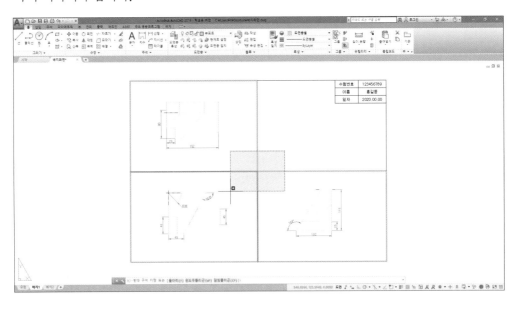

❷ 화면 우측 하단에 "다양함"으로 표시된 아이콘을 클릭하여 문제의 축척으로 변경합니다.

※ 예를 들면 축척 1/2일 경우 1:2로 변경합니다.

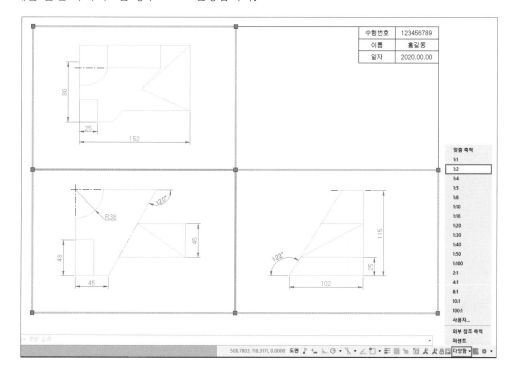

❸ 도면이 1/2로 설정됨을 알 수 있습니다. 취소 Esc 키를 눌러 객체 선택을 해제합니다.

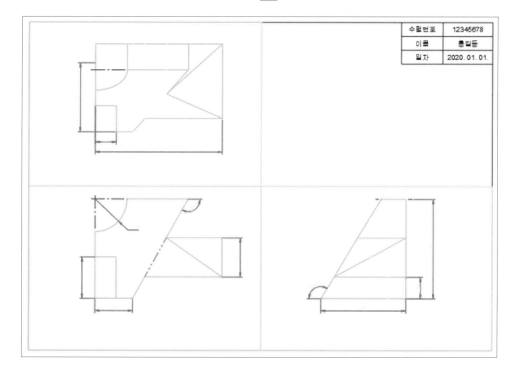

주의할 점은 각각의 뷰포트 창 축척을 다양함에서 1:2로 맞춘 후에는 PAN(초점 이동) 명령만 사용합니다.
이때 ZOOM 명령 또는 마우스 휠로 확대하거나 축소하면 각각의 뷰포트 축척이 달라져 "다양함"으로 변경되어 다시 재설정해야 합니다.

❹ 숨은선, 중심선, 가상선 간격(모양) 조절하기
뷰포트 축척을 조절하면 숨은선과 중심선 등 크게 보이거나 작게 보이는 등 깨짐 현상이 일어납니다.
명령어 LineTypeScale (단축키 LTS [Enter]) 값 0.3~0.5 정도로 적절히 조절합니다.

:: 명령라인 ::

명령: LTS [Enter]
LTSCALE 새 선종류 축척 비율 입력 〈0.4000〉: 0.4 [Enter]

※ 모양의 변화가 없을 경우 다른 값(예 : 1)으로 변경 후 다시 0.3~0.5로 입력합니다.

선 종류	LTS 값	모양
숨은선	1 (기본값)	————————————
	0.3~0.5	- - - - - - - - - - - - - - - -
중심선	1 (기본값)	—— — —— — —— —
	0.3~0.5	-·-·-·-·-·-·-·-·-·-·-·-
2점 쇄선	1 (기본값)	—— — — —— — — ——
	0.3~0.5	-··-··-··-··-··-··-

[모형] 탭과 [배치] 탭의 선 모양이 같게 보이려면 명령어 PSLTSCALE 기본값 "1" → 0으로 변경합니다.

명령: PSLTSCALE [Enter]
PSLTSCALE에 대한 새 값 입력 〈1〉: 0 [Enter]

6-5) mview 정렬하기

뷰포트를 정렬할 때는 주로 쓰이는 2가지 방법이 있습니다.

첫째는 정면도에 수직, 수평의 기준선을 이용해 여기에 맞춰 평면도와 우측면도를 이동하는 방법과 두 번째는 MVSETUP 명령어를 통해 수직(V), 수평(H) 정렬하는 방법이 있습니다.

사용자에 따라 어느 방법을 사용해도 무관합니다. 본 도서에서는 기준선을 그어 맞추는 방법을 사용하도록 하겠습니다.

각 뷰포트 별로 정렬할 때 교차되는 정면도를 기준으로 하는 것이 유리합니다. 타이틀과 축척을 기입해야 하므로 여분의 자리까지 생각하여 적당한 위치로 옮겨 봅니다. 평면도와 우측면도를 적당한 위치로 옮겨 정렬하기 용이하도록 배치합니다.

❶ 기준선을 이용해 뷰포트를 이동한 정렬
• 정면도에 왼쪽 모서리를 기준으로 임의의 기준선 수직(L1), 수평(L2)선을 그어 뷰포트를 이동하여 정렬하는 방법입니다.

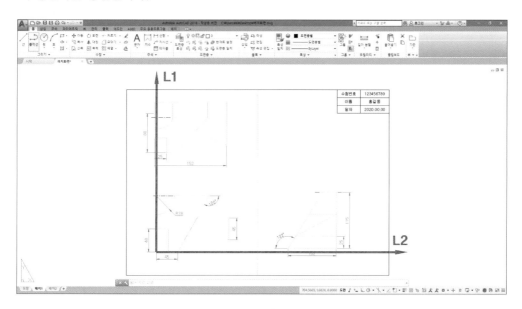

주의할 점은 [배치] 탭 내에 불필요한 객체가 있는 경우 감점에 해당합니다. 임의의 기준선 L1, L2선은 반드시 최종제출 시 삭제하도록 합니다.

 참고로 뷰포트 정렬 시 MVSETUP 명령을 이용하여 정렬할 수 있습니다. 수직(V), 수평(H)기능을 이용해 정렬할 수 있습니다.

• 이동(M)명령어를 사용하여 첫 번째 객체 선택은 평면도의 MVIEW 사각형 테두리 선을 선택한 후 Enter를 친 다음 모형의 객체 좌측 부분 중 끝점(P1)을 기준점으로 지정하여 수직선(L1)에 맞게 이동합니다.

※ move(이동), OSNAP의 PER(수직), END(끝점), NEA(근처점)

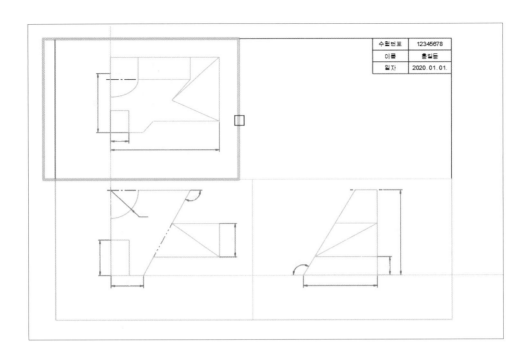

• 마찬가지로 우측면도도 MVIEW 사각형 선을 선택한 후 모형의 객체 끝점(P2)를 기준으로 지정하여 수평선(L2)에 맞게 이동합니다.

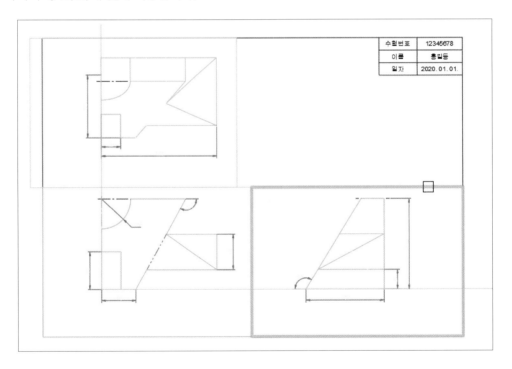

• 완성 후 마지막으로 기준선은 삭제합니다. 뷰포트 크기 등을 조절하여 정리합니다.

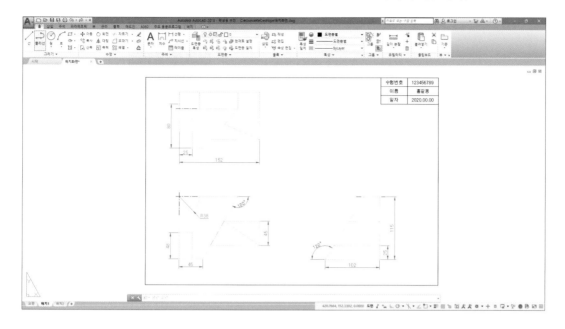

❷ 뷰포트 도면층을 동결시킵니다.
• 현재 도면층을 "0"으로 변경하고 "뷰포트" 레이어의 두 번째 아이콘을 클릭하여 동결합니다.

※ 현재 도면층으로 되어 있을 경우 동결되지 않습니다. 다른 도면층으로 변경 후 동결해야 됩니다.

6-6) 타이틀 블록 삽입하기 (단축키: I)

• 도면 기호는 템플릿 파일에서 "title" 블록으로 포함되어 있습니다. 블록을 아래 그림과 같이 화살표를 눌러 불러오도록 합니다.

:: 명령라인 ::
──

명령: I [Enter]
INSERT

• 템플릿 파일에서 제공된 "title" 블록을 삽입한 후 글자를 작성합니다.

✔ 타이틀 기호는 0 도면층
✔ 뷰제목의 글꼴은 굴림
✔ 문자높이는 3.5 (예시 : 평 면 도, 정 면 도, 우 측 면 도)
✔ 축척의 문자높이는 2.5 (예시 : 축척 1/2)
✔ "문자" 도면층으로 작성합니다.

※ 타이틀 블록은 "0" 도면층으로 작성하고, 평면도 등 글자는 "문자" 도면층으로 작성합니다.

7) 페이지 설정하기

• 페이지 설정관리자 (리본 메뉴의 [출력] 탭에도 있음)

시험 마지막 작업으로 배치작업이 완료된 후 아래 그림과 같이 "페이지 설정관리자"를 실행하여 「새로 만들기」 또는 「수정」을 클릭하여 설정하도록 합니다.

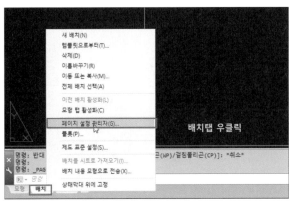

• 설정 내용은 시험 시 응시 내용에 제시되어 있습니다. 아래 그림과 같이 설정하도록 합니다.

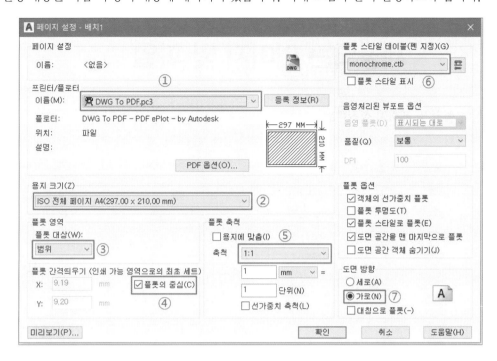

8) 파일 업로드 및 최종 제출

아래와 같이 완성하여 파일을 제출합니다. 파일 업로드는 여러 번 할 수 있습니다. 수정 후 저장하여 수시로 업로드 하도록 합니다.

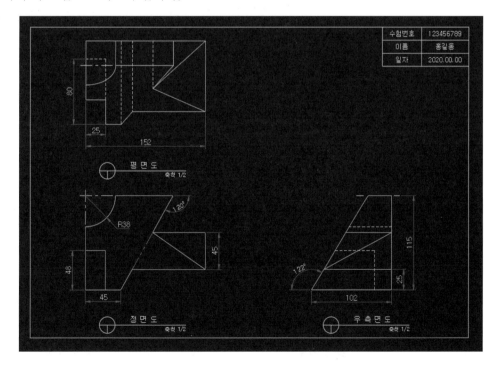

CAD 실무능력평가 2급 시험에 제공되는 이미지 및 파일

1. 레이어 설정 및 페이지 설정(Page Setup)

• 응시화면의 "응시방법안내"에 레이어 설정과 페이지 설정에 대한 설명 제공

이름	색상	번호	선 종류
0	흰색	7	Continuous
외형선	초록색	3	Continuous
숨은선	노란색	2	HIDDEN
중심선	흰색	7	CENTER
가상선	선홍색	6	PHANTOM
뷰포트	하늘색	4	Continuous
치수	빨간색	1	Continuous
문자	흰색	7	Continuous

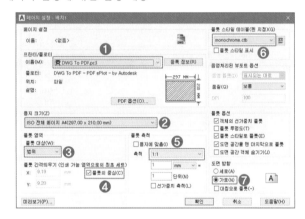

2. 템플릿 받기

• 시험용 템플릿 파일 다운로드 (생산성본부 블록이 삽입되어 있음)

3. 시험문제 보기 1,2

• 시험문제 보기-1의 문제 이미지와 시험문제 보기-2의 표제란 크기, 설정에 대한 이미지 제공

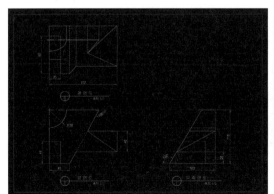

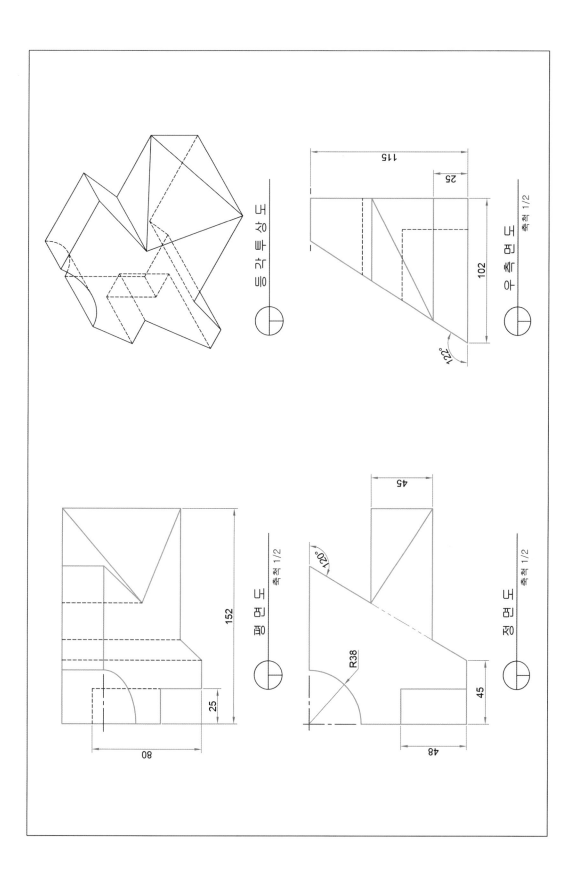

등 각 투 상 도

평 면 도
축척 1/2

정 면 도
축척 1/2

우 측 면 도
축척 1/2

152

80

25

45

R38

120°

48

45

115

25

102

122°

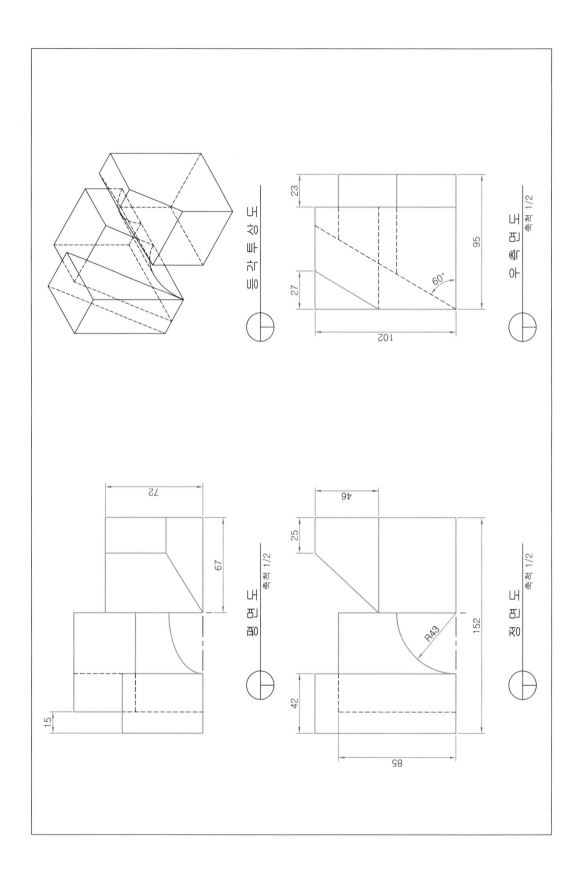

등각투상도

우측면도
축척 1/2

평면도
축척 1/2

정면도
축척 1/2

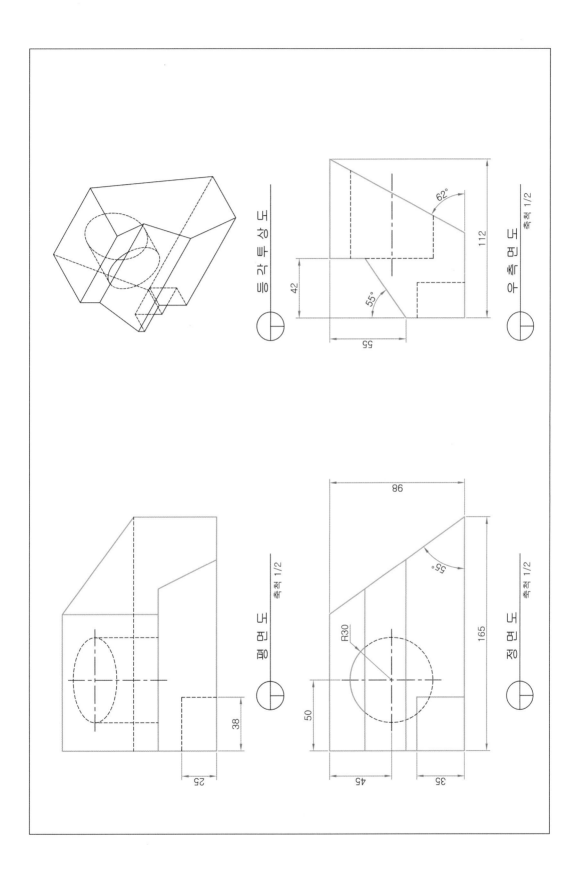

등 각 투 상 도

우 측 면 도
축척 1/2

평 면 도
축척 1/2

정 면 도
축척 1/2

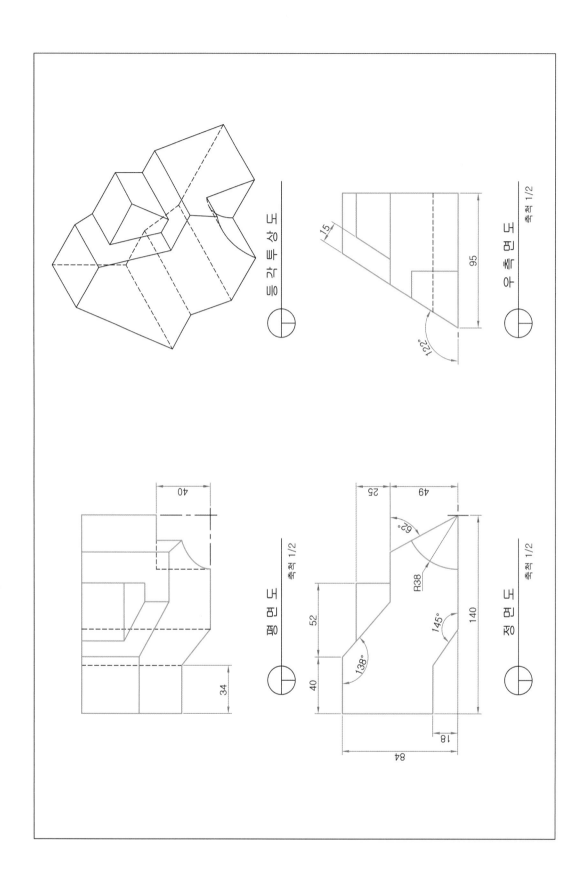

등각투상도

우측면도
축척 1/2

평면도
축척 1/2

정면도
축척 1/2

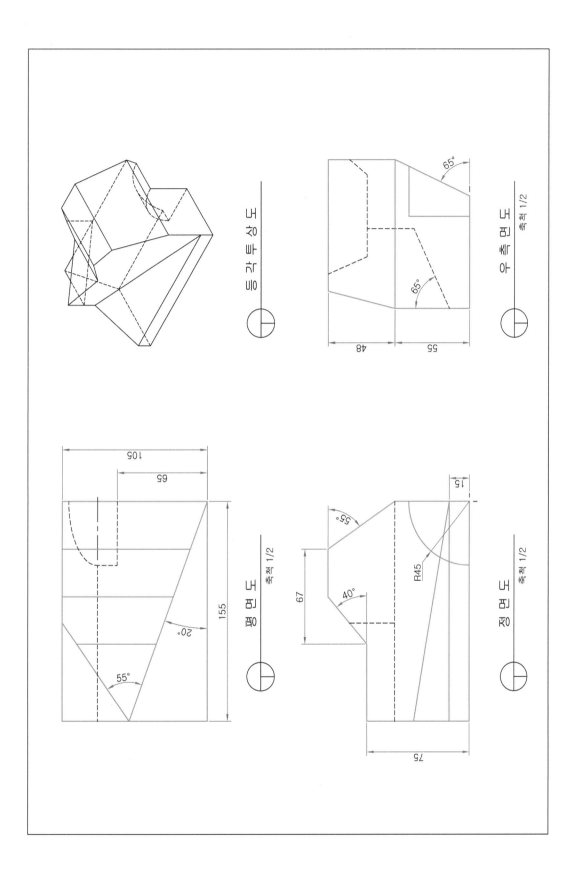

등 각 투 상 도

우 측 면 도
축척 1/2

48
55
65°
65°

평 면 도
축척 1/2

105
65
155
20°
55°

정 면 도
축척 1/2

15
55°
R45
67
40°
75

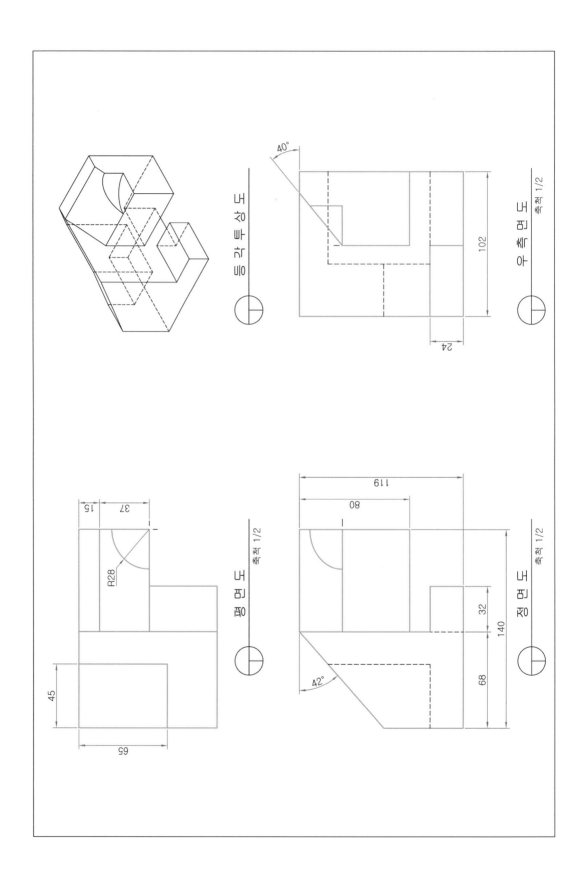

등각투상도

우측면도
축척 1/2

평면도
축척 1/2

정면도
축척 1/2

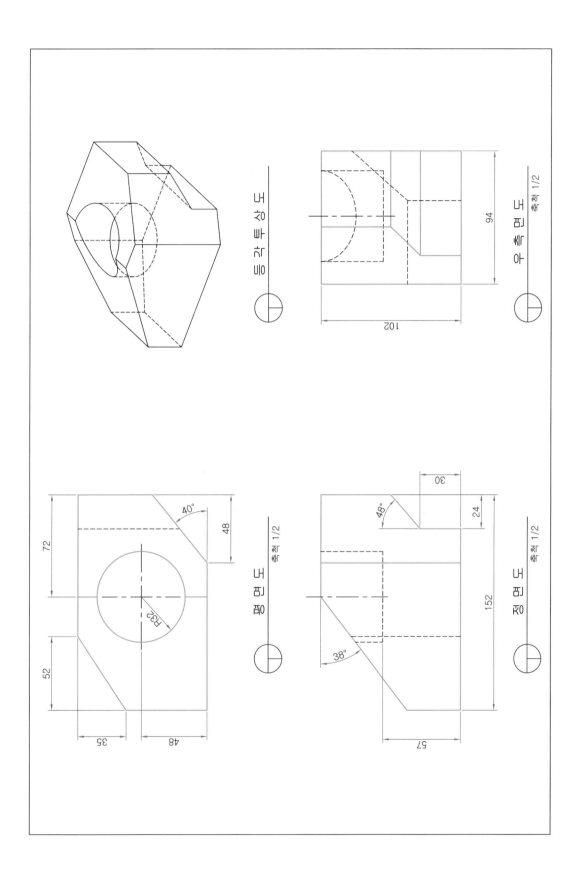

등 각 투 상 도

우 측 면 도
축척 1/2

94

102

평 면 도
축척 1/2

72

52

35

48

40°

48

R32

정 면 도
축척 1/2

30

24

152

57

48°

38°

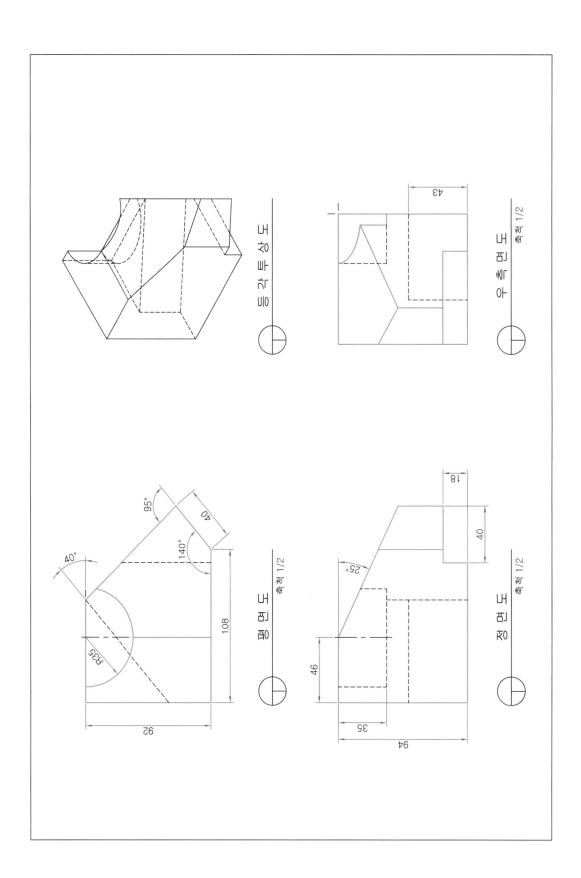

등 각 투 상 도

우 측 면 도
축척 1/2

평 면 도
축척 1/2

정 면 도
축척 1/2

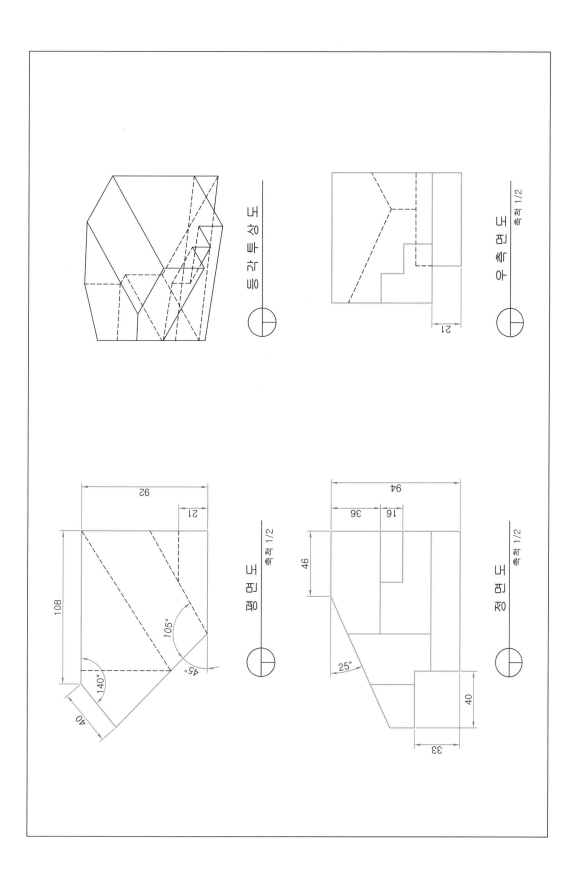

등각투상도

우측면도
축척 1/2

평면도
축척 1/2

정면도
축척 1/2

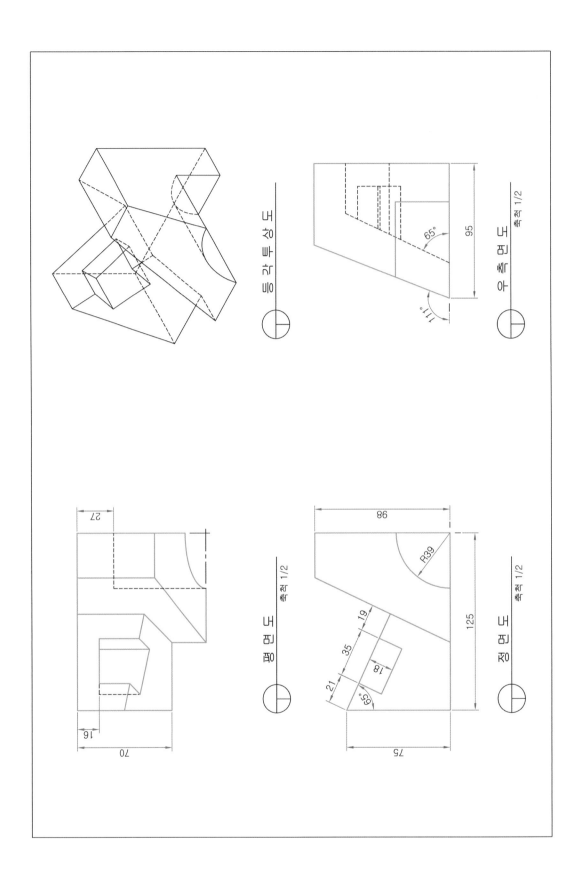

등각투상도

우측면도
축척 1/2

평면도
축척 1/2

정면도
축척 1/2

27

16

70

86

R39

125

75

21

35

19

18

65°

95

65°

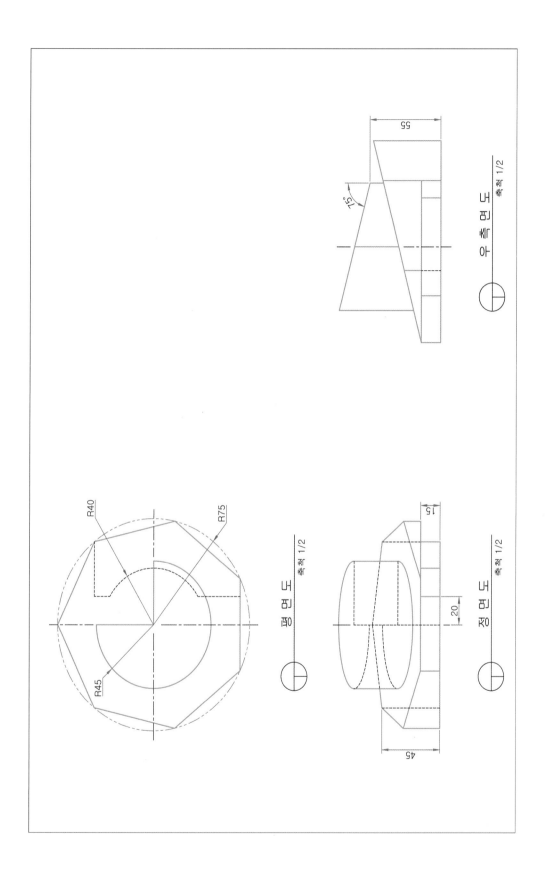

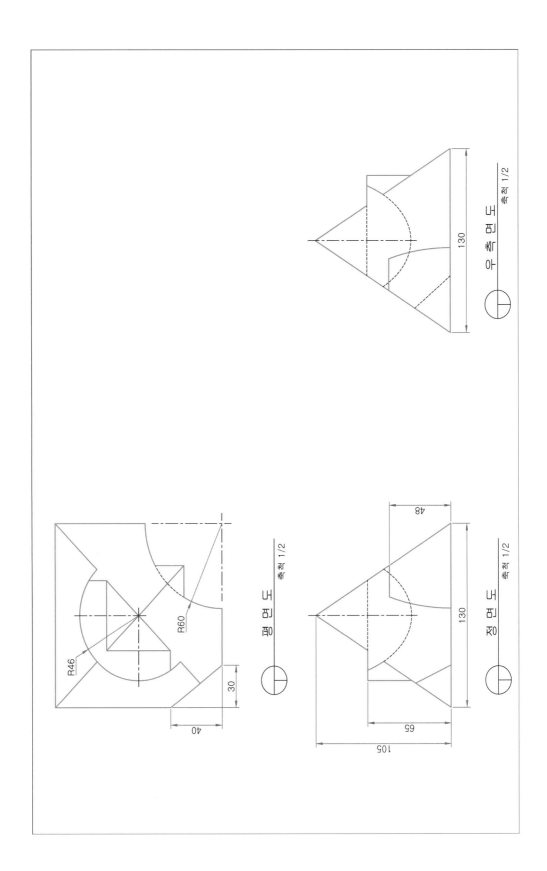

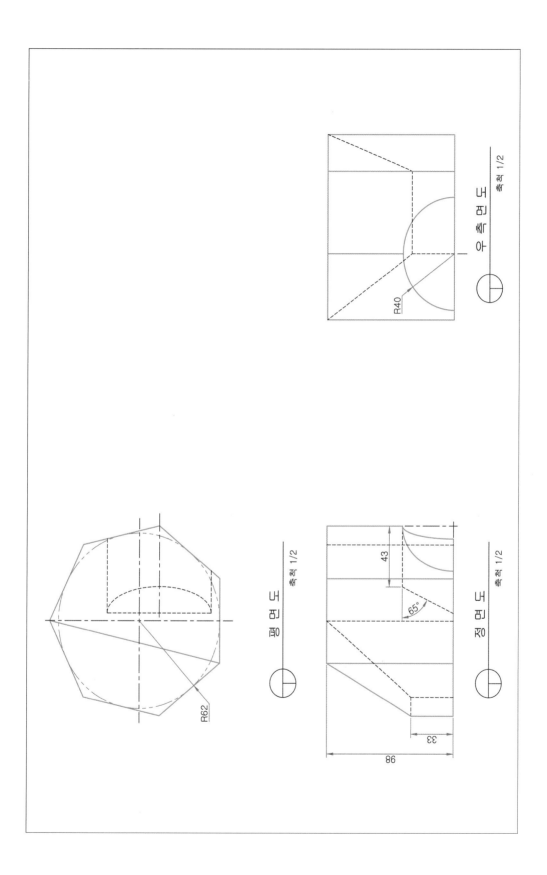

R40

R62

43

65°

33

86

평 면 도
축척 1/2

정 면 도
축척 1/2

아 측 면 도
축척 1/2

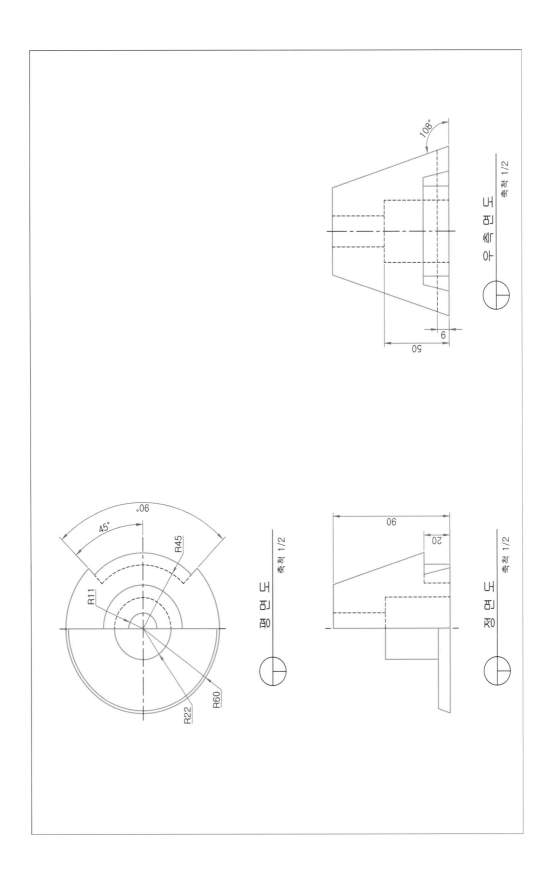

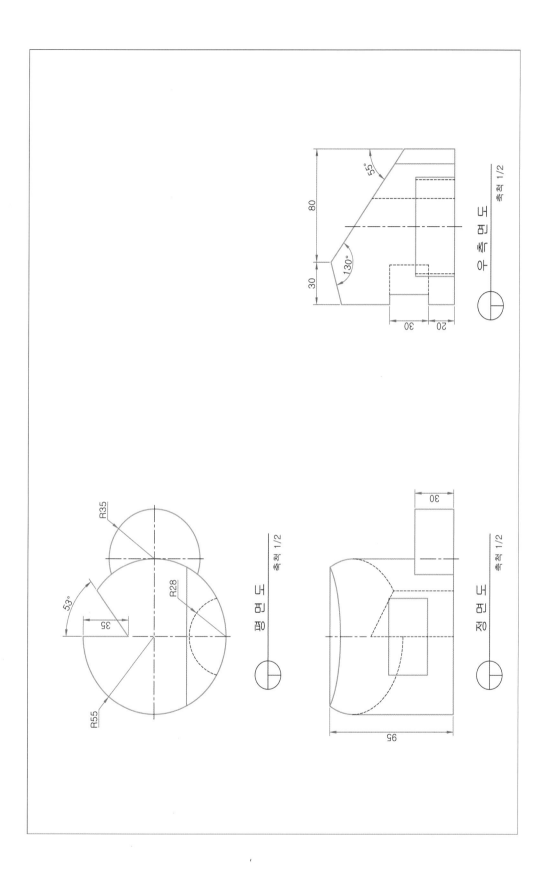

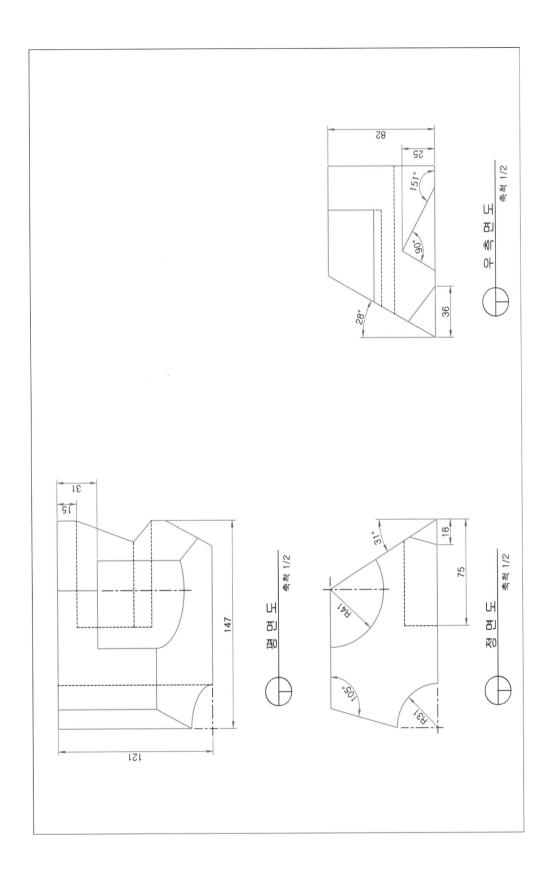

평면도
축척 1/2

정면도
축척 1/2

우측면도
축척 1/2

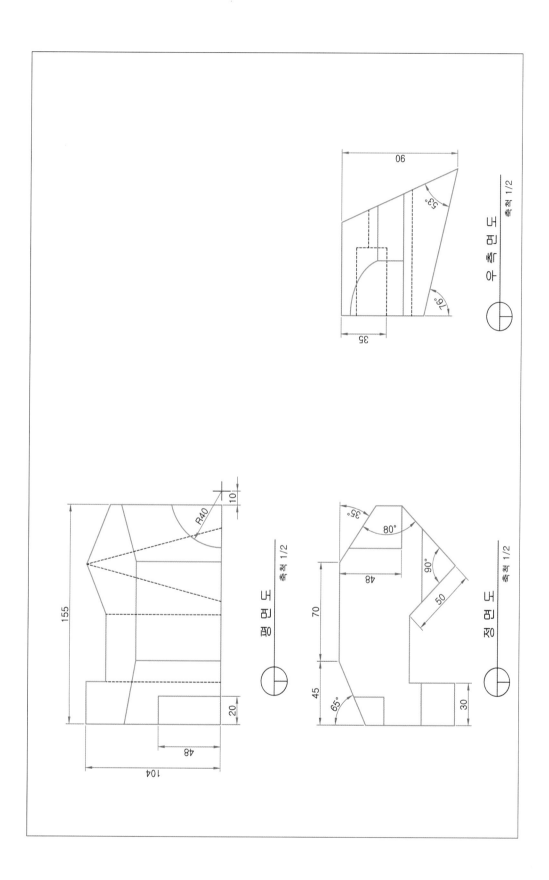

우 측 면 도
축척 1/2

평 면 도
축척 1/2

정 면 도
축척 1/2

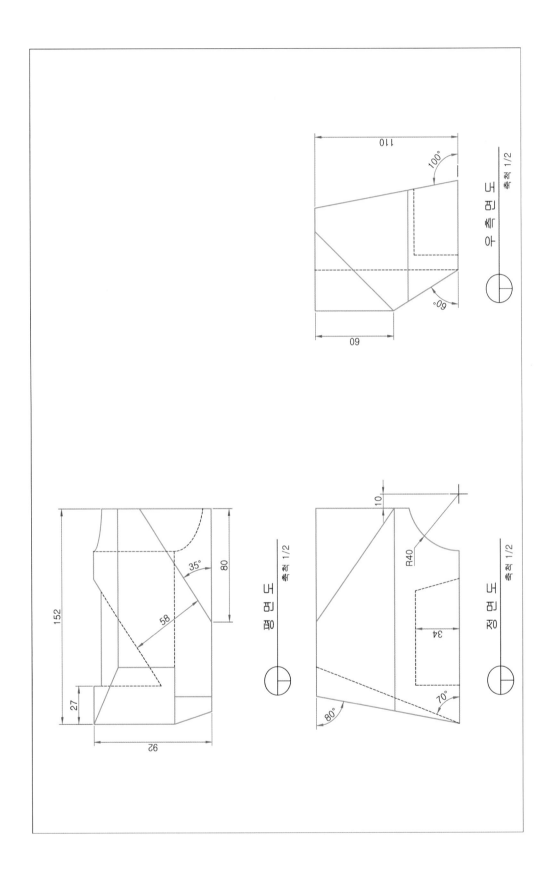

CAD 실무능력평가 (CAT) 2급 핵심 문제 풀이

CAD 실무능력평가 2급 문제는 성안당 이러닝 사이트에서 동영상(유료) 강의로 제공하고 있습니다. 시험에 대비하기 위해 기본적으로 알아두어야 핵심 내용과 알아두면 유용한 내용으로 기출문제를 상세히 분석하였습니다.

7 CAD 실무능력평가(CAT) 2급 문제 풀이 요령

이제부터 문제 풀이를 통해 문제 풀이 과정과 요령을 배워보겠습니다.

먼저 문제풀이 요령을 익혀봅니다.

- 프로그램의 기본적인 설정을 마친 후 작업합니다.
  - 옵션 설정, 객체 스냅 설정, 레이어 설정 등
- TOP(평면도), FRONT(정면도), RIGHT(우측면도) 각 부분의 전체적인 치수를 확인합니다. 아래 그림에서 FRONT의 높이가 120이면 RIGHT의 높이도 동일한 120임을 알 수 있습니다. 그리고 RIGHT의 폭이 110이면 TOP의 폭도 110으로 같습니다.

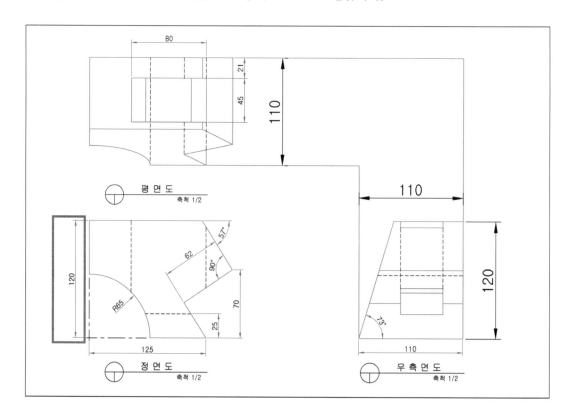

8 CAD 실무능력평가(CAT) 2급 문제 풀이 분석

문제를 직접 풀어보면서 도면을 그리는 순서를 익히고 분석해 보겠습니다.

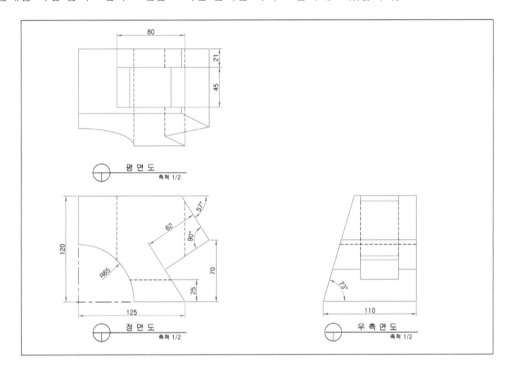

1) 정면도 완성하기

❶ 정면도의 수평 125와 수직의 120선을 그립니다.

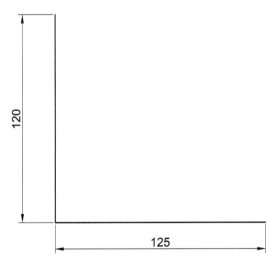

❷ 임의의 수평선(길이 150 정도)을 그려 57도로 회전합니다. 그리고 아래와 같이 이동합니다.

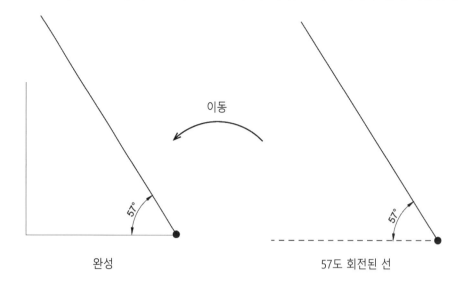

완성   57도 회전된 선

설명

문제의 정면도에 주어진 치수 62는 평행한 두 선의 간격을 나타냅니다. 아래 그림에서 S1 선과 S2선은 57도선으로 62간격의 평행한 두 선임을 알 수 있습니다.

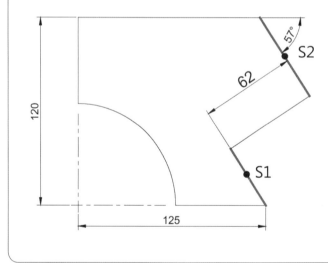

❸ S1선을 옵셋 간격 62로 하여 S2를 만듭니다. 그리고 상단에 수평선과 교차된 지점을 트림 (trim) 명령어를 이용하여 정리합니다.

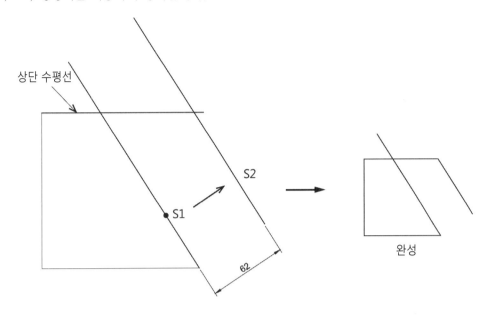

❹ 하단에 임의의 수평선을 그어 위로 70만큼 옵셋합니다. 그러면 교차점(P1)이 생기는 부분에서 90도 직각인 P1,P2 지점에 연결해서 선을 그립니다. 이때 OSNAP의 직교가 체크되어 있다면 좀 더 편하게 연결할 수 있습니다.

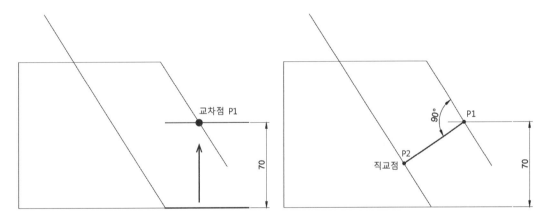

❺ 선을 정리한 후 모서리 지점에 반지름 65의 원을 그려 정면도를 완성합니다.

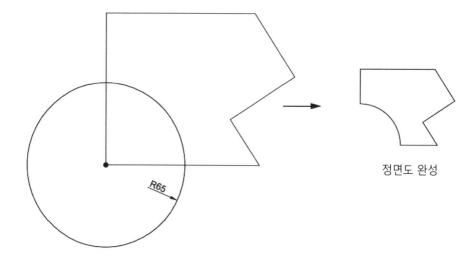

정면도 완성

2) 평면도 작도하기

❶ 아래 그림에서 각 기준 도형 사이의 가는 선은 각 투상도 기준 도형 간에 수직/수평을 유지하도록 작도하였음을 나타낸 것입니다. 평면도와 우측면도 간의 투상선을 그리기 위한 45도 보조선도 함께 그려줍니다.

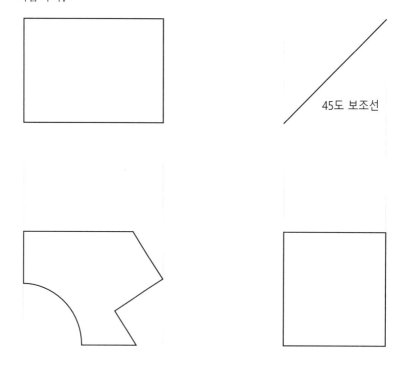

45도 보조선

❷ 우측면도의 73도선을 작도합니다.

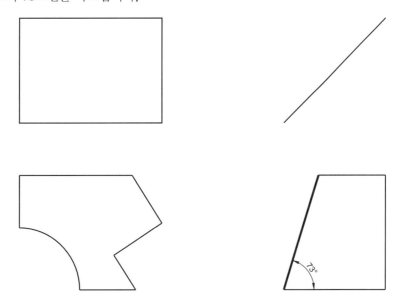

❸ 다음으로 평면도의 P1 지점을 찾습니다.

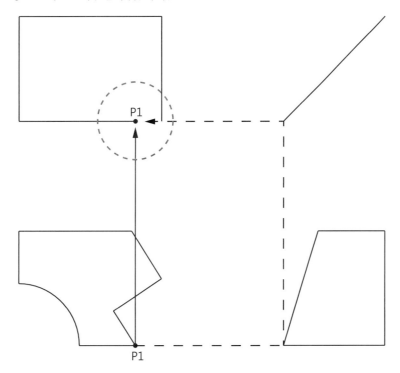

❹ 다음으로 평면도의 P2 지점을 찾아 P1 지점과 연결합니다.

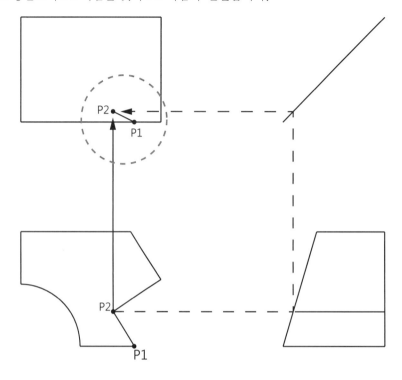

❺ 평면도의 P3 지점을 찾아 P2 지점과 연결합니다.

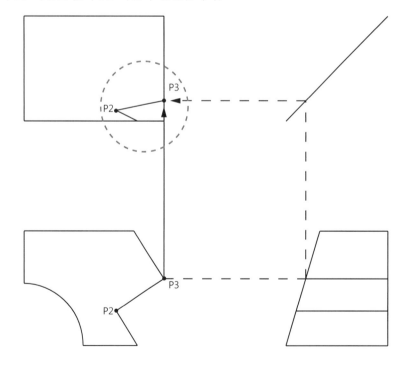

❻ 평면도의 P4 지점을 찾아 P3 지점과 연결해서 완성합니다.

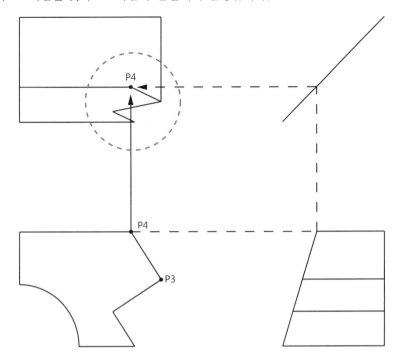

다시 요약 정리하자면 완성된 정면도를 이용하여 우측면의 기울어진 선과 함께 평면도 각각의 점을 찾아서 연결하게 되면 아래와 같이 완성됩니다. 나머지 선들도 같은 방법으로 선을 따오며 포인트를 찾아 작업하는 것이 CAD 실무능력평가(CAT) 2급 시험의 핵심입니다.

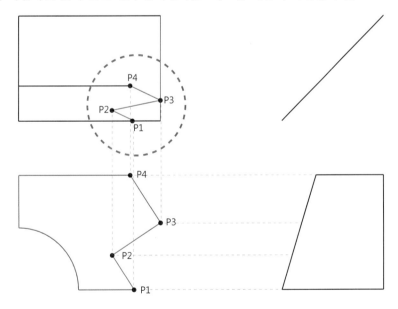

❼ 평면도 내부에 있는 사각형을 문제에 주어진 치수에 따라 작도합니다. 그 다음으로 평면도에
그려진 사각형을 이용하여 정면도와 우측면도를 작도합니다.

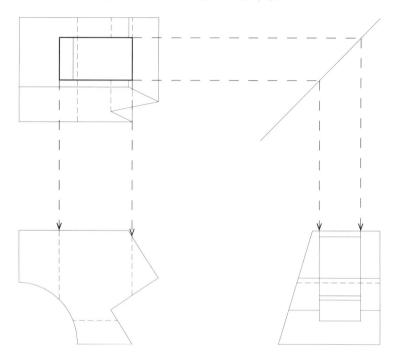

❽ 위와 같은 방법으로 나머지 선을 찾아 완성합니다.

3) 타원 그리기

❶ 정면도의 정원을 다시 그립니다.

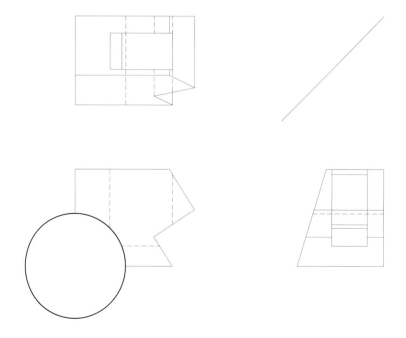

❷ 정면도에 있는 원의 사분점을 아래 그림과 같이 수직, 수평으로 연결하여 평면도의 타원이 그려질 부분을 작도합니다.

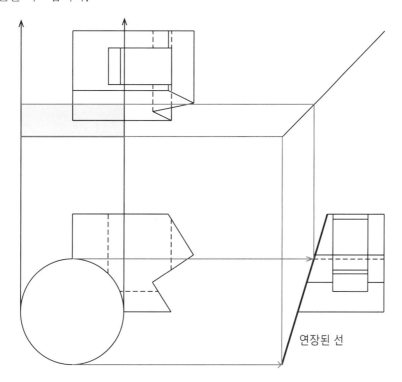

연장된 선

❸ 아래와 같이 평면도에 타원이 그려질 부분을 사각형 그리기(REC) 명령어를 이용해서 P1, P2를 클릭하여 만듭니다.

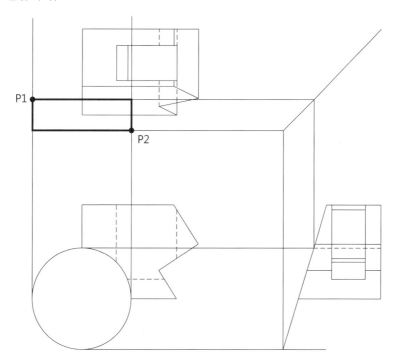

P1
P2

❹ 사각형의 중간점을 이용하여 아래와 같이 타원을 작도합니다.

:: 명령라인 ::

Command: EL `Enter`
타원의 축 끝점 지정 또는 [호(A)/중심(C)]: P1
축의 다른 끝점 지정: P2
다른 축으로 거리를 지정 또는 [회전(R)]: P3

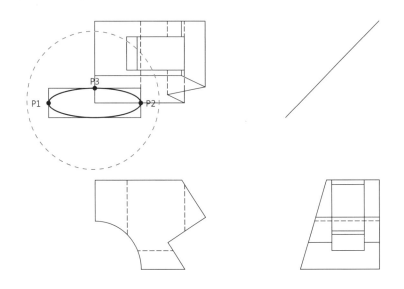

❺ 트림(Trim)을 이용하여 나머지 불필요한 선을 정리합니다.

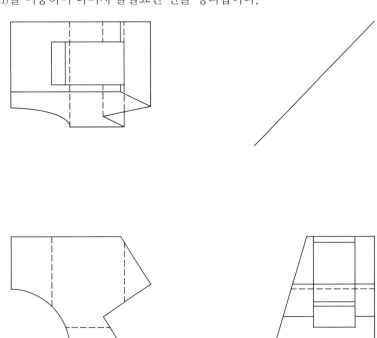

❻ 정면도의 중심선을 작도하여 모형을 완성합니다.

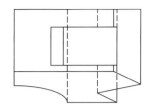

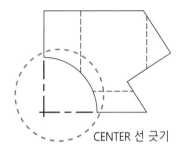

CENTER 선 긋기

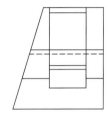

4) 치수 기입

❶ 문제에 주어진 각각의 TOP, FRONT, RIGHT의 치수를 기입합니다. 주의할 점은 치수가 하나라도 빠지면 감점이 되므로 각 도면마다 개수를 세어보며 빠짐없이 기입하는 것이 중요합니다.

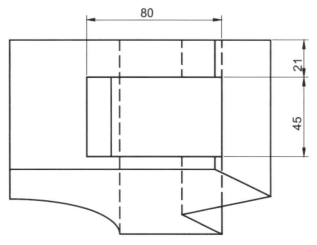

TOP 치수 기입 개수: 3개

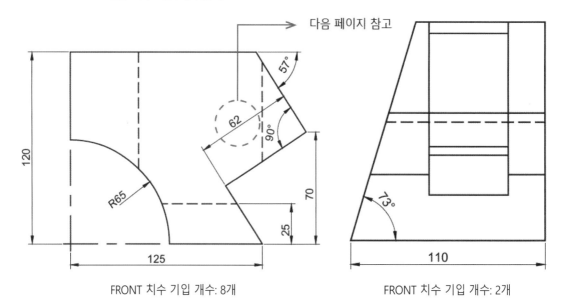

다음 페이지 참고

FRONT 치수 기입 개수: 8개

FRONT 치수 기입 개수: 2개

❷ 문제에 주어진 치수기입 시 회전하여 기입하는 방법을 사용하여 기입해야 합니다. 치수를 회전
   하여 기입하는 방법은 아래와 같습니다.

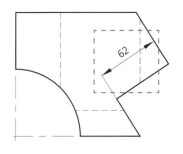

:: 명령라인 ::
─────────────────────────

명령: _dimlinear
첫 번째 치수보조선 원점 지정 또는 〈객체 선택〉: P1 클릭
두 번째 치수보조선 원점 지정: P2 클릭
치수선의 위치 지정 또는
[여러 줄 문자(M)/문자(T)/각도(A)/수평(H)/수직(V)/회전(R)]: R [Enter]
치수선의 각도를 지정 〈0〉: P3 클릭
두 번째 점을 지정: P4 클릭
치수선의 위치 지정 또는 [여러 줄 문자(M)/.../회전(R)]: P5 클릭

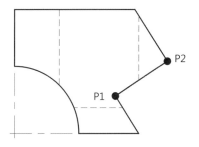

① 선형 아이콘 클릭 [H 선형(L)]
─ P1과 P2는 치수보조선의 위치를 의미합니다.
─────────────────────────

명령: _dimlinear
첫 번째 치수보조선 원점 지정 또는 〈객체 선택〉: P1 클릭
두 번째 치수보조선 원점 지정: P2 클릭

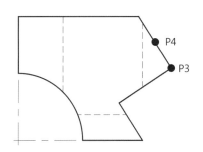

② 회전하기 (R): P3과 P4는 치수보조선이 기입될 각도를
의미합니다. 숫자를 입력하여 각도를 지정할 수도 있습니다.
─────────────────────────

[여러 줄 문자(M)/문자(T)/각도(A)/수평(H)/수직(V)/회전(R)]: R [Enter]
치수선의 각도를 지정 〈0〉: P3 클릭
두 번째 점을 지정: P4 클릭

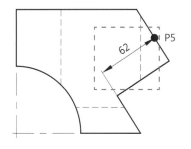

③ 치수 위치 지정: P5 지점은 치수가 기입될 위치를 의미
합니다.
─────────────────────────

치수선의 위치 지정: P5 클릭

3D기초 명령어

Part 3에서는 3차원의 기본 개념과 자주 사용되는 모델링 방법에 대해 알아보도록 하겠습니다. CAD 실무능력평가 1급 시험은 3차원 모델링 능력을 평가하는 시험으로 이에 대비하여 기본적인 기능을 익혀 보도록 합니다. 이러한 기본적인 지식은 시험 준비생은 물론 실무에서 활용도가 높습니다.

단축키 일람표(3D)

- PART 3은 3차원 모델링에 필요한 기능에 대해 설명합니다. 2D 명령어를 포함하여 추가로 알 아두어야 하는 3차원 명령어들이 있습니다. 주로 명령어와 아이콘을 사용하게 되므로 잘 익혀 두길 바랍니다.

※ PART 4의 동영상강의(유료)와 함께 보면 도움이 됩니다.

NO	기 능	3D명령어	단축키	icon
1	선 묶기(닫힌 객체)	REGION	REG	
2	선 묶기(선택 영역)	BOUNDARY	BO	
3	3차원 회전	3DORBIT	3DO	
4	돌출	EXTRUDE	EXT	
5	솔리드, 합집합	UNION	UNI	
6	솔리드, 차집합	SUBTRACT	SU	
7	솔리드, 교집합	INTERSECT	IN	
8	2개 이상 횡단면 돌출	LOFT	LOFT	
9	회전체 만들기	REVOLVE	REV	
10	경로 돌출	SWEEP	SW	
11	눌러 당기기	PRESSPULL	–	
12	모델링을 자르기	SLICE	SL	
13	3차원상에서 직선 그리기	3POLY	3P	
14	선 정보	LIST	LI	
15	2D선 추출	SOLPROF	–	
16	3D 회전	3DROTATE	–	
17	두 점 지정 3D 회전	ROTATE3D	–	–
18	선 연결	JOIN	J	–
19	모깎기	FILLET	F	–
20	모따기	CHAMFER	CHA	–
21	체적 값	Massprof	–	
22	2D추출	Flatshot	–	
23	솔리드 편집	Solidedit	–	–
24	비주얼 스타일	VSCURRENT	VS	–

2 3D 아이콘 꺼내기

AutoCAD 2014이하 버전과 2015 버전 이상 사용 시 클래식 버전에 사용되는 아이콘과 리본메뉴 아이콘에 대해 살펴보도록 하겠습니다. 모델링 작업을 하기 위해 3D 모델링 공간에서 많이 쓰이는 리본 메뉴는 아래와 같습니다. 각 기능별 아이콘의 모양은 클래식 버전과 동일하므로 아이콘의 위치를 파악하여 작업하는 것이 중요합니다. 버전과 상관없이 쓰기 위해 기본적으로 3D 작업에 자주 사용되는 일부 단축키는 숙지 후 아이콘을 이용하여 모델링하도록 합니다.

1) 리본메뉴 3D 아이콘 (2015 버전 이상)

※ 화면 우측 하단의 (　)을 눌러 3D 기본사항과 3D 모델링 공간으로 변경 후 아이콘을 사용합니다.

• '3D 기본사항' 공간으로 변경 시 사용되는 리본메뉴

• '3D 모델링' 공간으로 변경 시 사용되는 리본메뉴

2) 클래식 버전 아이콘 (2014이하 버전)

3차원 모델링 작업 시 필요한 아이콘들을 아래와 같이 모두 꺼내어 사용합니다.

솔리드 편집

뷰

모델링

비주얼 스타일

UCS II

선묶는 방법

캐드 3차원에서 모델링하고자 하는 선은 모두 묶여 있어야만 돌출할 수 있습니다. 가장 기본적인 개념이며 가장 중요한 부분입니다. 가장 많이 사용되는 명령어는 아래와 같습니다.

1) 영역묶기-1(REGION)

> ▶ **Command:** REG [Enter]

원본 객체를 묶인선으로 만들기 (단, 모서리가 모두 닫혀 있어야 함)

:: 명령라인 ::

Command: REG [Enter]
객체 선택: 반대 구석 지정: 객체 선택(1개를 찾음)
객체 선택: 추가 객체를 지정하거나 더 이상 객체가 없으면 [Enter]

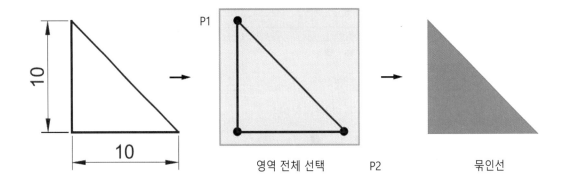

영역 전체 선택   P2   묶인선

2) 영역묶기-2(BOUNDARY)

> ▶ **Command:** BO [Enter]

모서리가 닫혀 있지 않고 내부 영역을 묶인선으로 만들 경우 사용됩니다.

:: 명령라인 ::

Command: BO [Enter]
내부 점 선택: 점 선택(P) 클릭
내부 마우스 P1 클릭 후 [Enter]

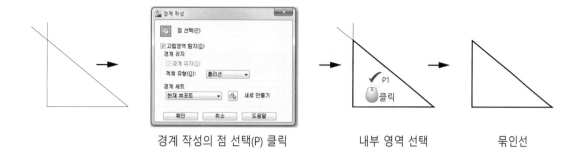

경계 작성의 점 선택(P) 클릭   내부 영역 선택   묶인선

Plus
Tip +
그림처럼 겹쳐진 영역을 빠르게 묶인선으로 만들 때 유용한 기능입니다. BO 명령어를 사용하여 내부
영역을 클릭하면 묶인선이 원본선 위에 생기므로 이동 명령어(M)로 묶인선만 선택한 후 옆으로 이동
하여 사용합니다. 즉, REG는 묶인선 하나만 남지만, BO는 원본선은 그대로 있고 원본선 위에 묶인선이
새로 생성됩니다.

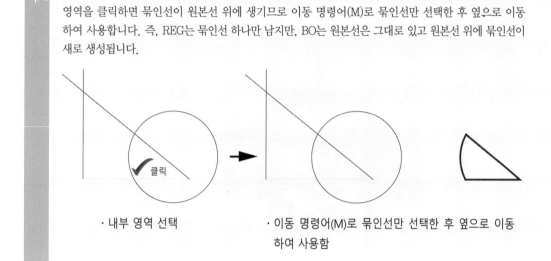

· 내부 영역 선택   · 이동 명령어(M)로 묶인선만 선택한 후 옆으로 이동
                                      하여 사용함

뷰(VIEW)

3차원 객체를 보는 방향과 각도를 지정하여 다양한 시점으로 변환하여 볼 수 있습니다.

1) 뷰 방향에 따른 모델링 모습

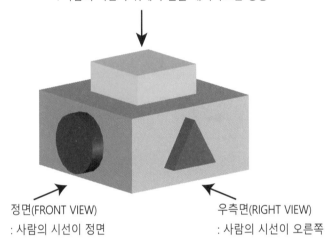

평면(TOP VIEW)
: 사람의 시선이 위에서 밑을 내려다보는 방향

정면(FRONT VIEW)
: 사람의 시선이 정면

우측면(RIGHT VIEW)
: 사람의 시선이 오른쪽

• 아래 그림과 같이 캐드의 아이콘을 클릭하여 뷰를 변경가능합니다(클래식 아이콘과 View Cube 아이콘 참고).

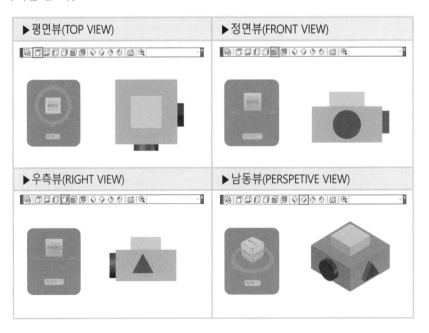

5 3차원 회전하기(3DORBIT)

▶ **Command:** 3DO [Enter]

화면상의 모델링을 자유 회전하는 방법은 2가지가 있습니다. 단축키 3DO를 사용하는 방법과 [Shift]+ 마우스 휠버튼을 누른 상태로 화면 방향을 자유롭게 회전시킬 수 있습니다.

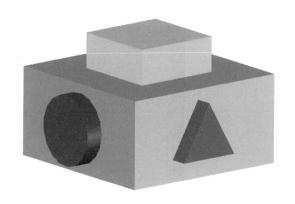

[Shift] + 마우스 휠버튼

3차원 작업 시 정해진 View로만 보면 자신이 작업하고자 하는 부분이 보이지 않을 경우가 많습니다. 그래서 자유로운 회전을 이용해 자신이 작업하고자 하는 부분을 회전시켜 작업능률과 속도를 향상시킬 수 있습니다. 일반적으로 키보드의 [Shift]와 마우스 휠을 동시에 누른 상태로 움직이며 자유 회전시키는 방법이 익숙해지면 매우 편리합니다.

6 관찰자시점(VPOINT)

> ▶ **Command : −VP** Enter
>
> X, Y, Z축의 지정된 시점(뷰)으로 정확한 수치를 입력하여 볼 수 있습니다.

:: 명령라인 ::

Command : −VP Enter
관측점 지정 또는 [회전(R)] 〈나침판과 삼각대 표시〉: 1, −1,1 Enter (남동 방향으로 보여짐)

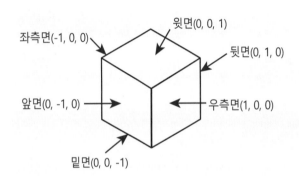

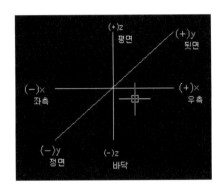

[표1] VPOINT의 시점

뷰의 시점	좌우각	상하각	뷰의 시점	좌우각	상하각
위 평면도를 보여줌(0, 0, 1)			SW 남서 방향 등각투상도를 보여줌 (−1, −1, 1)		
아래 저면도를 보여줌(0, 0, −1)			SE 남동 방향 등각투상도를 보여줌 (1, −1, 1)	315	35
좌측면도를 보여줌(−1, 0, 0)	180	0	NE 북동 방향 등각투상도를 보여줌 (1, 1, 1)	315	35
우측면도를 보여줌(1, 0, 0)	0	0	NW 북서 방향 등각투상도를 보여줌 (−1, 1, 1)		
앞면 정면도를 보여줌(0, −1, 0)	270	0			
뒷면 배면도를 보여줌(0, 1, 0)	90	0			

뷰포인트[VPOINT] 이해

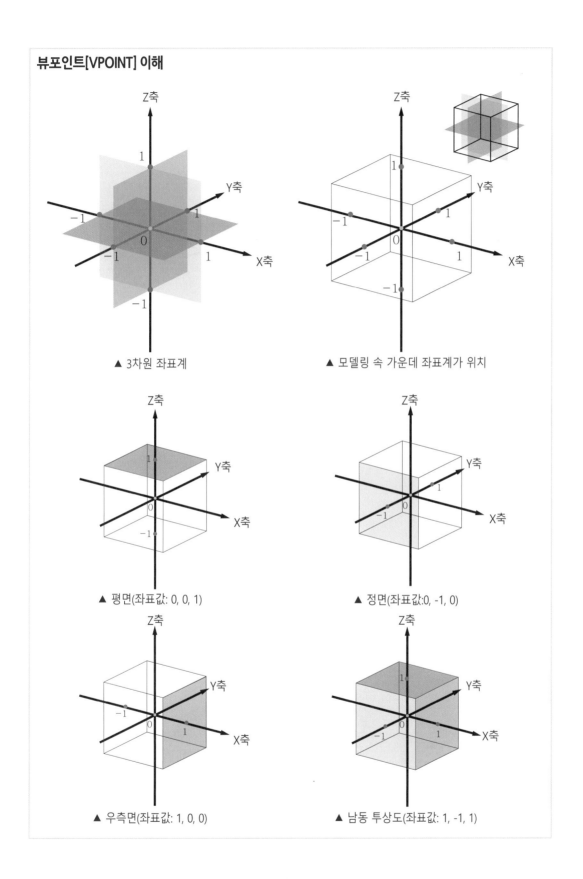

▲ 3차원 좌표계

▲ 모델링 속 가운데 좌표계가 위치

▲ 평면(좌표값: 0, 0, 1)

▲ 정면(좌표값:0, -1, 0)

▲ 우측면(좌표값: 1, 0, 0)

▲ 남동 투상도(좌표값: 1, -1, 1)

축의 방향성과 이동 및 복사

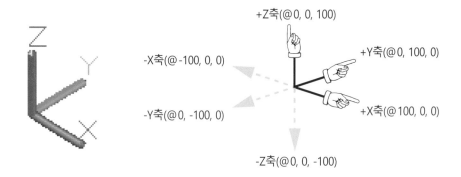

1) 3D 이동하기(MOVE)

▶ **Command:** M [Enter]

선택한 객체 및 하위 객체를 지정된 거리 및 방향에 따라 이동합니다.
좌표, 그리드, 스냅, 객체 스냅 및 기타 도구를 사용하여 정밀하게 객체를 이동합니다.

:: 명령라인 ::

Command: M [Enter]
객체 선택: 이동할 객체 선택
객체 선택: 추가 객체를 지정하거나 완료되면 [Enter]
기준점 지정: 객체의 기준점 지정(P1)
두 번째 기준점 거리 지정: 이동할 곳의 임의의 점 지정(P2),
  또는 X축 방향으로 마우스를 두고 치수값 100 [Enter]

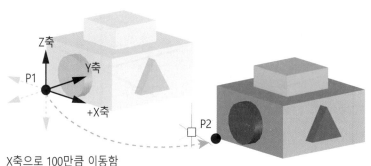

X축으로 100만큼 이동함

십자커서(Crosshairs)

이동하려는 방향으로 마우스(Crosshairs)를 약간 움직입니다.
이때 마우스를 클릭하면 안됩니다.

2) 3D 복사하기(COPY)

▶ **Command:** CO 또는 CP [Enter]

지정된 방향으로 지정된 거리만큼 떨어진 곳에 객체를 복사합니다. COPY의 세부 옵션을 사용하여 다중 복사를 할 수도 있습니다.

:: 명령라인 ::

Command: CO 또는 CP [Enter]
객체 선택: 복사할 객체 선택
객체 선택: 추가 객체를 지정하거나 완료되면 [Enter]
기준점 또는 거리: 기준점 지정(P1)
두 번째 점 거리 지정: 복사될 곳의 임의의 점 지정(P2), 또는 X축 방향으로 마우스 방향을 옮긴 후 100 [Enter]

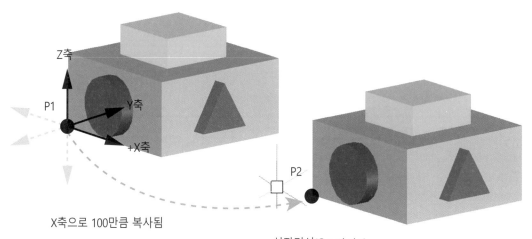

X축으로 100만큼 복사됨

십자커서(Crosshairs)

이동하려는 방향으로 마우스(Crosshairs)를 약간 움직입니다.
이때 마우스를 클릭하면 안됩니다.

8

좌표계(UCS: 3P, ZA)

> ▶ **Command:** UCS Enter

3차원 도면의 구조를 이해하려면 X, Y, Z 좌표계의 개념을 먼저 이해해야 합니다.
Z 좌표축은 X,Y 평면에 수직인 축을 말합니다.

– UCS 좌표를 이동하는 방법
① UCS 좌표계를 3점(3P=3Point)을 이용해서 원점, X축, Y축을 이동하면 아래 그림과 같이 오른쪽 면위에 추가하여 작업할 수 있습니다.
② UCS Enter 후 하위명령어 ZA Enter를 원점 클릭한 후 Z축을 마우스로 지정합니다.

1) UCS 엔터 3P를 이용할 경우

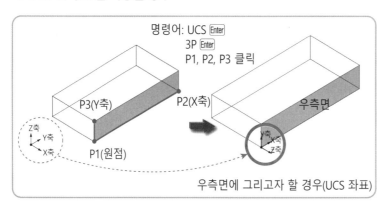

2) UCS 엔터 ZA를 이용할 경우

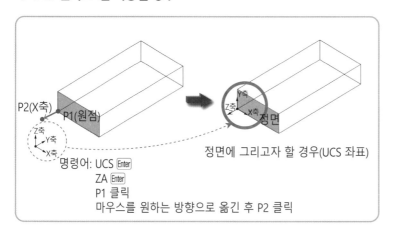

돌출의 개념 이해

• 3차원의 개념은 3가지로 구분할 수 있습니다. Surface, Solid, mesh 3가지로 구분할 수 있습니다. (아래 그림 참조) 3차원으로 돌출하면 그림과 같이 각각의 모양으로 돌출됩니다.

▶ Surface(서페이스) 모델링
선 하나만으로도 돌출되지만 격자 모양으로 빈 상자처럼 면이 돌출되는 형태

– 지형 작성과 같이 면으로만 돌출시킬 때 사용

Surface는 빈 상자의 형태

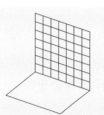

Surface 돌출 형태

▶ Solid(솔리드)모델링
속이 꽉찬 형태로 비누를 자르고 다듬어 모델링하는 형태

– 대부분 캐드에서 가장 많이 사용되는 모델링 방법은 Solid 입니다.

솔리드는 속이 꽉찬 비누 형태

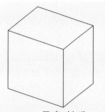

Solid 돌출 형태

▶ Mesh(메쉬) 모델링
3차원 객체의 면을 분할한 형태

분할된 면의 형태

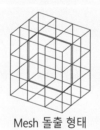

Mesh 돌출 형태

3차원 모델링 돌출의 이해

다음 도형을 가지고 3차원 Solid 입체를 만들어 봅니다.

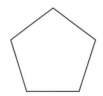

10 돌출하기(EXTRUDE)

> ▶ **Command** : EXT Enter

모델링하기 위해 2D 객체를 수치의 높이로 돌출하는 명령어입니다. 돌출하기 명령어는 다양한 방법으로 돌출할 수 있습니다. 일반적으로 닫힌 객체를 돌출하는 방법과 경로를 이용한 방법, 각도를 주어 돌출하는 방법 등이 있습니다.

1) 일반적인 돌출 방법

:: 명령라인 ::

Command: EXT Enter
현재 와이어프레임 밀도: ISOLINES = 4, 닫힌 윤곽 작성 모드 = 솔리드
돌출할 객체 선택 또는 [모드(MO)]: 객체를 선택(1개를 찾음)
돌출할 객체 선택 또는 [모드(MO)]: 더 이상 선택할 것이 없으면 Enter
마우스커서를 Z축으로 움직여 놓고, F8 키 켜고
돌출 높이 지정 또는 [방향(D)/경로(P)/테이퍼 각도(T)/표현식(E)] ⟨100.0000⟩: 100 Enter

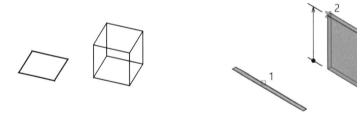

2) 경로(P)를 따라 돌출하는 방법

지정한 선이나 곡선을 기준으로 돌출 경로를 설정합니다. 선택한 면의 모든 프로 파일이 선택한 경로를 따라 돌출되어 돌출부가 만들어집니다.

:: 명령라인 ::

Command: EXT Enter
현재 와이어프레임 밀도: ISOLINES = 4, 닫힌 윤곽 작성 모드 = 솔리드
돌출할 객체 선택 또는 [모드(MO)]: 객체를 선택(1개를 찾음)
돌출할 객체 선택 또는 [모드(MO)]: 더 이상 선택할 것이 없으면 Enter
돌출 높이 지정 또는 [방향(D)/경로(P)/테이퍼 각도(T)/표현식(E)] ⟨100.0000⟩: P Enter
돌출 경로 선택 또는 [테이퍼 각도(T)]: 돌출 경로 선택

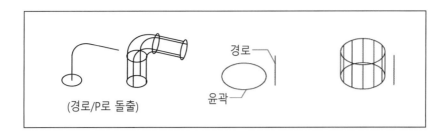

(경로/P로 돌출)

경로

윤곽

3) 경사 각도(T)를 따라 돌출하는 방법

지정한 각도로 경사지게 돌출합니다.

:: 명령라인 ::

Command: EXT [Enter]
현재 와이어프레임 밀도: ISOLINES = 4, 닫힌 윤곽 작성 모드 = 솔리드
돌출할 객체 선택 또는 [모드(MO)]: 돌출할 객체 선택(1개를 찾음)
돌출할 객체 선택 또는 [모드(MO)]: 더 이상 선택할 것이 없으면 [Enter]
돌출 높이 지정 또는 [방향(D)/경로(P)/테이퍼 각도(T)/표현식(E)] ⟨100.0000⟩: T [Enter]
돌출에 대한 테이퍼 각도 지정 또는 [표현식(E)] ⟨10⟩: 10 [Enter]
돌출 높이 지정 또는 [방향(D)/경로(P)/테이퍼 각도(T)/표현식(E)] ⟨100.0000⟩: 80 [Enter] (높이값 입력)

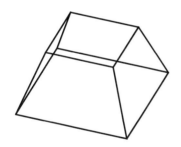
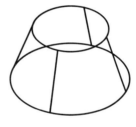

(테이퍼 각도/T로 돌출)

11 비주얼 스타일 보기

비주얼 스타일 아이콘 : 모서리, 조명 및 음영 처리의 표시를 제어합니다.

✔ ▶ 2D 와이어프레임 ★★★

경계를 나타내는 선과 곡선을 사용하여 객체를 표시합니다. (주로 가장 많이 사용됩니다.)

▶ 숨기기 ★

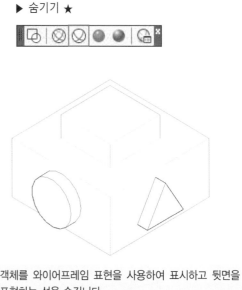

객체를 와이어프레임 표현을 사용하여 표시하고 뒷면을 표현하는 선을 숨깁니다.

✔ ▶ 실제★★

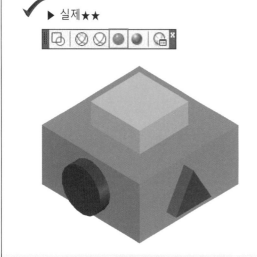

부드러운 음영 처리를 사용하여 객체를 표시합니다.
(작업 시 실제 모델링 모양을 보고 싶을 때 사용되나 작업의 양이 많아질수록 그래픽이 느려지므로 되도록 주로 2D 와이어프레임 스타일로 보는 것이 좋습니다.)

▶ 개념적 ★

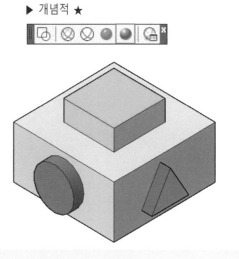

부드러운 음영 처리 및 어두운 색과 밝은 색이 아닌 한색과 난색 간에 전환됩니다. 효과는 그다지 실제적이지 않으나 모형의 상세를 쉽게 확인할 수 있도록 해줍니다.

◆ 치수를 참고하여 다음 모델링을 연습해 봅니다. (돌출, UCS>3P 또는 UCS>ZA)

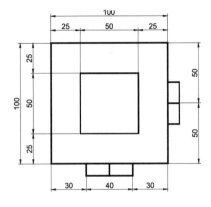
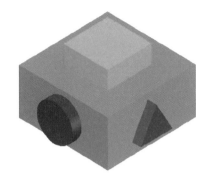

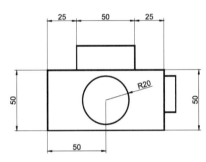
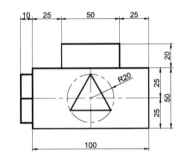

◆ **UCS 명령어의 3P를 이용할 경우**

작도하고자 하는 위치의 원점(P1), X축(P2), Y축(P3) 순서로 클릭하여 좌표계를 이동합니다.

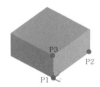

◆ **UCS 명령어의 ZA를 이용할 경우**

작도하고자 하는 위치의 원점(P1), 원하는 방향으로 마우스 이동 후 Z축(P2) 순서로 클릭하여 좌표계를 이동합니다.

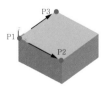

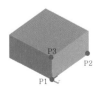

① 평면도(TOP) 윗면에 도형을 그려봅니다. 그림과 같이 모델링 평면에 UCS를 옮긴 후 사각형을 만들어 돌출합니다.

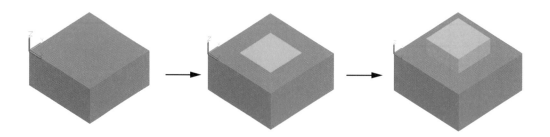

② 정면도(FRONT) 정면에 도형을 그려봅니다. 그림과 같이 모델링 평면에 UCS를 옮긴 후 사각형을 만들어 돌출합니다.

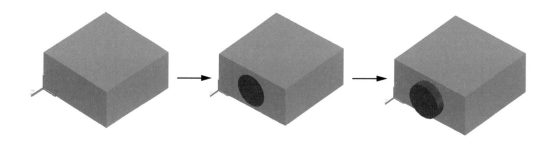

③ 우측면도(RIGHT) 오른쪽면에 도형을 그려봅니다. 그림과 같이 모델링 평면에 UCS를 옮긴 후 사각형을 만들어 돌출합니다.

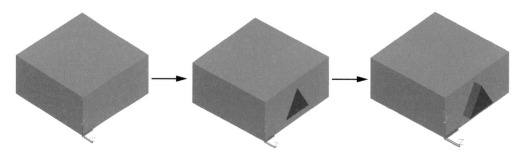

 UCS 좌표계를 원래 위치로 이동하기 위해선 명령어창에 UCS를 입력한 후 Enter를 2번 누르면 다시 화면 하단으로 이동됩니다.

12 3차원 회전하기

1) ROTATE3D 명령어를 이용한 회전

▶ **Command:** ROTATE3D [Enter]

3차원에서 Z축으로 회전하기 위해 ROTATE3D 명령어를 이용합니다. 클릭 순서에 따라 회전 방향이 다르므로 주의바랍니다.

:: 명령라인 ::

Command: ROTATE3D [Enter]
현재 각도 설정: 측정 방향 = 시계 반대 방향 기준 방향 = 0
객체 선택: 반대 구석 지정: 회전할 객체 선택(1개를 찾음)
객체 선택: 더 이상 선택할 객체가 없으면 [Enter]
축 위에 첫 번째 점을 지정하거나 다음을 사용하여 축을 정의: P1
[객체(O)/최종(L)/뷰(V)/X축(X)/Y축(Y)/Z축(Z)/2점(2)]: 축 위의 두 번째 점 지정: P2
회전 각도 지정 또는 [참조(R)]: 90 [Enter]

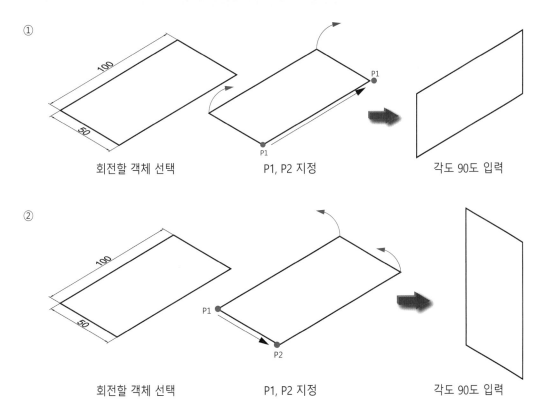

① 회전할 객체 선택   P1, P2 지정   각도 90도 입력

② 회전할 객체 선택   P1, P2 지정   각도 90도 입력

2) 3DROTATE를 이용한 회전

Command: 3DROTATE `Enter`

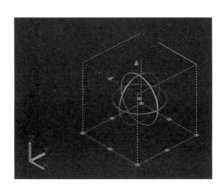

3DROTATE는 먼저 회전하고자 하는 객체를 선택한 다음 회전시킬 축을 정해주기 때문에 이 부분이 2차원 도면 회전과의 차이점입니다. X, Y, Z축의 색상별로 되어 있는 원쪽에 마우스를 가져가면 아래 그림처럼 Xline이 축에 맞는 색상으로 나타납니다. 이 색상이 선택되면 객체의 중심점을 찍어주고 변경하고자 하는 축으로 마우스를 움직여가며 객체를 회전시킬 수 있습니다. 마우스로 움직이는 감각을 익힐 때까지 충분히 연습을 하길 권장합니다.

– 3D 회전장치는 기본적으로 선택한 객체의 중심에 표시됩니다. 바로가기 메뉴를 사용하여 장치의 위치를 바꿈으로써 회전축을 조정할 수 있습니다.

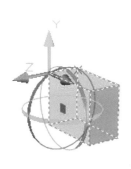

Plus Tip+
– 3D 회전장치를 사용하여 선택한 객체 및 하위 객체를 자유롭게 회전하거나 축 회전으로 제한할 수 있습니다.
– 2차원의 ROTATE는 3차원 회전(ROTATE3D 또는 3DROTATE)과는 다릅니다. Z축이 아닌 객체의 방향만 바꿀 경우 ROTATE를 이용합니다.

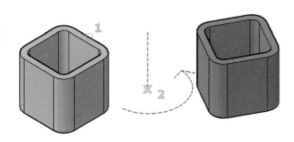

13 합집합(UNION), 차집합(SUBTRACT), 교집합(INTERSECT)

모델링한 객체를 합하고, 빼고, 중복되는 부분만을 남기는 기능입니다. 캐드에서 모델링 작업 시 가장 중요한 개념이며, 가장 많이 사용되는 기능입니다.

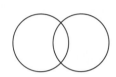

두 개의 2D 영역 원본 객체

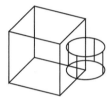

두 개의 솔리드 원본 객체

1) 합집합(UNION)

▶ **Command:** UNI [Enter]

둘 이상의 3D 솔리드 또는 2D 영역을 하나로 결합합니다. 결합하려면 동일한 유형의 객체를 선택해야 합니다. 아이콘을 클릭한 후 두 개의 객체를 순서에 상관없이 모두 선택하면 하나의 객체로 합쳐지는 기능입니다.

:: 명령라인 ::

Command: UNI [Enter]
객체 선택: 객체 선택(1개를 찾음)
객체 선택: 두 번째 객체 선택(1개를 찾음, 총 2개)
객체 선택: [Enter]

합집합 차집합 교집합

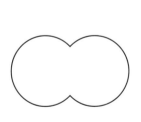

두 개의 2D 영역

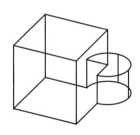

두 개의 솔리드

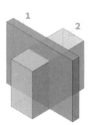 

2) 차집합(SUBTRACT)

▶ Command: SU [Enter]

하나의 솔리드 오브젝트에서 다른 오브젝트를 빼낼 때 사용합니다. 선택하는 순서를 주의해야 합니다. 유지할 객체1을 선택하고 [Enter]를 누른 다음 뺄 객체2를 선택합니다.

:: 명령라인 ::

Command: SU [Enter]
객체 선택: 대상 선택(1개를 찾음)
객체 선택: [Enter]
객체 선택: 제거할 솔리드, 표면 및 영역을 선택
객체 선택: 제거될 객체 선택(1개를 찾음) [Enter]

합집합   차집합   교집합

두 개의 2D영역   두 개의 솔리드
차집합 아이콘을 클릭하고 사각형을
선택한 뒤 원통을 선택한 형태입니다.

3) 교집합(INTERSECT)

▶ Command: IN [Enter]

두 개의 솔리드 객체의 겹치는 부분만을 남길 때 사용합니다. 여러 2D 프로 파일을 돌출시킨 다음 이들을 교차시켜 복잡한 모형을 효과적으로 작성할 수 있습니다.

:: 명령라인 ::

Command: IN [Enter]
객체 선택: 객체 선택(1개를 찾음)
객체 선택: 객체 선택(1개를 찾음, 총 2개)
객체 선택: [Enter]

합집합   차집합   교집합

두 개의 2D 영역   두 개의 솔리드

14 3차원 선그리기(3DPOLY), 선 정보 확인하기(LIST)

1) 3차원 선그리기(3DPOLY)

▶ **Command:** 3P Enter

3차원 상에서 폴리선을 긋는 방법은 3D POLY를 이용합니다. X, Y, Z축으로 자유롭게 선을 그릴 수 있습니다.

:: 명령라인 ::

Command: 3P Enter
폴리선의 시작점 지정: P1
선의 끝점 지정 또는 [명령 취소(U)]: P2
선의 끝점 지정 또는 [명령 취소(U)]: P3
선의 끝점 지정 또는 [닫기(C)/명령 취소(U)]: Enter(종료됨)

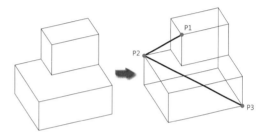

2) 선정보 확인하기(LIST)

▶ **Command:** L I Enter

3차원 폴리선의 길이값을 확인할 수 있습니다.
List 명령어를 입력한 후 3차원 폴리선을 선택하면 아래와 같이 대화창이 뜨게 되며 면적 및 길이값(소수점 4자리) 등 상세정보를 확인할 수 있습니다.

:: 명령라인 ::

Command: L I Enter
객체 선택: 객체 선택(1개를 찾음)
객체 선택: Enter

15 3차원 모깎기(FILLET), 모따기(CHAMFER)

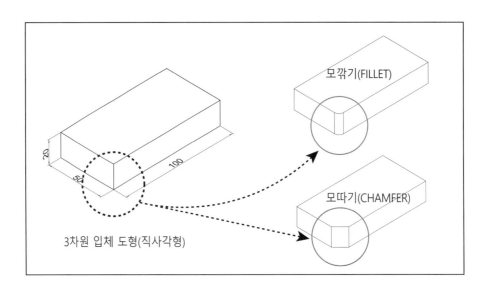

모깎기(FILLET)

모따기(CHAMFER)

3차원 입체 도형(직사각형)

1) 모서리 둥글게 깎기(FILLET)

▶ **Command:** F Enter

3차원 객체의 모서리 부분을 반지름 값을 이용하여 라운드 처리를 하는 명령어입니다.

:: 명령라인 ::

Command: F Enter
첫 번째 객체 선택 또는 [명령 취소(U)/폴리선(P)/반지름(R)/자르기(T)/다중(M)]: 모서리 선택 Enter
모깎기 반지름 입력 또는 [표현식(E)]: 5 Enter
모서리 선택 또는 [체인(C)/루프(L)/반지름(R)]: Enter

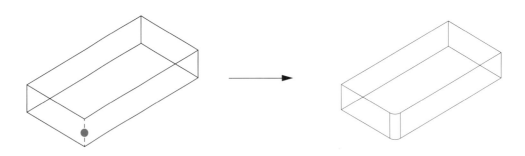

2) 모서리 각지게 깎기(CHAMFER)

▶ **Command:** CHA `Enter`

2D 작업 시 사용했던 명령어가 3차원 작업에서도 똑같은 기능을 합니다. 모서리를 다듬거나 깎는 작업은 자주 사용하게 되므로 잘 익혀두어야 합니다. Chamfer 명령어를 3차원에서 사용할 경우에는 모서리 선을 선택하면 면이 선택되는 차이점이 있습니다. 3차원 또한 2차원 명령어와 거의 동일하게 쓰이는 명령어가 있으므로 기초 명령어에 대한 지식이 잘 학습되어 있어야 합니다.

:: 명령라인 ::

Command: CHA `Enter`
객체 선택: 깎고자 하는 모서리 선을 선택한 후 `Enter`, 선을 선택하면 면이 선택되므로 무시하고 `Enter`를 2번 누른다.
모따기 거리 지정: 10 `Enter`
다른 표면 모따기 거리 지정: 10 `Enter`
모서리 선택: 모서리 선을 한번 더 선택 후 `Enter`

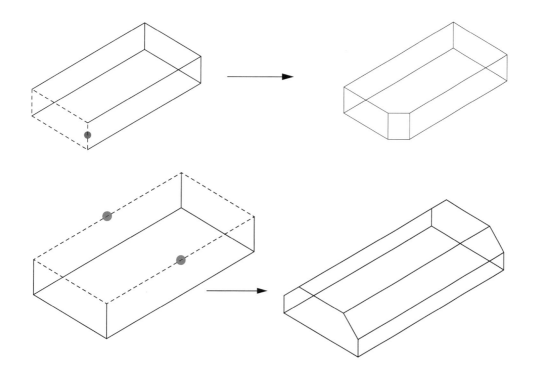

자르기(SLICE)

▶ **Command:** SL Enter

기존 객체를 자르거나 분할하여 새 3D 솔리드와 표면을 작성합니다.

1) 두 개의 점을 이용하는 방법

:: 명령라인 ::

Command: SL Enter
슬라이스할 객체 선택: 객체 선택(1개를 찾음) Enter
슬라이싱 평면의 시작점 지정: P1
평면 위의 두 번째 점 지정: P2
종료: Enter

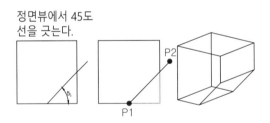

2) 세 개의 점(3P)을 이용하는 방법

:: 명령라인 ::

Command: SL Enter
슬라이스할 객체 선택: 객체 선택(1개를 찾음) Enter
슬라이싱 평면의 시작점 지정 또는 [평면형 객체(O)/ZX(ZX)/3점(3)] 〈3점〉: 3P Enter
평면 위의 첫 번째 점 지정: P1
평면 위의 첫 번째 점 지정: P1
평면 위의 세 번째 점 지정: P3
원하는 면 위의 점 지정 또는 [양쪽 면 유지(B)] : P4(객체가 잘리게 됨)

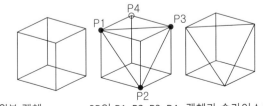

원본 객체   3P의 P1, P2, P3, P4 객체가 슬라이스됨

17 단면 돌출하기(LOFT)

▶ **Command:** LOFT Enter

2개 이상의 단면을 2D선으로 만들고 작성된 선을 단면으로 한 돌출 명령어입니다.

:: 명령라인 ::

Command: LOFT Enter
올림 순서로 횡단 선택 또는 [점(PO)/다중 모서리 결합(J)/모드(MO)]: 객체 선택(1개를 찾음)
올림 순서로 횡단 선택 또는 [점(PO)/다중 모서리 결합(J)/모드(MO)]: 객체 선택(2개의 횡단이 선택됨)
옵션 입력 [안내(G)/경로(P)/횡단만(C)/설정(S)] 〈횡단만〉: Enter

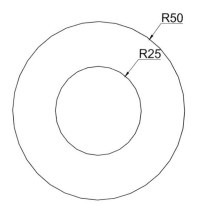

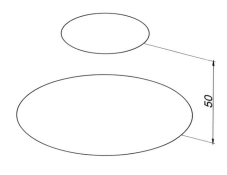

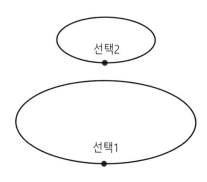

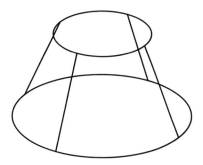

◆ LOFT를 이용하여 모델링을 연습해 봅니다.

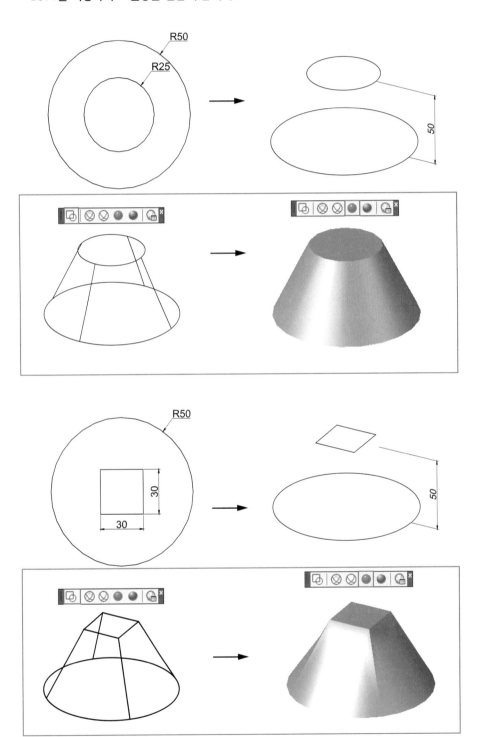

18 회전 돌출하기(REVOLVE)

▶ **Command:** REV `Enter`

중심축을 기준으로 회전 돌출하는 명령어입니다.

:: 명령라인 ::

Command: REV `Enter`
회전할 객체 선택 또는 [모드(MO)]: 객체 선택(1개를 찾음)
회전할 객체 선택 또는 [모드(MO)]: `Enter`
축 시작점 지정 또는 다음에 의해 축 지정: P1과 P2 중심축 클릭
회전 각도 지정 : 원하는 각도값 입력(전체 회전은 360 입력) `Enter`

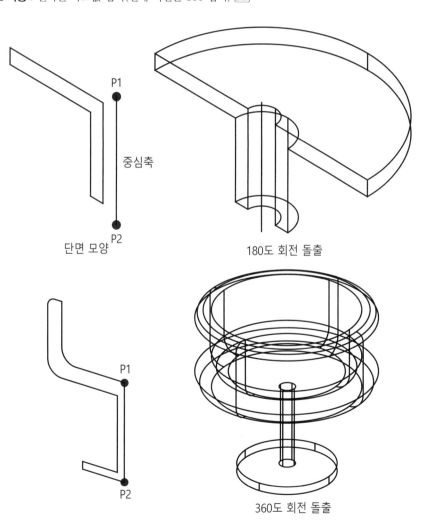

① REVOLVE를 이용하여 종이컵 모델링을 연습해 봅니다.

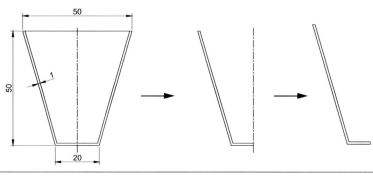

2D 와이어프레임   비주얼 스타일

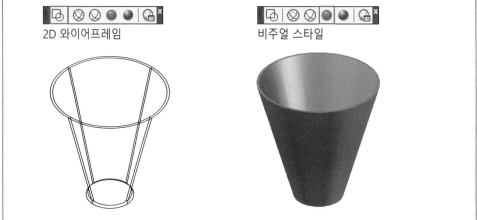

② REVOLVE를 이용하여 종이컵 모델링을 연습해 봅니다.

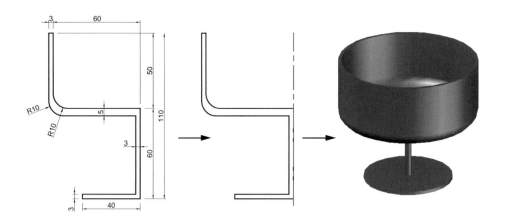

19 면 눌러 당기기(PRESSPULL)

AutoCAD

선택하는 객체 유형에 따라 누르기 또는 당기기 동작이 수행됩니다.
(Ctrl+Shift+E를 눌러도 됩니다.)

면 눌러 당기기

:: 명령라인 ::

Command: 아이콘 또는 PRESSPULL Enter
객체 또는 경계 영역 선택: 닫힌 영역 P1 클릭
돌출 높이 지정 또는 [다중(M)]: 돌출 높이 입력 후 Enter
　　　　　　　　　(또는 마우스를 끌어 수직으로 돌출 방향 P2를 설정합니다.)
돌출 높이 지정 또는 [다중(M)]: 높이값을 입력 후 Enter 종료 시 Enter
　　　　　　　　　(영역을 추가클릭하여 돌출하거나 종료 시 Enter)

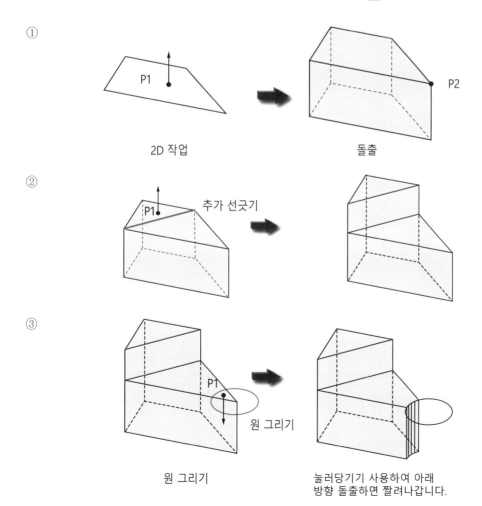

① 　　　　　　　　　　　　　2D 작업　　　　　　　　　　돌출

② 　　P1　추가 선긋기

③ 　　P1　원 그리기

원 그리기　　　　　　　눌러당기기 사용하여 아래
　　　　　　　　　　　　방향 돌출하면 짤려나갑니다.

20 모서리선 복사와 면 복사 기능
(솔리드 편집)

1) 모서리선 복사

3차원 객체의 모서리선을 복사하는 기능입니다.

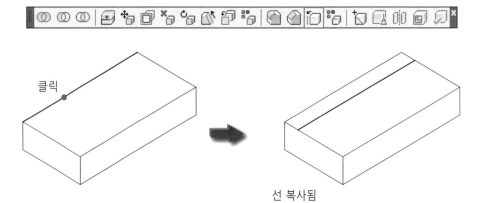

클릭

선 복사됨

2) 면 복사 기능

3차원 객체의 면을 복사하는 기능입니다. (복사된 선은 묶여 있으므로 바로 돌출 가능함)

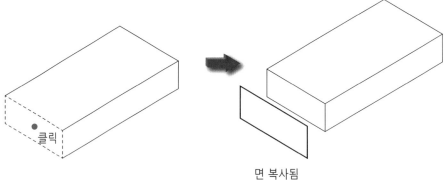

클릭

면 복사됨

21 3D 대칭(3DMIRROR) 과 3차원 정렬하기(3DALIGN)

1) 3D 대칭(3DMIRROR)

▶ **Command:** 3DMIRROR Enter

평면에서 선택한 3D 객체의 대칭 사본을 작성합니다. 지정한 평면에 객체를 정렬하거나 세 점을 지정하여 대칭 평면을 지정할 수 있습니다. 예를 들면 다음과 같습니다. MIRROR 명령어와 비슷합니다.

:: 명령라인 ::

Command: 3DMIRROR Enter
객체 선택: 객체 선택(1개를 찾음)
객체 선택: Enter
대칭 평면 (3점)의 첫 번째 점 지정 또는[객체(O)/최종(L)/.../3점(3)] 〈3점〉: 3P Enter
대칭 평면 위의 첫 번째 점 지정: P2
대칭 평면 위의 두 번째 점 지정: P3
대칭 평면 위의 세 번째 점 지정: P4
원본 객체를 삭제합니까? [예(Y)/아니오(N)] 〈N〉: Enter

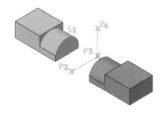

2) 3차원 정렬하기 (3DALIGN)

▶ **Command:** 3DALIGN Enter

Command: 3DALIGN Enter
객체를 2D 및 3D의 다른 객체와 정렬합니다. 원본 객체에 대해 한 점, 두 점 또는 세 점을 지정할 수 있습니다. 그런 다음 대상에 대해 한 점, 두 점 또는 세 점을 지정할 수 있습니다.

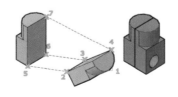

22 기타 다양한 모델링 기능

1) 모델링 기능

캐드 클래식 버전 아이콘(2008 이하 버전)

캐드 리본메뉴 아이콘(2009 이상 버전)

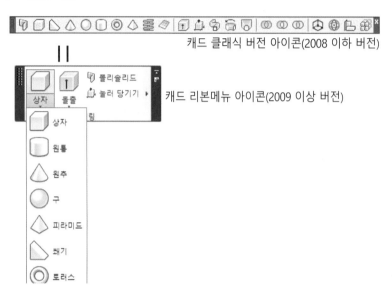

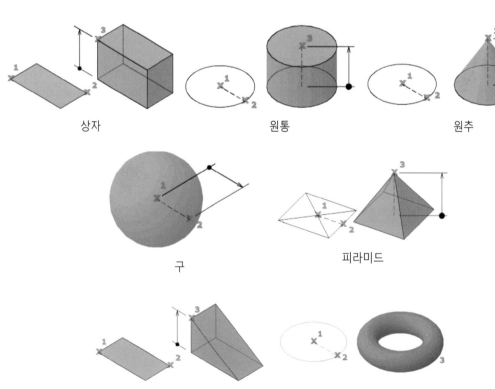

상자   원통   원추

구   피라미드

쐐기   토러스

2) 돌출 기능 요약

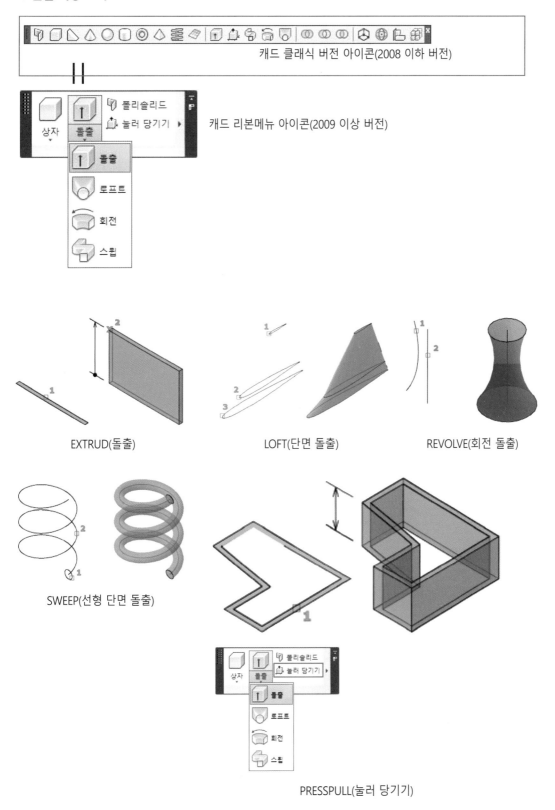

캐드 클래식 버전 아이콘(2008 이하 버전)

캐드 리본메뉴 아이콘(2009 이상 버전)

EXTRUD(돌출)

LOFT(단면 돌출)

REVOLVE(회전 돌출)

SWEEP(선형 단면 돌출)

PRESSPULL(눌러 당기기)

◆ 2차원 도면을 이용한 3차원 포크 모델링을 연습해 봅니다.

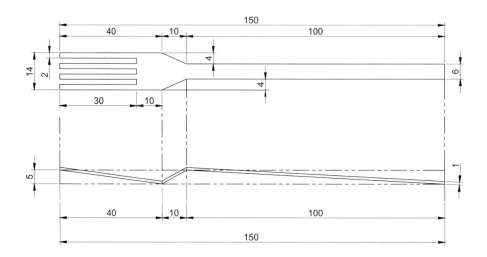

① reg 명령어로 선을 모두 묶습니다.

평면도(TOP VIEW)

정면도(FRONT VIEW)

② 남동뷰 변경 후 임의로 아래와 같이 임의로 넉넉하게 돌출합니다.

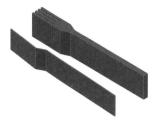

③ Rotate3d 명령어를 입력하여 정면 모델링을 90도로 하여 아래와 같이 회전합니다.

④ 아래 그림과 같이 평면과 정면 모델링이 겹치도록 이동합니다.

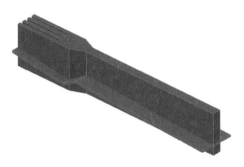

⑤ 교집합 기능을 이용하여 모델링을 완성합니다.

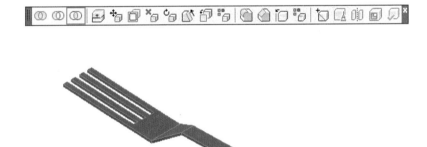

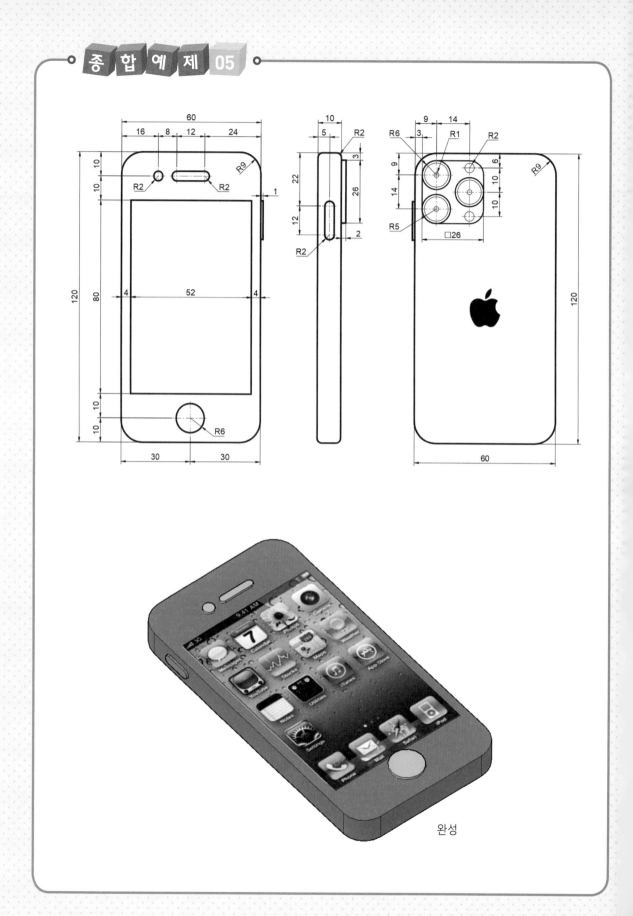

종합예제 05

완성

① reg 명령어로 원을 제외한 선을 모두 묶습니다.

② 남동뷰로 바꾼 후 임의로 아래와 같이 10mm 돌출합니다.

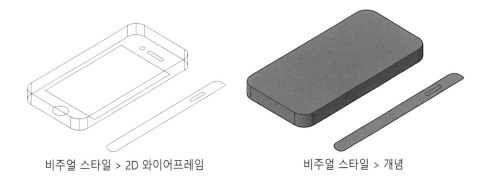

비주얼 스타일 > 2D 와이어프레임   비주얼 스타일 > 개념

③ MOVE 명령어로 Z축으로 10만큼 아래에 있는 도형을 이동하고 적당히 돌출합니다.

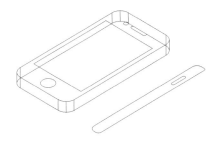

비주얼 스타일 > 2D 와이어프레임   비주얼 스타일 > 개념

④ 측면뷰를 Rotate3d 명령어를 입력하여 정면 모델링을 90도로 하여 아래와 같이 회전합니다.

⑤ 평면과 측면 모델링을 겹치게 이동합니다.

⑥ 측면의 버튼만 남겨놓고 삭제한 후 1mm 정도 적당히 돌출합니다. 필렛을 이용해서 마무리합니다.

MEMO

PART 04

CAD 실무능력평가 (CAT) 1급

Part 4에서는 CAD 실무능력평가 1급을 대비한 시험절차 및 구성과 기출문제로 구성하였습니다. 문제 모델링은 구)ATC캐드마스터 1급의 문제와 유사하게 출제되고 있습니다. CAD 실무능력평가 1급에서 추가되거나 변경된 내용을 익혀 두도록 합니다. 3차원 모델링하는 방법은 구)ATC캐드마스터 1급의 기출문제 50개를 성안당 이러닝을 통해 유료 동영상을 제공하고 있습니다. 동영상 강의를 통해 쉽고 빠르게 모델링하는 방법을 익혀 시험에 대비함은 물론 비전공자들도 쉽게 따라할 수 있도록 구성하였습니다.

※ 독자분의 이해를 돕기 위해 예상문제 50개의 3차원 입체 도델링 도면을 제공합니다.
 (www.cyber.co.kr 사이트의 [자료실]–[자료실]에서 다운로드)

1 CAD 실무능력평가(CAT) 1급 시험 개요

CAD 프로그램의 2D 및 3D 기능적 측면과 기초 제도에 대한 전반적인 지식과 기술을 평가하는 실무 중심의 자격시험으로 CAD 실무능력평가(CAT) 1급은 한국생산성본부가 주관하는 캐드 비공인 민간 자격시험입니다.

1) 시험 구성

• CAD의 각종 설정, 조작 및 2D 도면의 작성과 3D 모델링(총 3문항)
• (1문항) 주어진 3D 모델을 탐색한 후, 문제 도면에 맞게 3D 모델을 편집하여 체적 값을 구하고, 삼각법을 기준으로 2D 도면 작성하기
• (2문항) 주어진 문제 도면을 보고 3D 모델을 작성하여 체적과 길이 값 구하기

2) 시험 내용

• 3D 모델 작성 및 수정, 2D 도면 작성

3) 합격 기준

• 100점 만점 중 60점 이상 합격

4) 출제 기준

세부 항목	성취 기준 및 주요 출제 요소
3D 모델 수정 (객체 수정)	• 템플릿 파일 다운로드 • 3D 모델 탐색 • 주어진 문제 도면의 치수를 참조하여 3D 모델 수정하기 • [1문항] 체적 값 구하기 (Massprop 이용)
2D 도면 작성 (모형 공간)	• [1문항] • 시작하기 옵션 및 환경 설정 • 도면층 설정 (CAT 2급과 동일) • 3D 모델을 참조하여 2D 도면 추출 (Flatshot 이용) • 문자 및 치수 작성 (CAT 2급과 동일) • 도면 외곽선 및 표제란 작성 (응시 가이드 참조)
3D 모델 작성 (객체 작성)	• [2문항] 길이 값 구하기 • [2문항] 체적 값 구하기 (Massprop 이용)

5) 응시 조건

- 템플릿 파일을 다운로드 한 후, 주어진 문제 도면을 참조해 3D 모델을 편집, 체적 값을 구한 후 2D 도면을 작성합니다(1문항).
- 2D 도면을 작성할 때에는 주어진 조건에 맞게 도면층, 치수, 문자 스타일 등을 적용해야 하며, '수험번호.dwg' 이름으로 저장한 후 제출합니다.
- 두 개의 문제 도면을 참조하여 3D 모델링을 하고 주어진 문제에 맞게 길이 값 및 체적 값을 입력합니다(2문항).
- 모든 문항에서 작업한 3D 모델은 삭제하며 별도로 제출하지 않습니다.

6) 파일 제출

- [문제 1] 1문항 (배점 50점 – 체적 값 15점, 2D 도면 작성 35점)
- 주어진 문제 도면을 참조하여 3D 모델을 수정하고, MASSPROP 기능을 이용해 체적 값을 구하여 정답입력 항목에 기재합니다.
- 작성한 최종 도면인 '수험번호.dwg' 파일을 제출합니다.
- [문제 2] 2문항 (각 25점 – 길이 값 10점, 체적 값 15점)
- 주어진 문제 도면을 참조하여 3D 모델을 작성하고, 3DPOLY와 LIST를 기능을 이용해 A~C(D)까지 길이 값을 구하여 정답입력 항목에 기재합니다.
- 주어진 문제 도면을 참조하여 3D 모델을 작성하고, MASSPROP 기능을 이용해 체적 값을 구하여 정답입력 항목에 기재합니다.

7) 실격사항

- 템플릿 파일로 2D도면을 작성하지 않은 경우
- 지정한 2D 도면을 작성하지 않은 경우
- 제출된 2D 도면 파일에 내용이 없는 경우
- 모형 공간에 2D 도면을 작성하지 않은 경우
- 도면층을 작성하지 않은 경우

8) CAD실무능력평가 1급 배점 기준 변경(2023년 8월 정기시험부터 실시)

채점 분류	상세 내용	감점 변경 전	감점 변경 후	감점 계산
3D모델 작성	• 연결점에 대한 길이 값이 틀린 경우	10		문항
	• 3D 모델에 대한 체적 값이 틀린 경우	15		문항
	• 투영뷰를 잘못 추출(Flatshot)한 경우	5		개소
	• 외형선, 숨은선이 누락된 경우	5		개소
	• 가상선, 중심선이 누락된 경우	2/5		개소/최대
	• 위치 틀림(연관점이 틀리고 잘못 그린 경우)이 있는 경우	2/5		개소
	• 불필요한 객체가 남은 경우(3D 모델 객체 포함)	5	10	전체최대
2D도면 작성	• 선 종류(도면층, 특성이 ByLayer가 아님 등)가 잘못 적용된 경우	2/10		개소/최대
	• 선 연결 상태가 불량(끊김, 연장, 모서리 정리 등)인 경우	2/5		개소/최대
	• 선이 중복된 경우(외형선, 숨은선, 중심선끼리 겹친 경우)	2/5		개소/최대
	• 중심선을 잘못 그린 경우	2		개소
	• 외곽선, 표제란, 타이틀 기호가 '0' 도면층이 아닌 경우	2/8		개소/최대
	• 사용된 문자(도면층, 크기, 스타일)가 잘못 적용된 경우	2		개소
	• 타이틀 블록을 사용하지 않은 경우	2		전체
	• 외곽선, 표제란, 타이틀(타이틀 기호, 뷰 이름)을 작성하지 않은 경우	2		개소
	• 외곽선, 표제란의 크기가 틀리거나 내용이 누락된 경우	2		개소
	• 객체의 수평과 수직 정렬이 맞지 않는 경우	2		개소
	• 선 유형(중심선과 숨은선, 가상선 등)이 표현되지 않은 경우	1	1–3	개소
도면층	• 필요한 도면층 미작성, 필요 없는 도면층을 만든 경우	2		개소
	• 도면층 설정이 잘못된 경우(이름 및 선 종류 등)	2		개소
치수	• 치수가 누락된 경우	2		개소
	• 치수보조선이 작성된 객체의 선과 겹친 경우	2	2/5	개소/최대
	• 치수가 '치수' 도면층이 아닌 경우	2		개소
	• 치수 유형 및 스타일이 다름	2		개소
	• 치수를 분해한 경우	2		개소

2 CAD 실무능력평가(CAT) 1급 시험 절차

순서	주의사항 및 시험 치는 요령
1 kpc 자격 사이트 접속	• 시험 20분 전 입실 • 수험표, 신분증 반드시 지참 • 감독관의 지시에 따라 응시 사이트 접속 후 시험 응시
2 시험용 템플릿 다운로드	3D 포함된 템플릿을 다운로드 후 안내문구 블록은 삭제
3 기본 설정	❶ 레이어 설정 (LA) ❷ 문자 스타일 변경 (ST) ❸ 치수 문자 색상 변경 (D)
4 3D 객체 수정 및 2D 도면 추출	• 주어진 문제에 따라 3D 모델링 수정 • FLATSHOT을 이용해 2D 도면 추출
5 모형 공간 도면 작성	• 치수, 표제란, 테두리, 수험번호 등 도면 작성
6 2D 도면 제출	• 2D 작성 템플릿 업로드
7 3D 모델링 체적 및 길이 값 산출	• 체적 및 길이 값 입력 후 중간 저장
8 최종 제출 후 종료	• 템플릿 파일 1개 제출, 체적 및 길이값 입력 • 종료 후 응시 불가능하니 감독관에게 확인 후 퇴실

1) kpc 자격시험 사이트 접속

시험 당일 감독관의 지시에 따라 응시 사이트 접속 후 시험에 응시합니다.

2) 템플릿 파일 다운로드

3D 모델링이 포함된 템플릿을 다운로드 후 파일을 열고 흰색 안내문구 블록은 삭제합니다. 3D 모델링 객체를 확인합니다. 작업 시 만약에 대비하여 수시로 저장하도록 합니다.

예시)

3) 기본 설정 방법

CAD 실무능력평가 1급(CAT 1급) 시험에 응시하기 위해 필요한 기본 설정이 있습니다. 프로그램 및 시험과 관련된 설정을 익혀 두도록 합니다.

❸ 레이어 설정 (LA)

레이어 설정은 응시 조건에 정해져 있는 레이어를 모두 생성해야 합니다. 총 7개의 레이어를 생성하고, 색상을 지정합니다. 아래 그림을 참고하여 레이어를 설정해 둡니다.

이름	색상	번호	선 종류	선가중치(선굵기)
0(기본으로 있음)	흰색	7	Continuous(실선)	기본값
외형선	초록색	3	Continuous(실선)	–
숨은선	노랑색	2	HIDDEN	–
중심선	흰색	7	CENTER	–
가상선	선홍색	6	PHANTOM	–
치수	빨강색	4	Continuous(실선)	–
문자	흰색	1	Continuous(실선)	–

※ 각 도면층을 선택하고 F2 를 누르면 이름을 바꿀 수 있습니다.

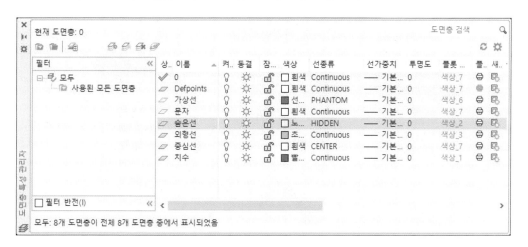

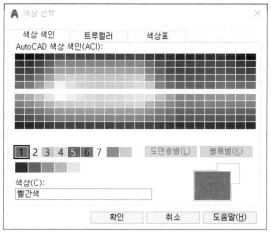

❷ 문자 스타일 변경 (ST)
전체 문자 글꼴은 "굴림"으로 변경합니다. (※ t : 글자 입력)

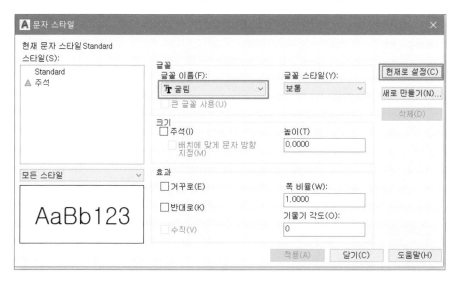

❸ 치수 문자 색상 변경 (D)

- 치수 스타일(D) 실행 후 수정을 클릭하여 아래 그림과 같이 시험에 맞게 설정합니다.
- [문자] 탭에서 「문자 색상」은 "노란색"으로 변경합니다.

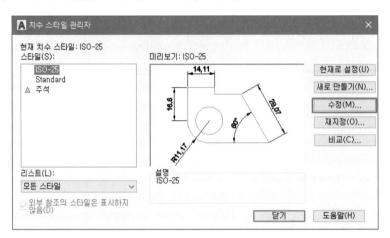

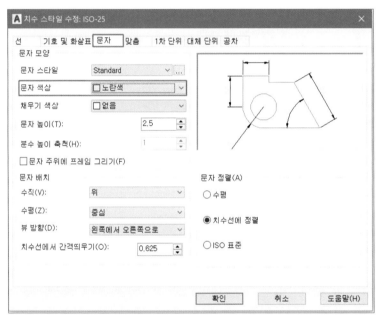

4) 3D 객체 수정 및 FLATSHOT을 이용한 2D 도면 추출

다운로드한 파일에 포함된 3D 모델링 객체를 주어진 문제에 따라 수정합니다.

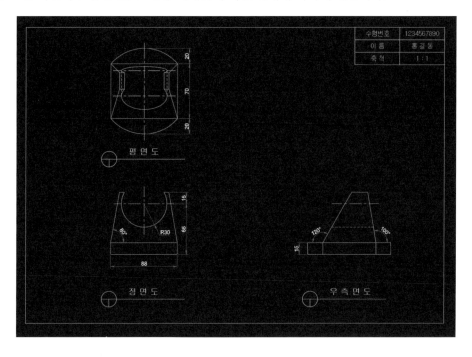

5) 모형 공간 도면 작성

• FLATSHOT을 이용하여 평면도, 정면도, 우측면도 2D를 추출하고 도면을 모형 공간에서 작성합니다.

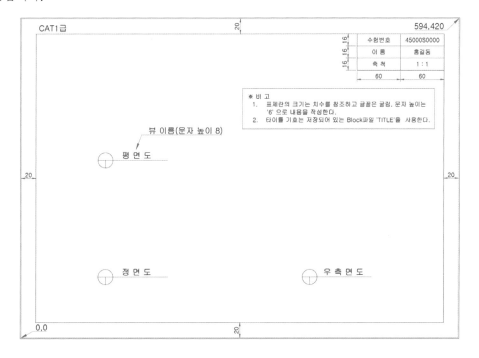

- 표제란 및 도면 윤곽선과 타이틀 작성
  - 용지 크기: A2 size (594×420mm)
  - 안쪽 여백: 20
  - 표제란 크기: 가로60×가로60×세로16 (3칸)
  - 표제란 글꼴: 굴림 (문자 높이: 6)
  - 도면명(뷰 이름): 문자 높이: 8
  - 타이틀 기호는 block 'TITLE'을 사용

6) 2D 도면 제출

완성된 템플릿을 업로드합니다. 변경 시 수시로 업로드합니다.
3D 모델은 삭제하고 제출하지 않습니다.

7) 3D 모델링 체적 및 길이 값 산출

3D 모델 작성에 대한 문제 도면을 확인합니다. 3D 모델을 작성한 후, 3D 모델의 체적과 길이값을 산출합니다.
응시창 입력란에 거리값을 입력합니다. (소수점 4자리)
※작성한 3D 모델링 CAD 파일은 제출하지 않습니다.

8) 최종 제출 후 종료

작업 중 중간저장을 수시로 하고, 제출 시 감독관에게 제출방법을 문의하거나 확인받도록 합니다. 최종 작성된 2D 작성된 템플릿 파일 1개 업로드와 체적값 및 길이값이 모두 입력되어 있는지 확인합니다. 시험종료 시 로그인되지 않으므로 주의하도록 합니다.

CAD 실무능력평가(CAT) 1급 문제 예시

문제 예시 (kpc 한국생산성본부 제공)	총점 100

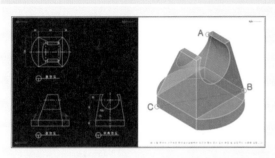

50점

1. 템플릿 파일에서 주어진 3D 모델을 제공된 문제 도면의 치수를 참조하여 편집합니다.
   수정된 3D 모델의 체적 값을 구하시오. (15점)
   (소수점 4자리), 답 입력 시 (456789.25=X, 456789.2500=O)
2. 수정된 3D 모델을 템플릿 파일에 2D 도면으로 추출하여 답안 도면을 작성한 후 제출합니다. (35점)

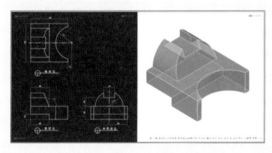

25점

3. 주어진 문제 도면을 보고 3D 모델을 작성한 후, A~C까지의 길이 값을 구하시오. (10점)
   (소수점 4자리), 답 입력 시 (43.29=X, 43.2900=O)
4. 작성한 3D 모델의 체적 값을 구하시오. (15점)
   (소수점 4자리), 답 입력 시 (456789.25=X, 456789.2500=O)

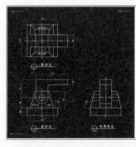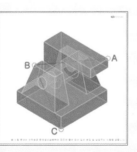

25점

5. 주어진 문제 도면을 보고 3D 모델을 작성한 후, A~C까지의 길이 값을 구하시오. (10점)
   (소수점 4자리), 답 입력 시 (43.29=X, 43.2900=O)
6. 작성한 3D 모델의 체적 값을 구하시오. (15점)
   (소수점 4자리), 답 입력 시 (456789.25=X, 456789.2500=O)

1) 체적 구하기

모델링 객체를 선택하여 체적값, 선택한 2D 영역 또는 3D 솔리드의 질량 특성을 계산합니다.

:: 명령라인 ::

명령: MASSPROP Enter
객체 선택: 1개를 찾음 (객체 선택 후 Enter)
객체 선택:

———————————— **솔리드** ————————————

질량: 613397.7862
체적: 613397.7862
경계 상자: X: −522.2437 −− −390.2437
               Y: −370.2331 −− −238.2331

.

.

.

파일에 분석을 쓰겠습니까 ? [예(Y)/아니오(N)] ⟨N⟩: Enter

2) 거리값 구하기

모델링 객체를 선택하여 길이값, 선택한 2D 영역 또는 3D 솔리드의 질량 특성을 계산합니다.

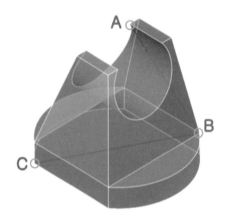

명령: LI Enter
LIST
객체 선택: 1개를 찾음
객체 선택:

      폴리선   **도면층:** "치수"
               공간: 모형 공간

      핸들 = bc1
      열기 공간
      면적 3993.8594
      길이 188.3024
      정점 도면층: "치수"
          공간: 모형 공간

3) 비주얼 스타일 변경

3D 모델링을 "2D 와이어프레임, 개념, 숨김" 등 모양 보기를 변경하는 방법 중 VSCURRENT(단축키: VS) 명령어를 이용하는 방법과 아래 그림과 같이 화면의 좌측 상단의 글자를 클릭하여 변경할 수 있습니다.

명령: VS Enter
VSCURRENT
옵션 입력 [2D 와이어프레임(2)/와이어프레임(W)/숨김(H)/실제(R)/개념(C)/음영처리(S)/모서리로 음영처리됨(E)/회색 음영처리(G)/스케치(SK)/X 레이(X)/기타(O)] ⟨모서리로 음영처리됨⟩: X

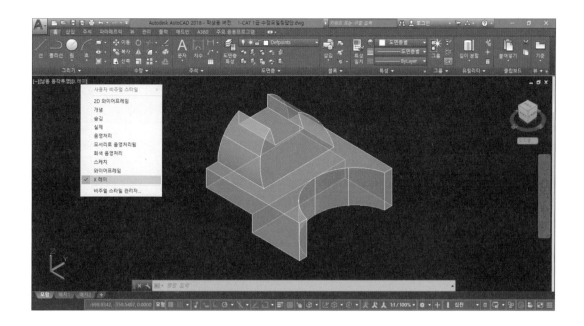

4) 솔리드 편집

솔리드 편집 명령어입니다. 돌출(E), 이동(M), 테이퍼(T) 등을 주로 사용합니다.

명령: SOLIDEDIT Enter
솔리드 편집 자동 점검: SOLIDCHECK=1
솔리드 편집 옵션 [면(F)/모서리(E)/본체(B)/명령 취소(U)/종료(X)] 〈종료〉: F Enter
면 편집 옵션 입력
[돌출(E)/이동(M)/회전(R)/간격 띄우기(O)/테이퍼(T)/삭제(D)/복사(C)/색상(L)/재료(A)/명령 취소(U)/종료(X)] 〈종료〉:

5) 플랫샷 작성하기

2D 생성은 XY평면에 생성되므로 좌표계를 변경하지 않아야 합니다. 되도록 뷰큐브를 이용하여 작업하도록 합니다.

문제 예시 (kpc 한국생산성본부 제공)	총점 100

명령: FLATSHOT [Enter]
대화상자에서 아래와 같이 색상 및 선 종류를 변경하여
2D를 작성합니다.
색상과 선 종류는 상황에 맞게 설정하도록 합니다.

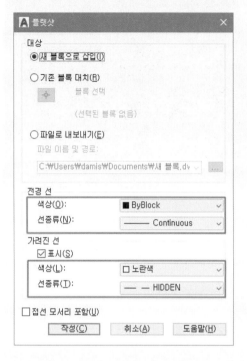

단위: 밀리미터   변환: 1.0000
삽입 점 지정 또는 [기준점(B)/축척(S)/X/Y/Z/회전(R)]:
마우스 왼쪽 클릭
X축척 비율 입력, 반대구석 지정, 또는 [구석(C)/
XYZ(XYZ)] ⟨1⟩: [Enter]
Y 축척 비율 입력 ⟨X 축척 비율 사용⟩: [Enter]
회전 각도 지정 ⟨0⟩: [Enter]

평면도

정면도

우측면도

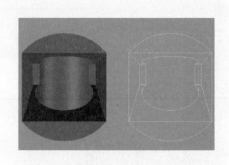

※ 각 뷰에서 작성된 2D는 xy평면상에 기준 없이 생성되므로 화면 전체보기(Z [Enter] A [Enter])하여 정리합니다.

4 플랫샷(FLATHSOT) 작성하기

플랫샷(FLATSHOT)은 모든 3D 모델링의 모서리가 X, Y 평면과 평행한 평면에 일직선으로 투영됩니다. 즉 3D 모델링 객체를 2D 도면으로 변환하는 기능입니다.

1) 플랫샷 아이콘

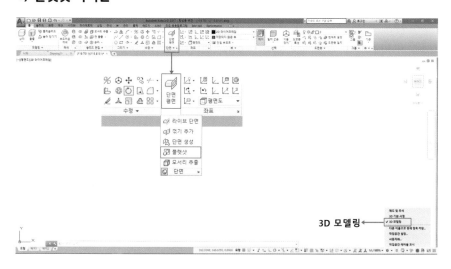

3D 모델링

2) 플랫샷 대화상자 옵션

- 새 블록으로 삽입
  : 현재 도면에서 블록으로 삽입
- 기존 블록 대치
  : 기존 블록을 새 블록으로 대치
- 블록 선택
  : 도면에서 대치할 블록을 선택하는 동안 대화상자를 임시로 닫습니다. 블록 선택을 마친 뒤 Enter 키를 누르면 플랫샷 대화상자가 다시 표시됩니다.
- 블록이 선택됨/선택된 블록 없음
  : 블록의 선택 여부를 표시
- 파일로 내보내기
  : 블록을 외부 파일로 저장
- 전경 선: 2D의 외형선에 해당
  : 색상과 선 종류는 Bylayer 또는 직접 지정

• 가려진 선: 2D의 숨은선에 해당
  : 색상과 선 종류는 Bylayer 또는 직접 지정
• 접선 모서리 포함
  : 곡선 표면에 대한 윤곽 모서리를 작성

3) ViewCube (뷰큐브)

삼각 투상법에 따라 평면도, 정면도, 우측면도를 모형 공간에 작성합니다. 플랫샷을 이용하기 위해 화면 우측 상단의 뷰큐브를 이용하여 작성하도록 합니다. 2D를 생성하고자 하는 뷰로 변경하고 FLATSHOT 명령으로 작업합니다.

※ 2D 생성은 XY평면에 생성되므로 좌표계를 변경하지 않아야 합니다.
  되도록 뷰큐브를 이용하여 작업하도록 합니다.

ViewCube

Plus Tip+

• 화면 왼쪽 상단에 컨트롤 글자가 있습니다.
"[−] [평면도] [2D 와이어프레임]" 컨트롤을 이용하여 가능하고 X, Y, Z축 좌표계가 자동으로 변경되어 생성된 2D 객체를 x,y평면으로 회전해야 됩니다.
Part 3 "3차원 회전하기"를 참고하여 2D선을 xy평면에 평행하게 회전시키도록 합니다.

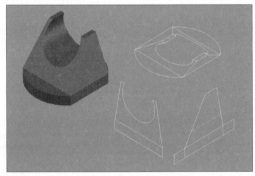

※뷰포트 컨트롤이 보이지 않을 경우 아래와 같이 옵션을 확인하도록 합니다.

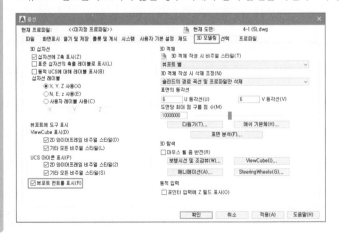

4) 플랫샷(Flatshot)과 ViewCube(뷰큐브)를 이용한 2D 만들기

❶ 아래 도면을 참고하여 3D 모델링을 완성해 봅니다.

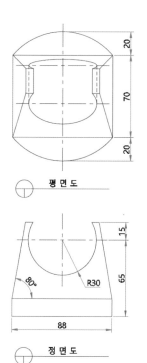

평 면 도

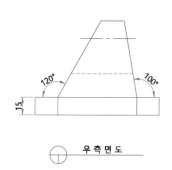

정 면 도

우 측 면 도

예시) 3D 모델링 → 2D 추출

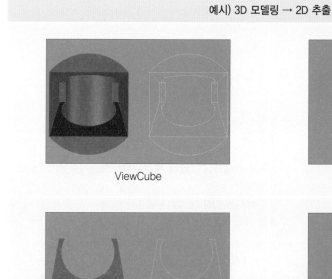

ViewCube

등각투상도

정면도 예

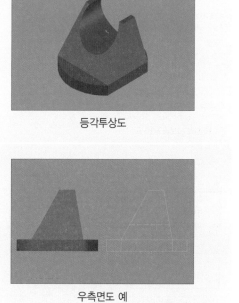

우측면도 예

❷ 오른쪽 큐브를 사용하여 평면도로 바꿉니다.

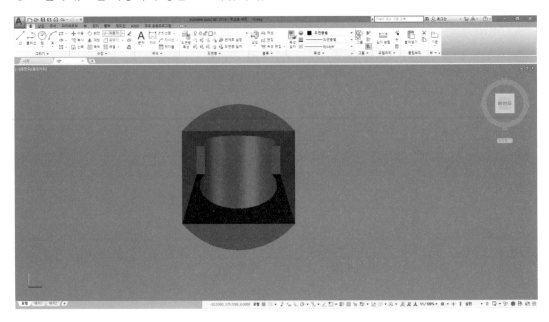

❸ 명령어를 입력합니다.

:: 명령라인 ::

명령: FLATSHOT [Enter]

❹ 대화상자에서 아래와 같이 색상 및 선 종류를 변경하여 2D를 작성합니다. 색상과 선 종류는 상황에 맞게 설정하도록 합니다.

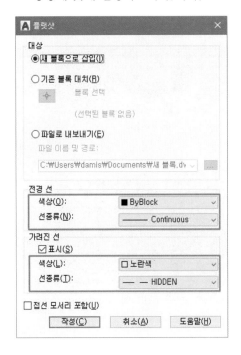

❺ 아래와 같이 [Enter]를 입력합니다.

단위: 밀리미터 변환: 1.0000
삽입 점 지정 또는 기준점(B)/축척(S)/X/Y/Z/회전(R)]: 마우스 왼쪽 클릭
X축척 비율 입력, 반대 구석 지정, 또는 [구석(C)/XYZ (XYZ)] ⟨1⟩: [Enter]
Y 축척 비율 입력 ⟨X 축척 비율 사용⟩: [Enter]
회전 각도 지정 ⟨0⟩: [Enter]

❻ 아래 그림과 같이 2D 선을 완성합니다. 각 뷰에서 작성된 2D는 xy평면상에 기준 없이 생성되므로 화면 전체보기(Z Enter A Enter)하여 정리합니다.

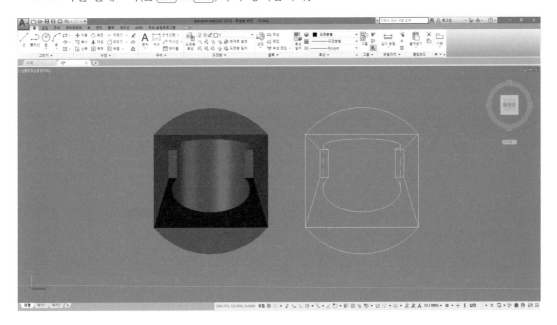

❼ 남동 등각 투영으로 방향을 바꾸면 다음과 같이 바닥에 2D선이 생성된 것을 확인할 수 있습니다.

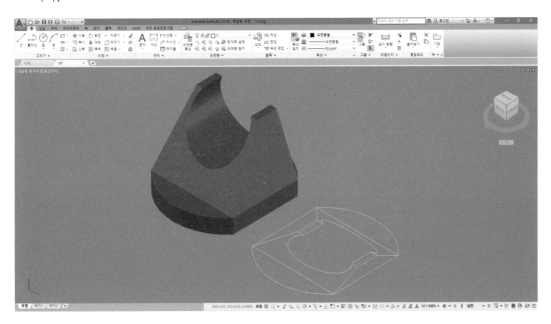

❽ 정면도 2D선 추출하기

(a) 뷰큐브를 정면으로 변경

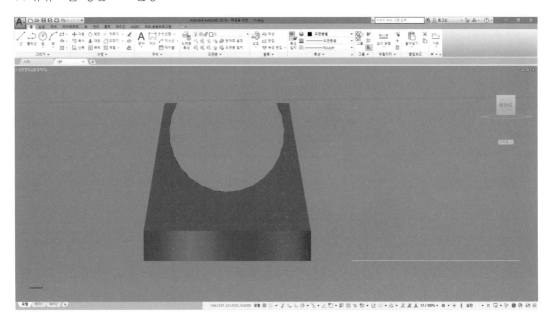

(b) FLATSHOT 실행하여 선의 색상, 종류 변경

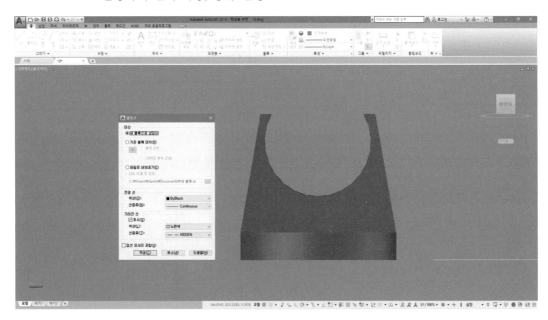

(c) 블록 삽입(명령이 종료될 때까지 Enter)

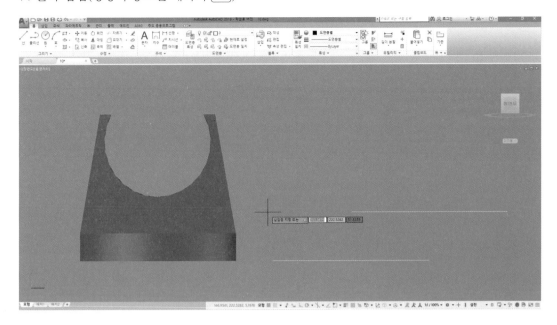

(d) 뷰큐브를 남동뷰로 변경하여 확인

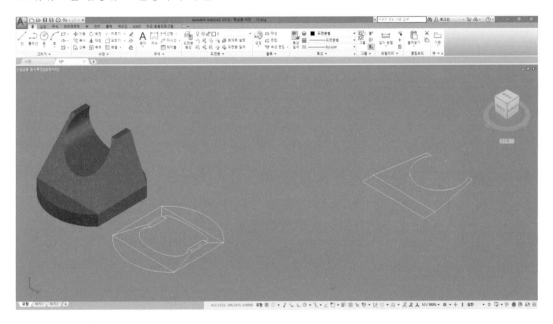

❾ 우측면도 2D선 추출하기

(a) 뷰큐브를 우측면도로 변경

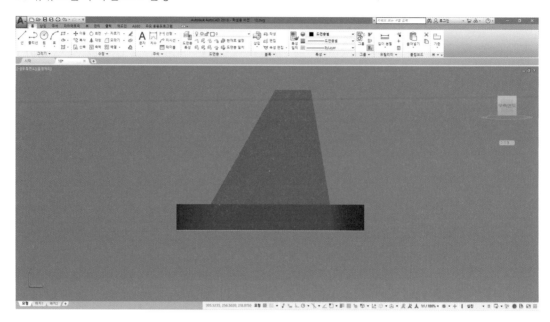

(b) FLATSHOT 실행하여 선의 색상, 종류 변경

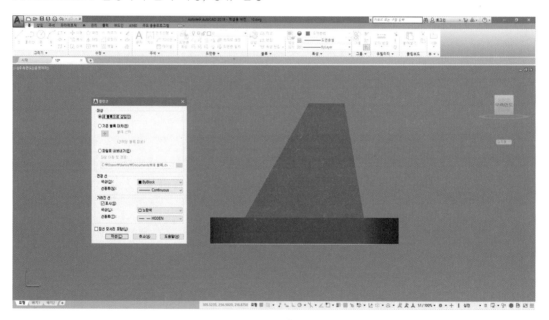

(c) 블록삽입 (명령이 종료될 때까지 [Enter])

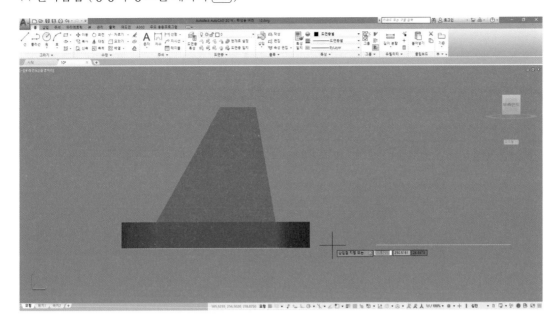

(d) 뷰큐브를 남동뷰로 변경하여 확인

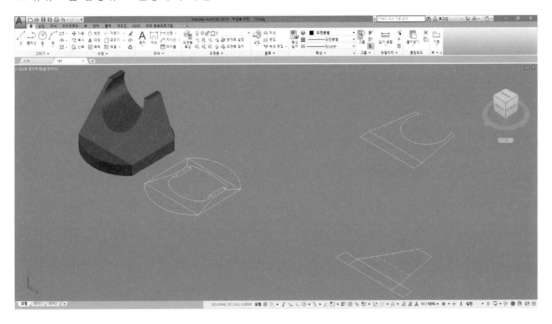

❿ 2D 도면 정리하기

(a) 뷰큐브를 평면으로 변경 후 그림과 같이 평면도 끝점에서 수직, 수평선을 긋습니다.

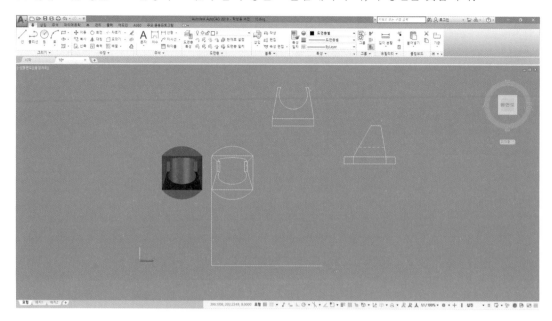

(b) 그림과 같이 정면도와 우측면도를 정렬 후 수직, 수평선을 삭제하여 마무리합니다.

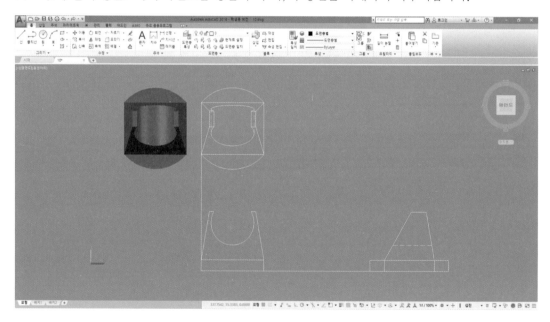

※ 생성된 2D는 블록으로 되어있습니다. 수정 시 블록 수정 또는 분해(X)하여 작업합니다.

5

CAD 실무능력평가 (CAT) 1급 연습문제 50

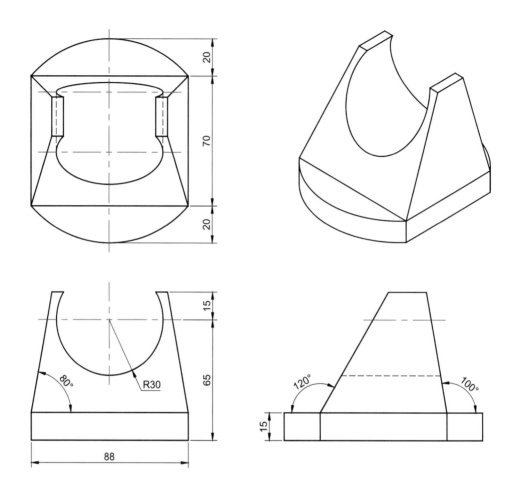

• 다음 그림은 2차원 도면을 토대로 작성한 3차원 객체이다. 각각의 거리값을 구하시오. (소수점 4자리까지)

문제 1 (View Point : -1, -2, 1)

문제 2 (View Point : 1, -2, 1)

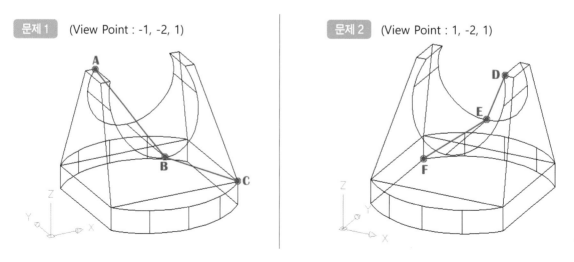

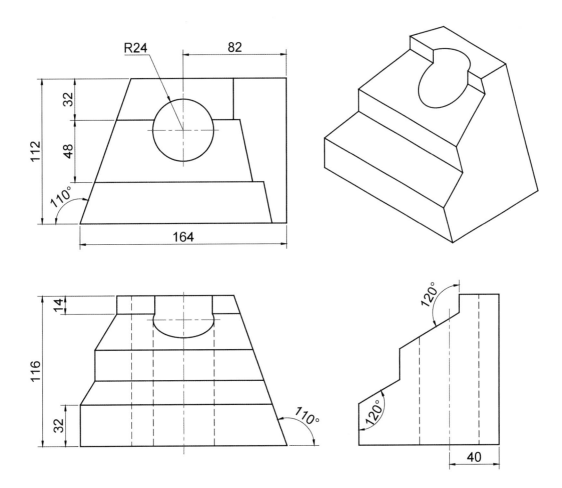

• 다음 그림은 2차원 도면을 토대로 작성한 3차원 객체이다. 각각의 거리값을 구하시오. (소수점 4자리까지)

문제 1 (View Point : -1, -1, 1)

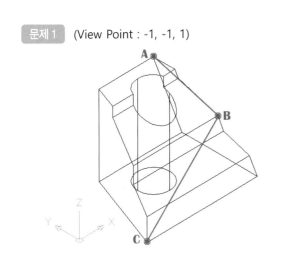

문제 2 (View Point : 1, -2, 1)

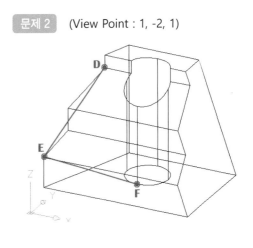

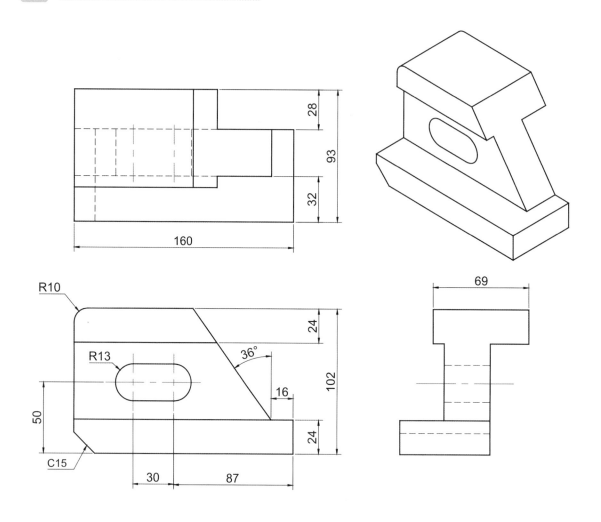

• 다음 그림은 2차원 도면을 토대로 작성한 3차원 객체이다. 각각의 거리값을 구하시오. (소수점 4자리까지)

문제 1 (View Point : -1, -2, 2)

문제 2 (View Point : 1, -2, 2)

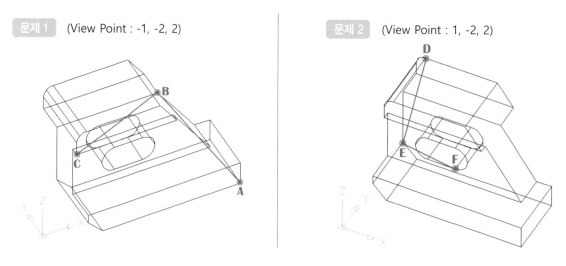

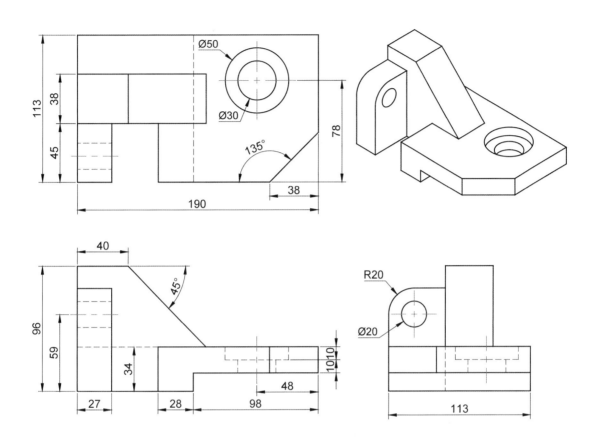

• 다음 그림은 2차원 도면을 토대로 작성한 3차원 객체이다. 각각의 거리값을 구하시오. (소수점 4자리까지)

<table>
<tr><td>문제 1</td><td>(View Point : -1, -2, 2)</td><td>문제 2</td><td>(View Point : 1, -2, 2)</td></tr>
</table>

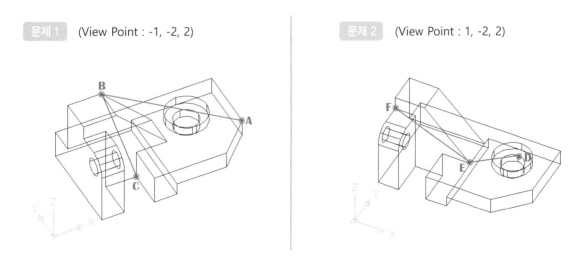

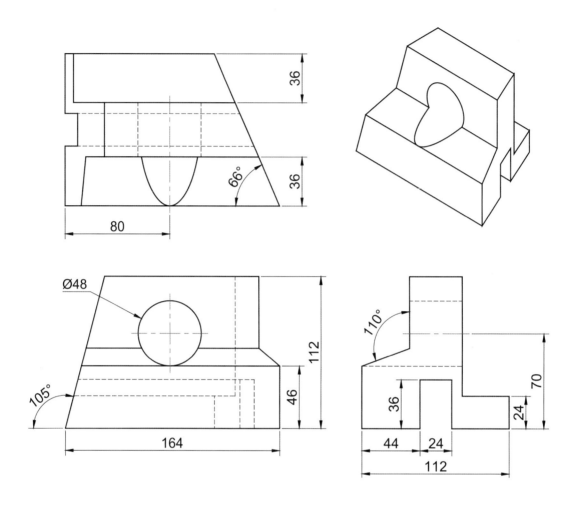

• 다음 그림은 2차원 도면을 토대로 작성한 3차원 객체이다. 각각의 거리값을 구하시오. (소수점 4자리까지)

문제 1 (View Point : -1, -1, 1)

문제 2 (View Point : 2, -1, 2)

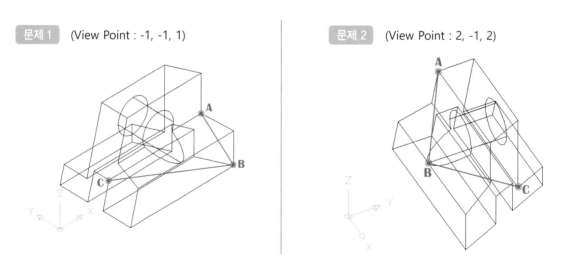

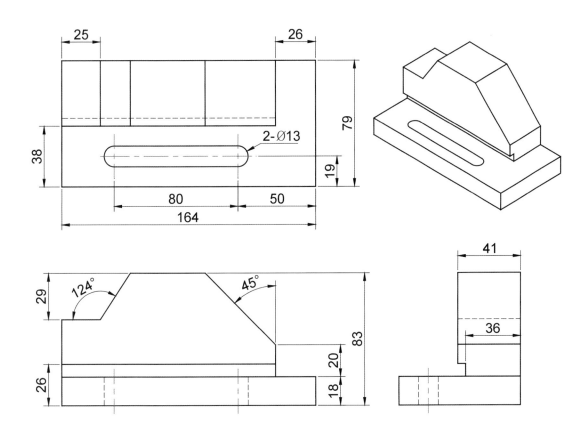

• 다음 그림은 2차원 도면을 토대로 작성한 3차원 객체이다. 각각의 거리값을 구하시오. (소수점 4자리까지)

문제 1   (View Point : 1, -1, 1)

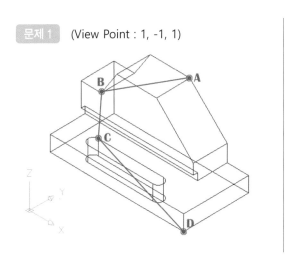

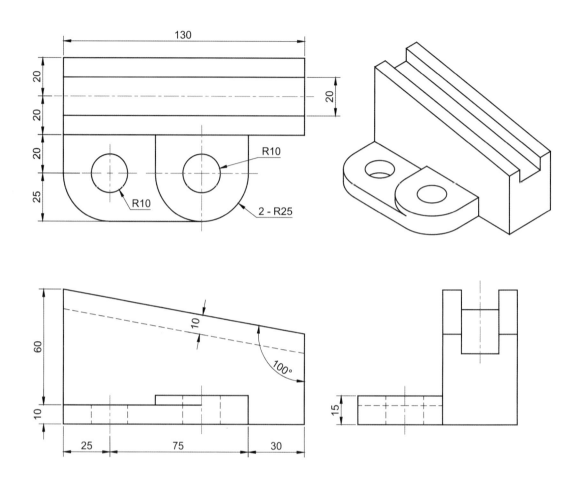

• 다음 그림은 2차원 도면을 토대로 작성한 3차원 객체이다. 각각의 거리값을 구하시오. (소수점 4자리까지)

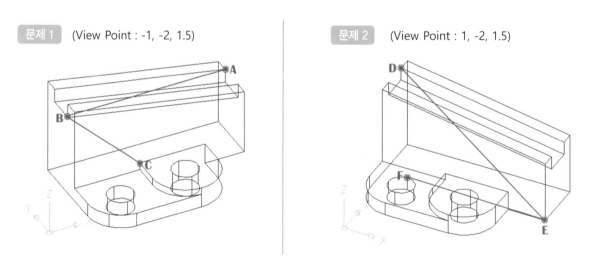

문제 1 (View Point : -1, -2, 1.5)

문제 2 (View Point : 1, -2, 1.5)

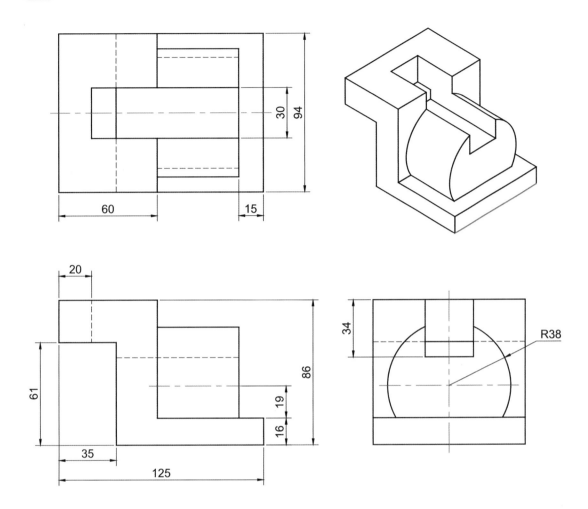

• 다음 그림은 2차원 도면을 토대로 작성한 3차원 객체이다. 각각의 거리값을 구하시오. (소수점 4자리까지)

문제 1 (View Point : -1, -1, 2)

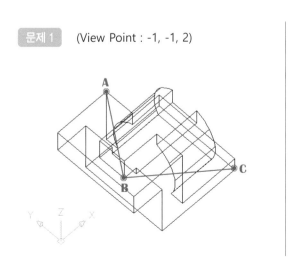

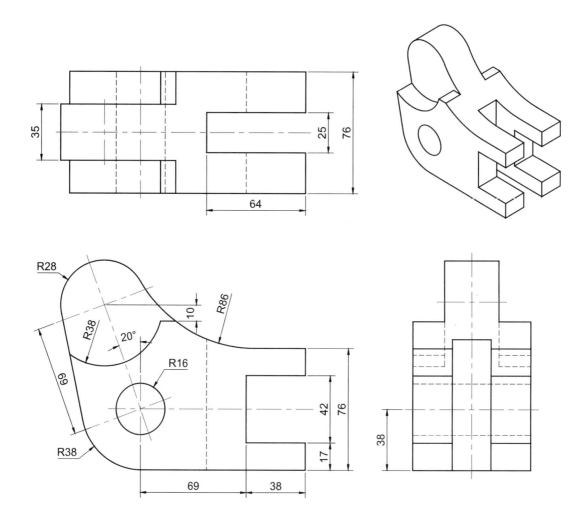

• 다음 그림은 2차원 도면을 토대로 작성한 3차원 객체이다. 각각의 거리값을 구하시오. (소수점 4자리까지)

문제 1 (View Point : 1, -2, 1.5)   **문제 2** (View Point : 1, 1, 1)

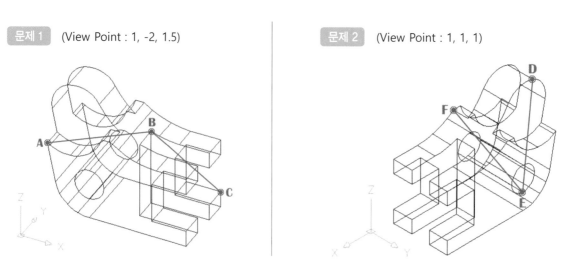

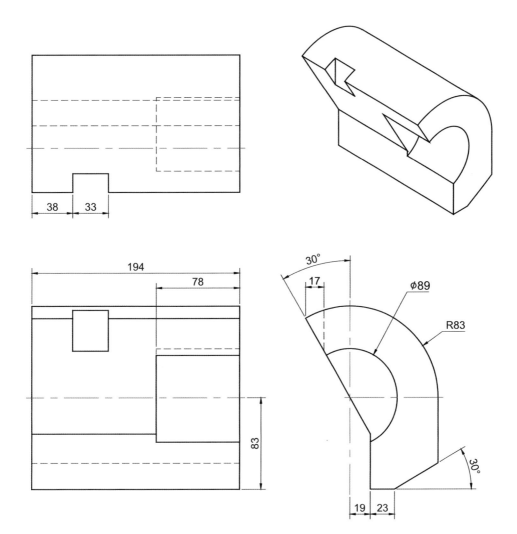

• 다음 그림은 2차원 도면을 토대로 작성한 3차원 객체이다. 각각의 거리값을 구하시오. (소수점 4자리까지)

문제 1   (View Point : 2, 1, 1.5)

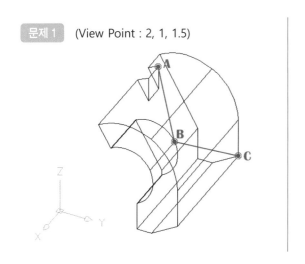

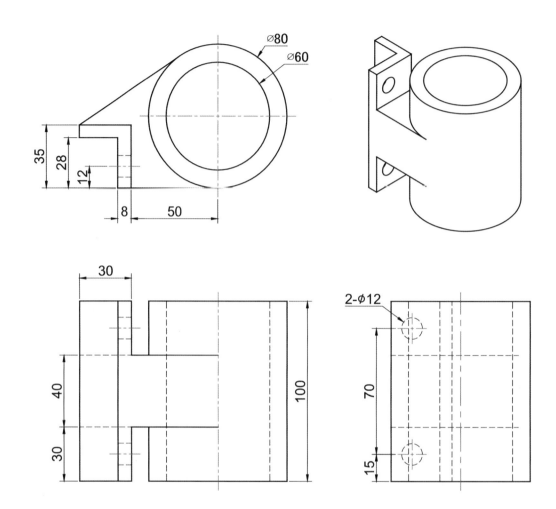

• 다음 그림은 2차원 도면을 토대로 작성한 3차원 객체이다. 각각의 거리값을 구하시오. (소수점 4자리까지)

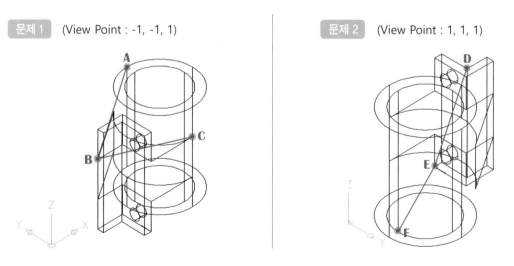

문제 1 (View Point : -1, -1, 1)

문제 2 (View Point : 1, 1, 1)

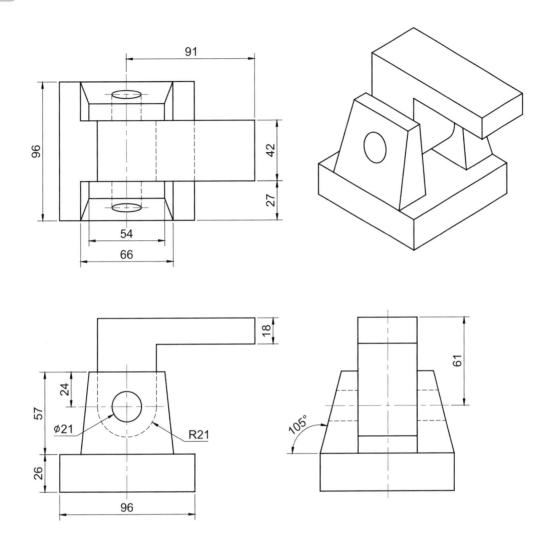

• 다음 그림은 2차원 도면을 토대로 작성한 3차원 객체이다. 각각의 거리값을 구하시오. (소수점 4자리까지)

| 문제 1 | (View Point : -1, -1, 1) |

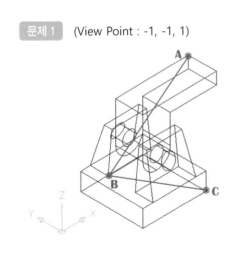

| 문제 2 | (View Point : 1, -2, 1.5) |

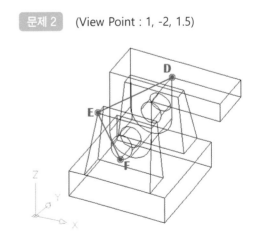

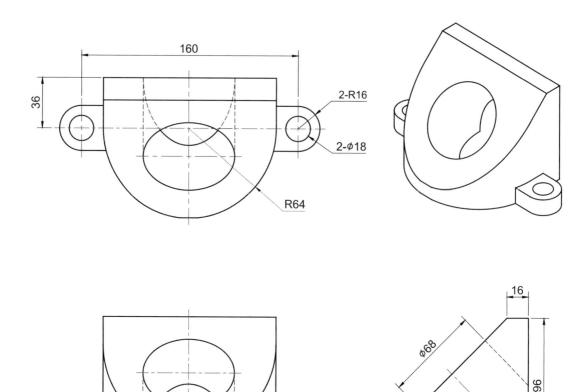

• 다음 그림은 2차원 도면을 토대로 작성한 3차원 객체이다. 각각의 거리값을 구하시오. (소수점 4자리까지)

문제 1 (View Point : -1, -2, 1)   문제 2 (View Point : 1, -2, 2)

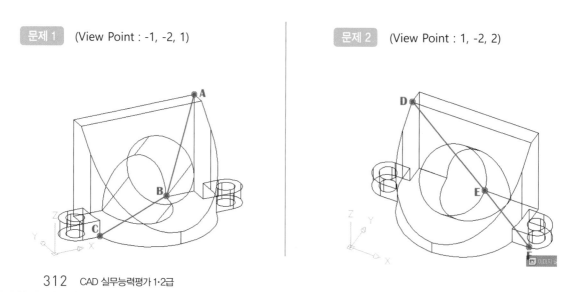

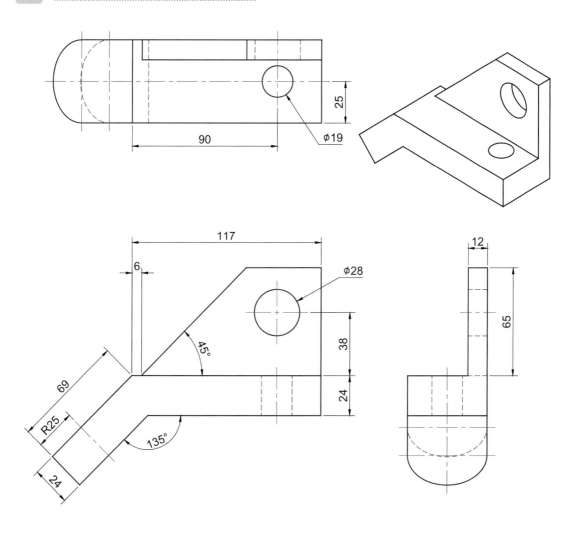

• 다음 그림은 2차원 도면을 토대로 작성한 3차원 객체이다. 각각의 거리값을 구하시오. (소수점 4자리까지)

문제 1 (View Point : -1, -1, 1)

문제 2 (View Point : 1, -2, 2)

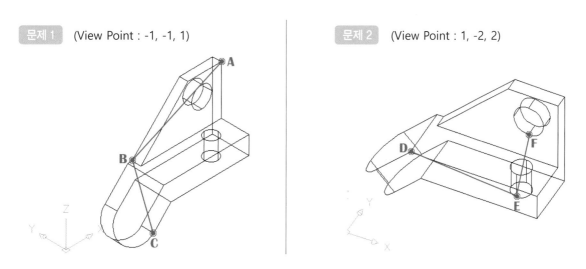

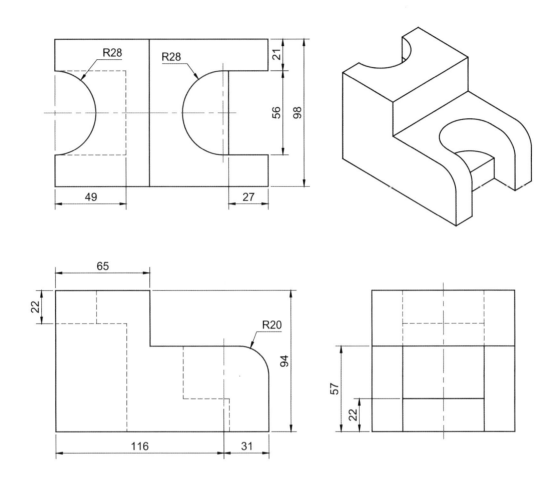

• 다음 그림은 2차원 도면을 토대로 작성한 3차원 객체이다. 각각의 거리값을 구하시오. (소수점 4자리까지)

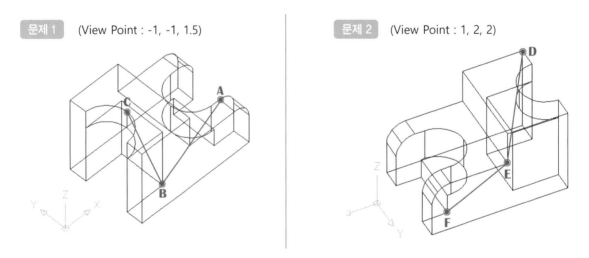

문제 1 (View Point : -1, -1, 1.5)

문제 2 (View Point : 1, 2, 2)

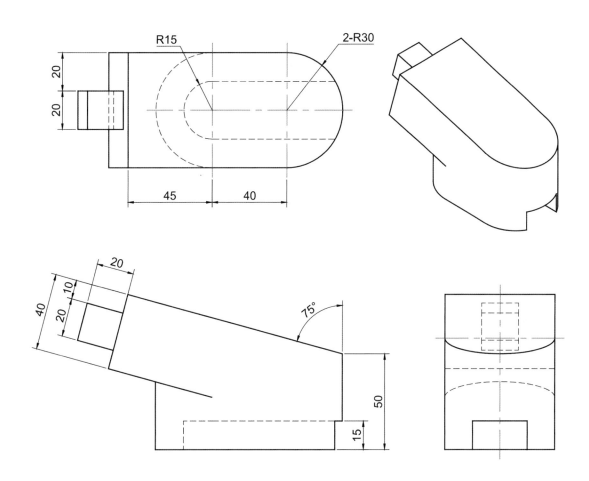

• 다음 그림은 2차원 도면을 토대로 작성한 3차원 객체이다. 각각의 거리값을 구하시오. (소수점 4자리까지)

문제 1 (View Point : -1, -2, 1)   문제 2 (View Point : 1, -2, 1)

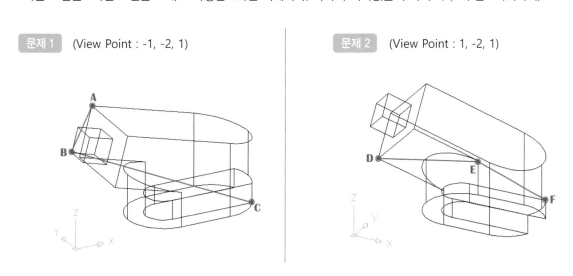

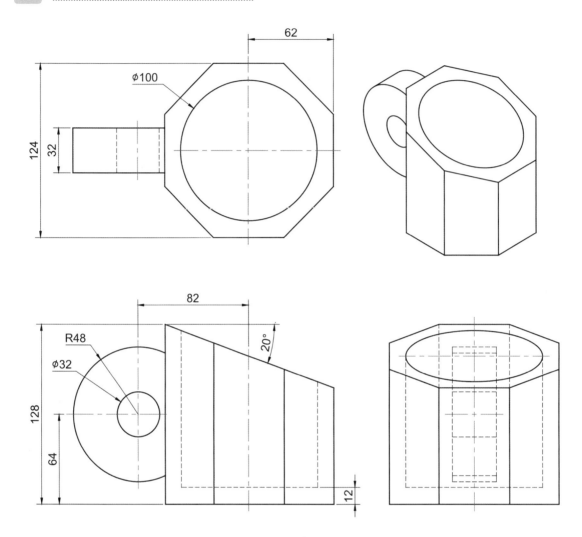

• 다음 그림은 2차원 도면을 토대로 작성한 3차원 객체이다. 각각의 거리값을 구하시오. (소수점 4자리까지)

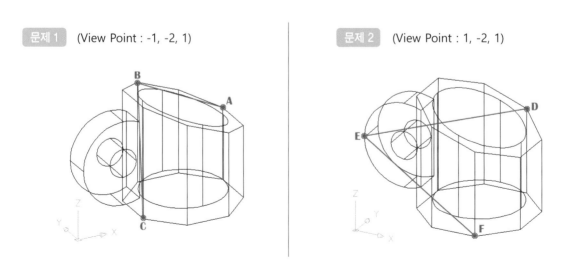

문제 1   (View Point : -1, -2, 1)

문제 2   (View Point : 1, -2, 1)

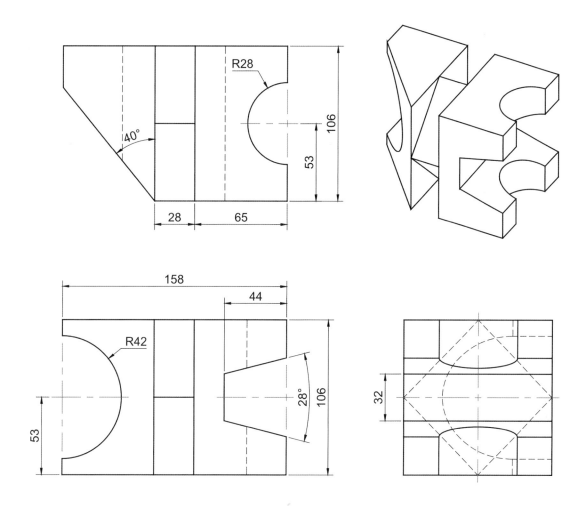

• 다음 그림은 2차원 도면을 토대로 작성한 3차원 객체이다. 각각의 거리값을 구하시오. (소수점 4자리까지)

문제 1 (View Point : -1, -2, 1)

문제 2 (View Point : 0.8, -2, 0.9)

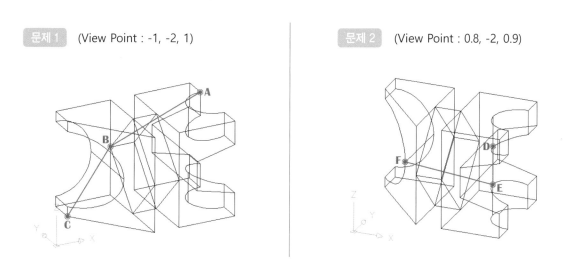

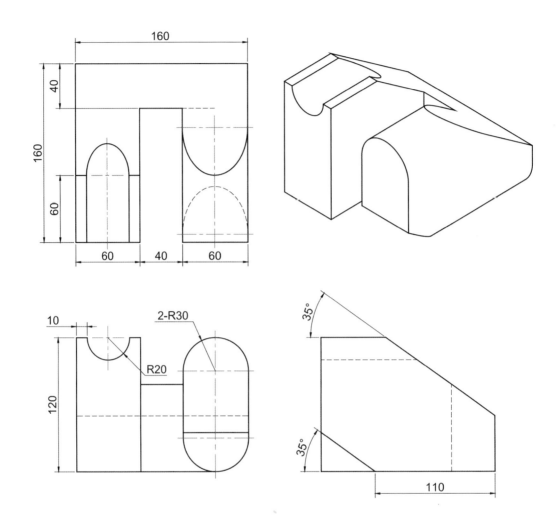

• 다음 그림은 2차원 도면을 토대로 작성한 3차원 객체이다. 각각의 거리값을 구하시오. (소수점 4자리까지)

| 문제 1 | (View Point : -1, -1, 1) |

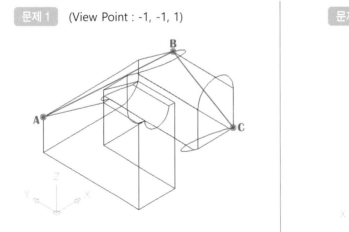

| 문제 2 | (View Point : 1, 1, 1) |

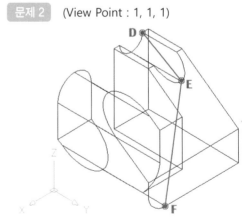

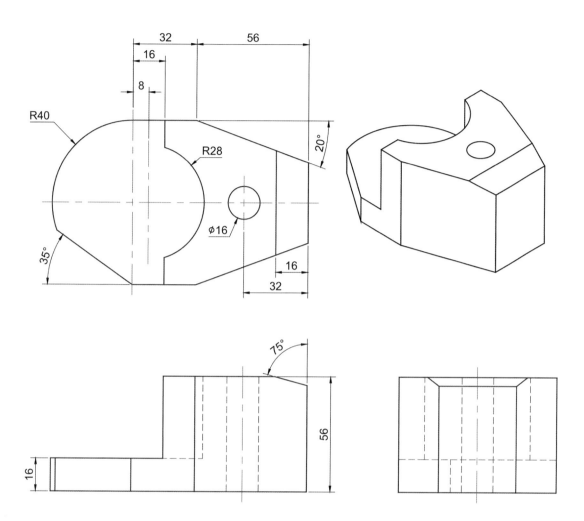

• 다음 그림은 2차원 도면을 토대로 작성한 3차원 객체이다. 각각의 거리값을 구하시오. (소수점 4자리까지)

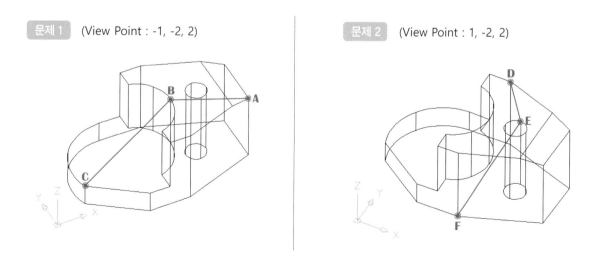

문제 1 (View Point : -1, -2, 2)

문제 2 (View Point : 1, -2, 2)

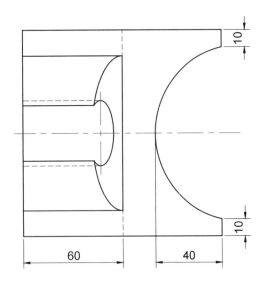

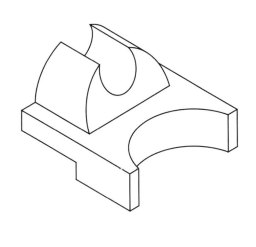

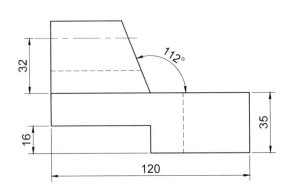

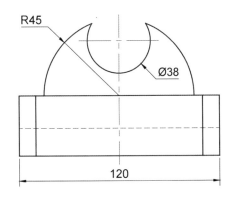

• 다음 그림은 2차원 도면을 토대로 작성한 3차원 객체이다. 각각의 거리값을 구하시오. (소수점 4자리까지)

(View Point : 1, -2, 2)

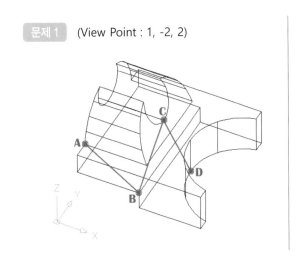

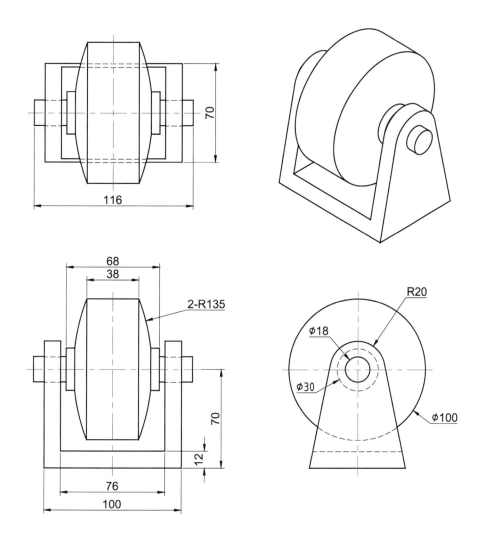

• 다음 그림은 2차원 도면을 토대로 작성한 3차원 객체이다. 각각의 거리값을 구하시오. (소수점 4자리까지)

문제 1 (View Point : -1, -2, 1)

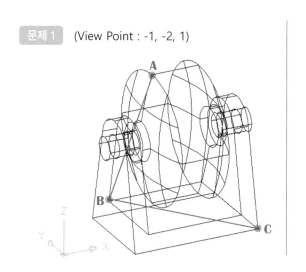

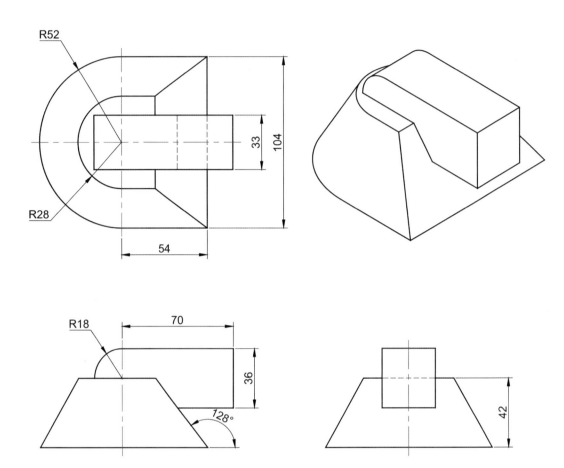

• 다음 그림은 2차원 도면을 토대로 작성한 3차원 객체이다. 각각의 거리값을 구하시오. (소수점 4자리까지)

문제 1 (View Point : 1, -2, 2)

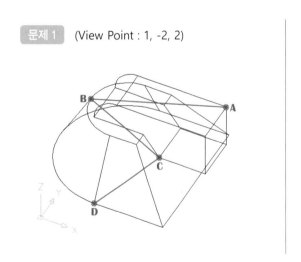

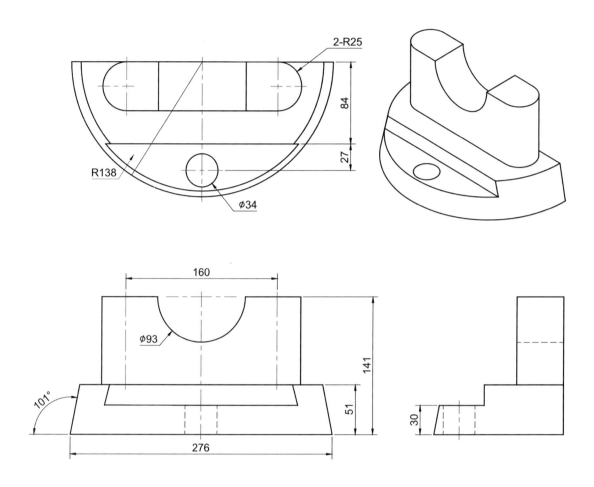

• 다음 그림은 2차원 도면을 토대로 작성한 3차원 객체이다. 각각의 거리값을 구하시오. (소수점 4자리까지)

문제 1 (View Point : -1, -2, 1.5)

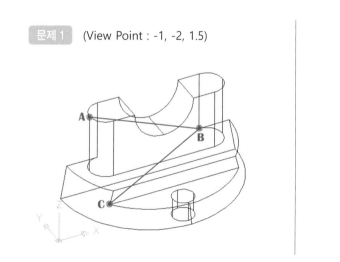

문제 2 (View Point : 1, -2, 2)

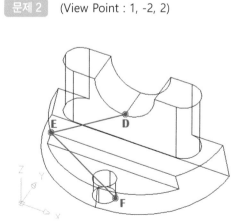

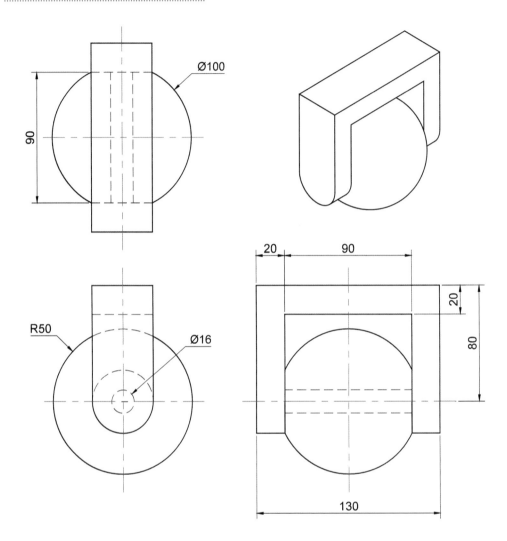

• 다음 그림은 2차원 도면을 토대로 작성한 3차원 객체이다. 각각의 거리값을 구하시오. (소수점 4자리까지)

문제 1 (View Point : -1, -1, 1)

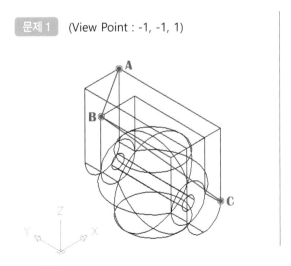

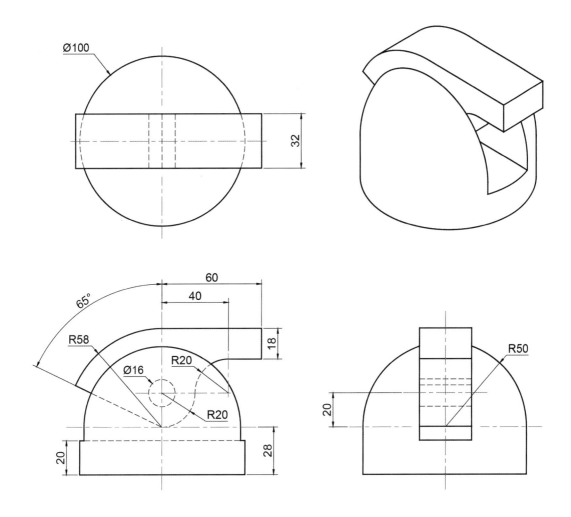

• 다음 그림은 2차원 도면을 토대로 작성한 3차원 객체이다. 각각의 거리값을 구하시오. (소수점 4자리까지)

문제 1   (View Point : -1, -2, 2)

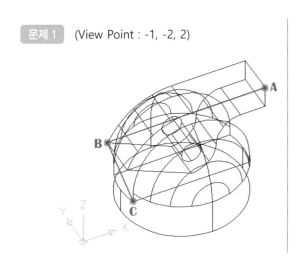

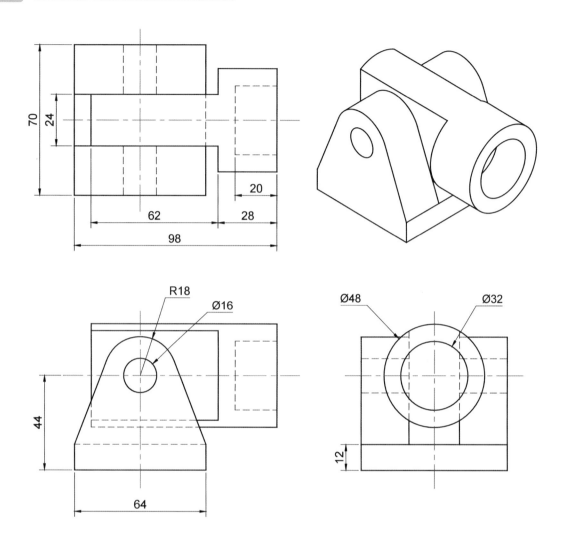

• 다음 그림은 2차원 도면을 토대로 작성한 3차원 객체이다. 각각의 거리값을 구하시오. (소수점 4자리까지)

문제 1 (View Point : -1, -2, 2)

문제 2 (View Point : 1, -2, 1)

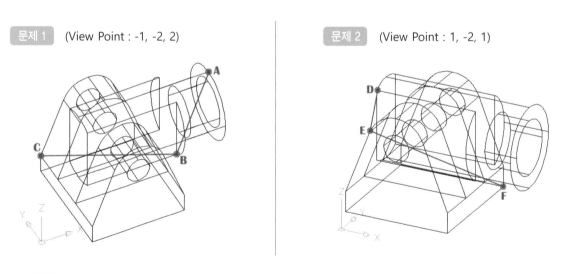

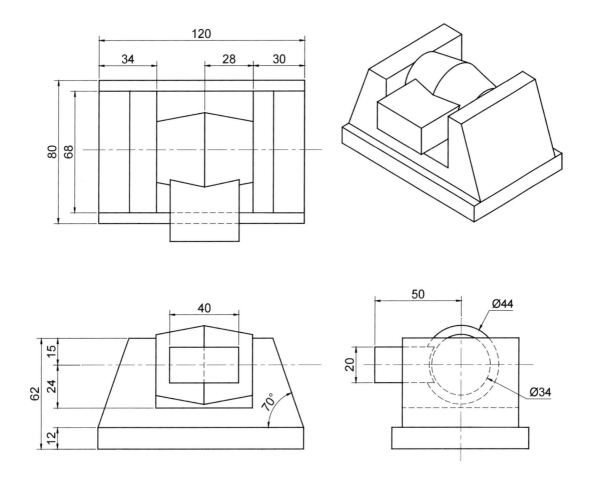

• 다음 그림은 2차원 도면을 토대로 작성한 3차원 객체이다. 각각의 거리값을 구하시오. (소수점 4자리까지)

문제 1 (View Point : -1, -1, 1)   문제 2 (View Point : 2, -1, 1)

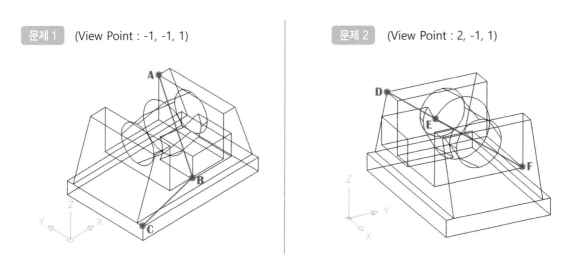

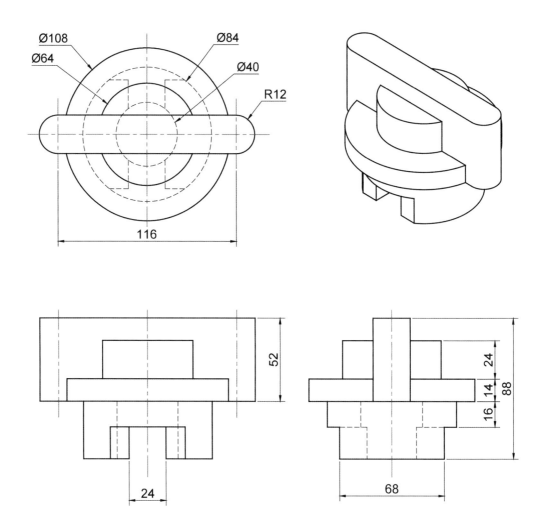

• 다음 그림은 2차원 도면을 토대로 작성한 3차원 객체이다. 각각의 거리값을 구하시오. (소수점 4자리까지)

문제 1   (View Point : -1, -2, 2)

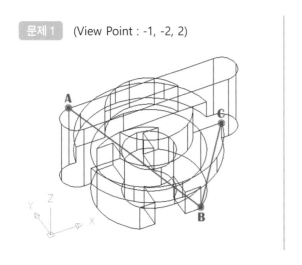

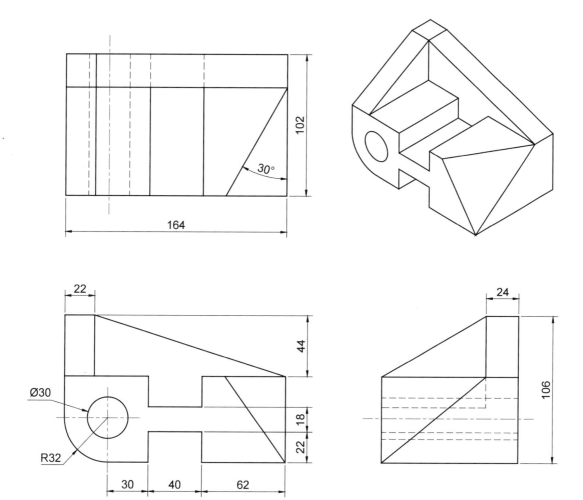

• 다음 그림은 2차원 도면을 토대로 작성한 3차원 객체이다. 각각의 거리값을 구하시오. (소수점 4자리까지)

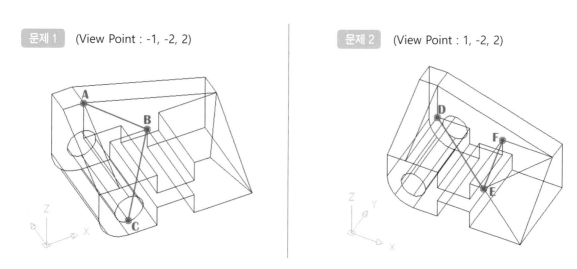

문제 1   (View Point : -1, -2, 2)

문제 2   (View Point : 1, -2, 2)

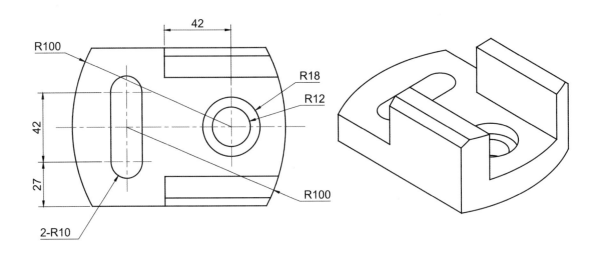

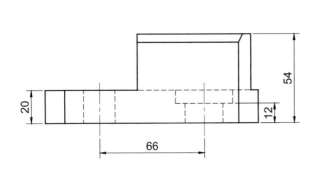

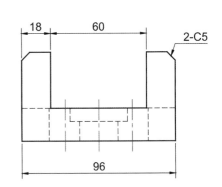

• 다음 그림은 2차원 도면을 토대로 작성한 3차원 객체이다. 각각의 거리값을 구하시오. (소수점 4자리까지)

문제 1 (View Point : -1, -1, 1)

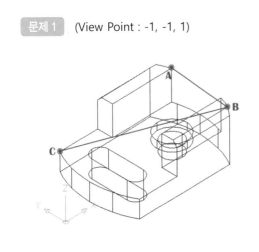

문제 2 (View Point : 1, -2, 2)

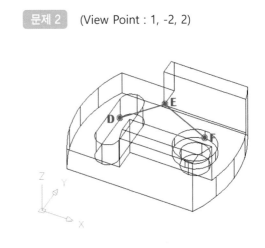

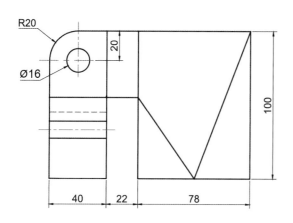

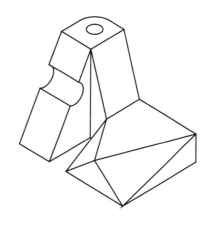

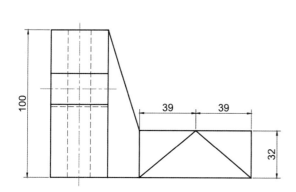

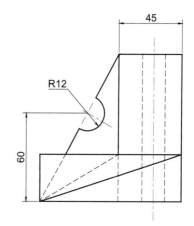

• 다음 그림은 2차원 도면을 토대로 작성한 3차원 객체이다. 각각의 거리값을 구하시오. (소수점 4자리까지)

문제 1 (View Point : 1, -1, 1)

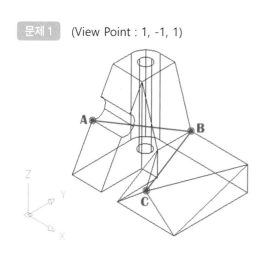

문제 2 (View Point : 1, 1, 1)

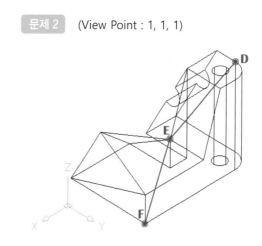

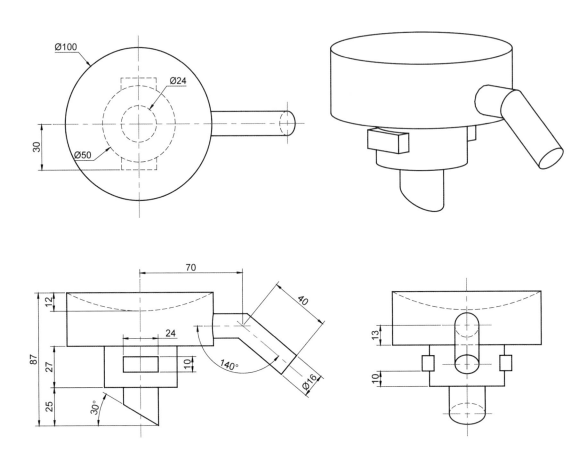

• 다음 그림은 2차원 도면을 토대로 작성한 3차원 객체이다. 각각의 거리값을 구하시오. (소수점 4자리까지)

문제 1   (View Point : -1, -2, 1)

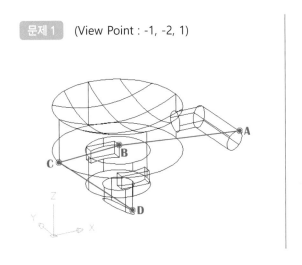

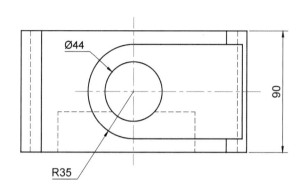

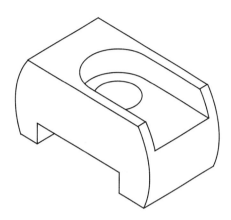

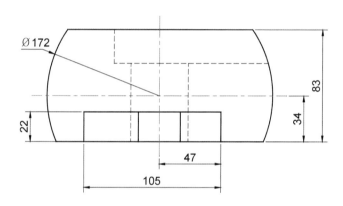

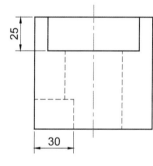

• 다음 그림은 2차원 도면을 토대로 작성한 3차원 객체이다. 각각의 거리값을 구하시오. (소수점 4자리까지)

문제 1 (View Point : -1, -1, 1)

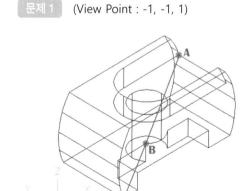

문제 2 (View Point : 1, -2, 2)

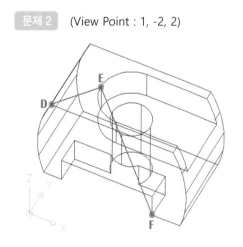

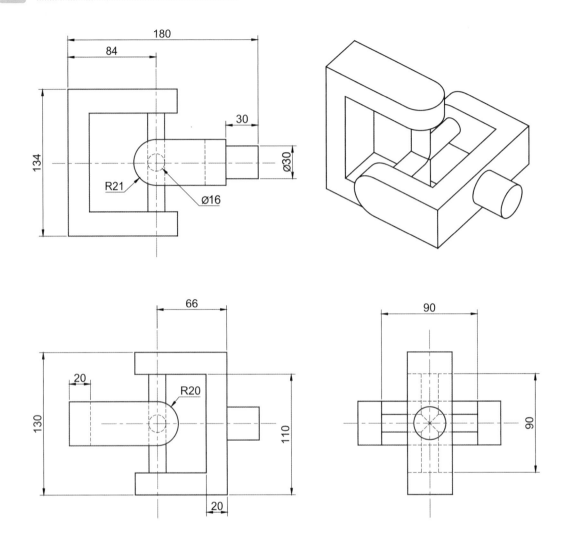

• 다음 그림은 2차원 도면을 토대로 작성한 3차원 객체이다. 각각의 거리값을 구하시오. (소수점 4자리까지)

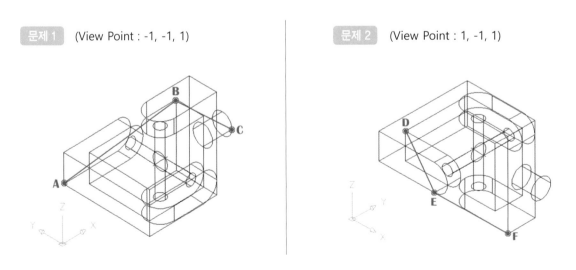

문제 1   (View Point : -1, -1, 1)

문제 2   (View Point : 1, -1, 1)

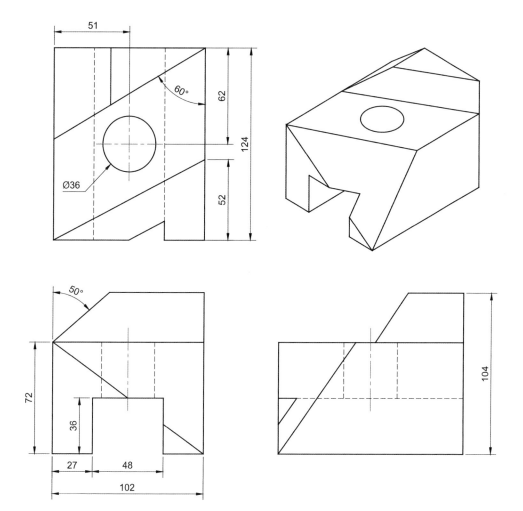

• 다음 그림은 2차원 도면을 토대로 작성한 3차원 객체이다. 각각의 거리값을 구하시오. (소수점 4자리까지)

문제 1 (View Point : -1, -2, 1)

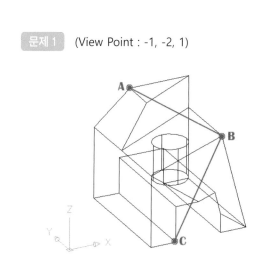

문제 2 (View Point : 1, -2, 2)

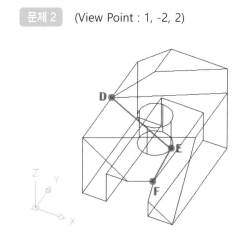

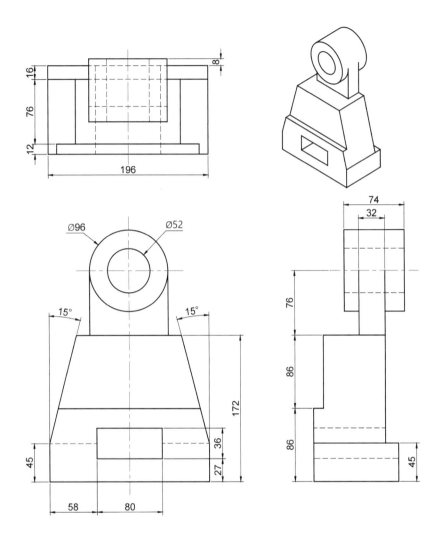

• 다음 그림은 2차원 도면을 토대로 작성한 3차원 객체이다. 각각의 거리값을 구하시오. (소수점 4자리까지)

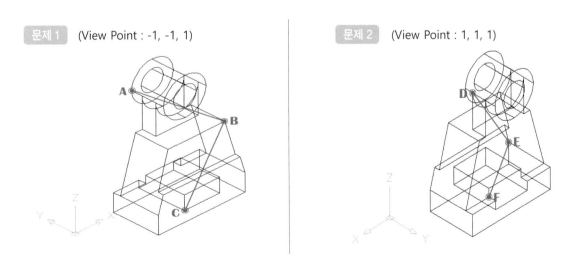

문제 1 (View Point : -1, -1, 1)

문제 2 (View Point : 1, 1, 1)

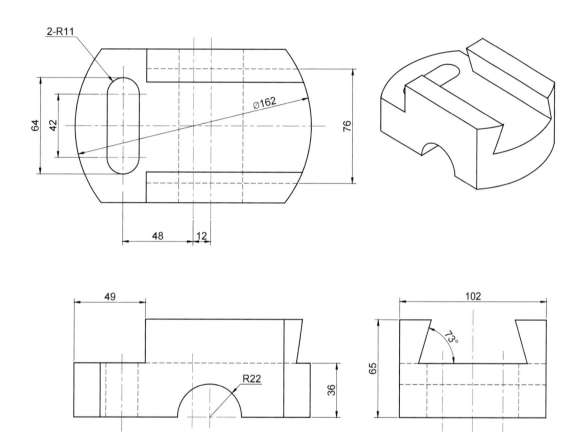

• 다음 그림은 2차원 도면을 토대로 작성한 3차원 객체이다. 각각의 거리값을 구하시오. (소수점 4자리까지)

문제 1 (View Point : -1, -1, 1)

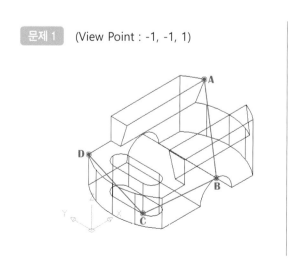

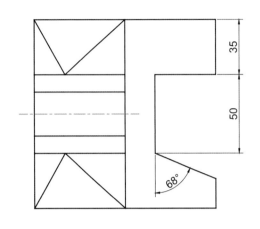

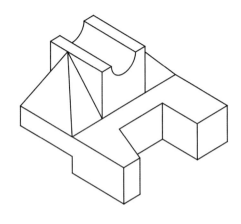

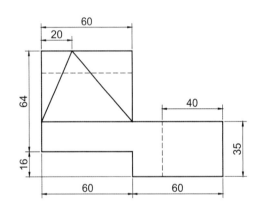

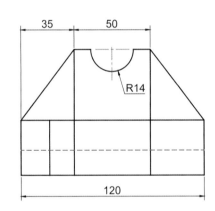

• 다음 그림은 2차원 도면을 토대로 작성한 3차원 객체이다. 각각의 거리값을 구하시오. (소수점 4자리까지)

문제 1 (View Point : -1, -1, 1)

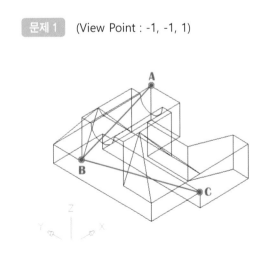

문제 2 (View Point : 1, 1, 2)

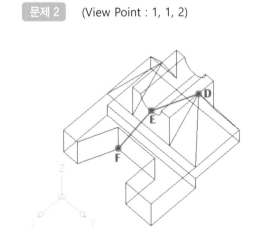

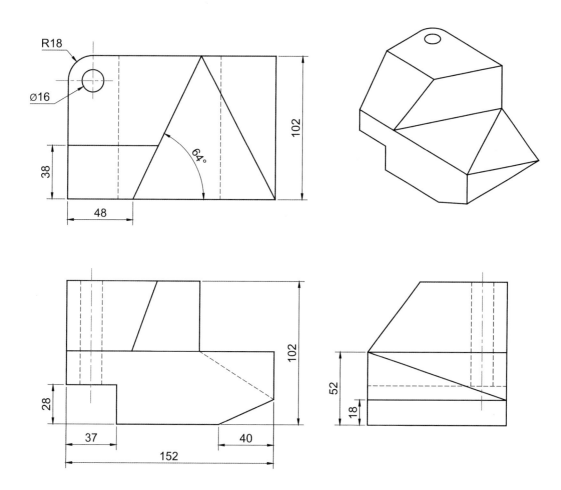

• 다음 그림은 2차원 도면을 토대로 작성한 3차원 객체이다. 각각의 거리값을 구하시오. (소수점 4자리까지)

문제 1 (View Point : -1, -1, 1)

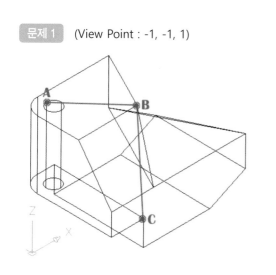

문제 2 (View Point : 1, -1, 1)

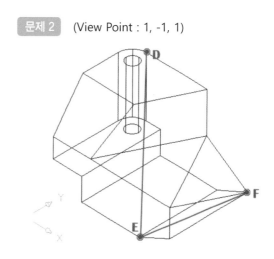

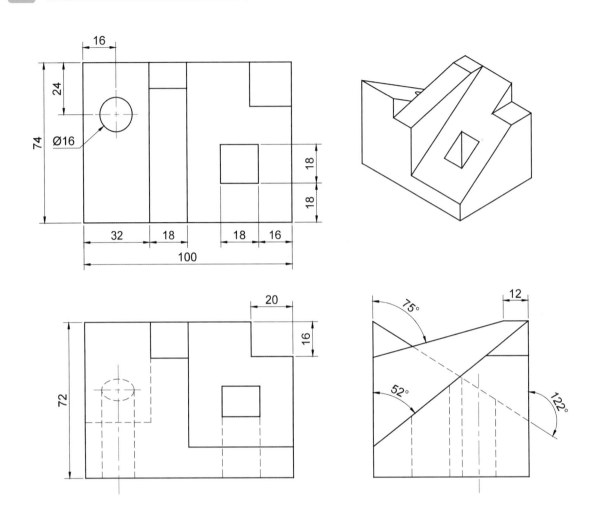

• 다음 그림은 2차원 도면을 토대로 작성한 3차원 객체이다. 각각의 거리값을 구하시오. (소수점 4자리까지)

문제 1 (View Point : -1, -2, 2) 문제 2 (View Point : 1, -2, 2)

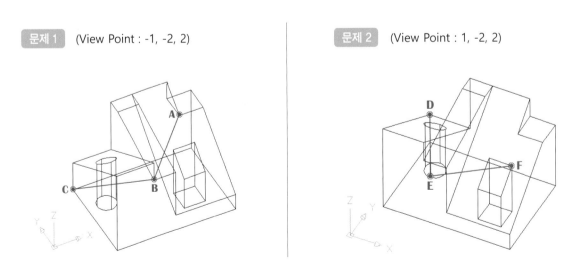

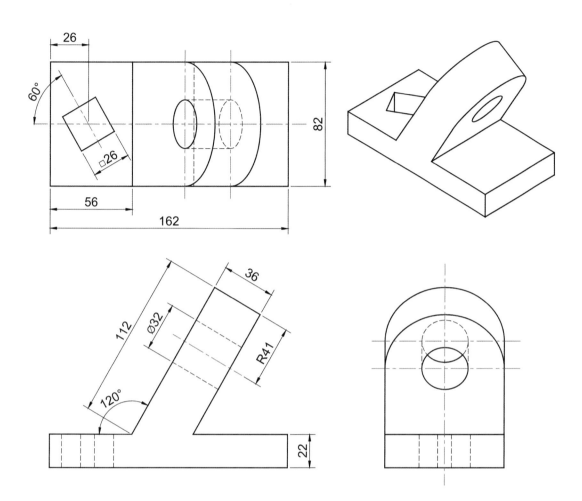

• 다음 그림은 2차원 도면을 토대로 작성한 3차원 객체이다. 각각의 거리값을 구하시오. (소수점 4자리까지)

문제 1   (View Point : -1, -2, 2)   문제 2   (View Point : 1, 1, 1)

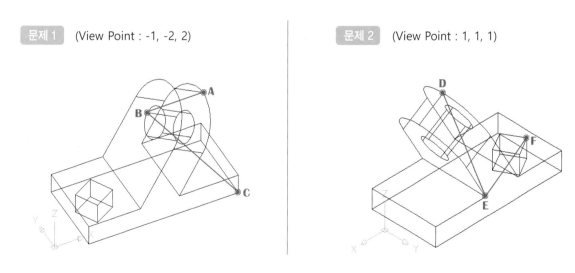

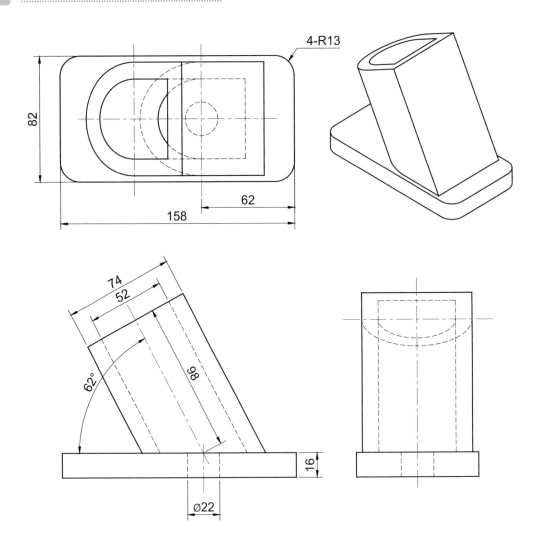

• 다음 그림은 2차원 도면을 토대로 작성한 3차원 객체이다. 각각의 거리값을 구하시오. (소수점 4자리까지)

문제 1 (View Point : 1, 1, 1)

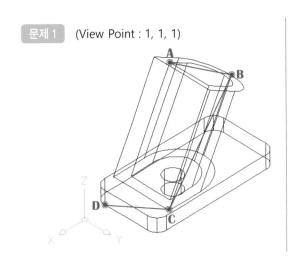

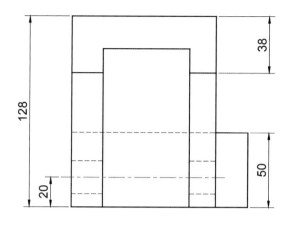

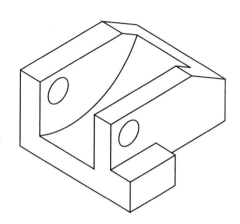

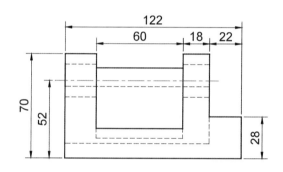

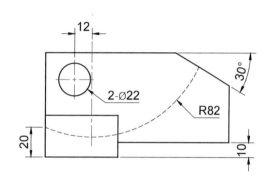

• 다음 그림은 2차원 도면을 토대로 작성한 3차원 객체이다. 각각의 거리값을 구하시오. (소수점 4자리까지)

문제 1 (View Point : 1, 1, 1)

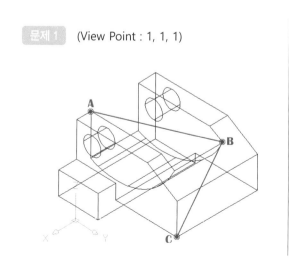

문제 2 (View Point : 1, -1, 1)

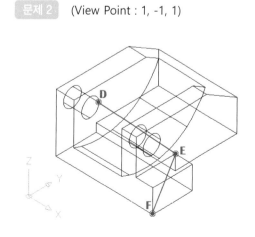

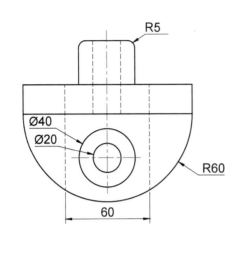

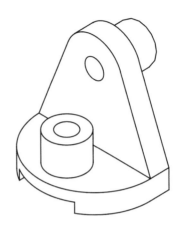

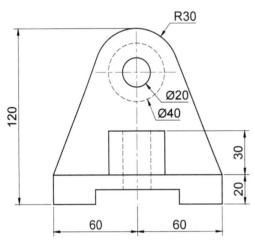

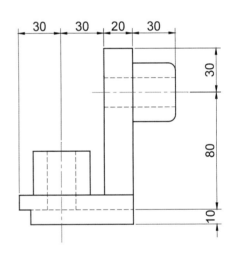

• 다음 그림은 2차원 도면을 토대로 작성한 3차원 객체이다. 각각의 거리값을 구하시오. (소수점 4자리까지)

문제 1   (View Point : -1, -1, 2)

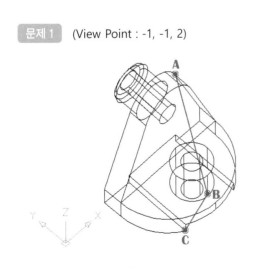

문제 2   (View Point : 1, 1, 1)

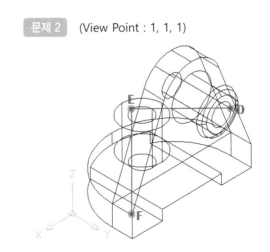

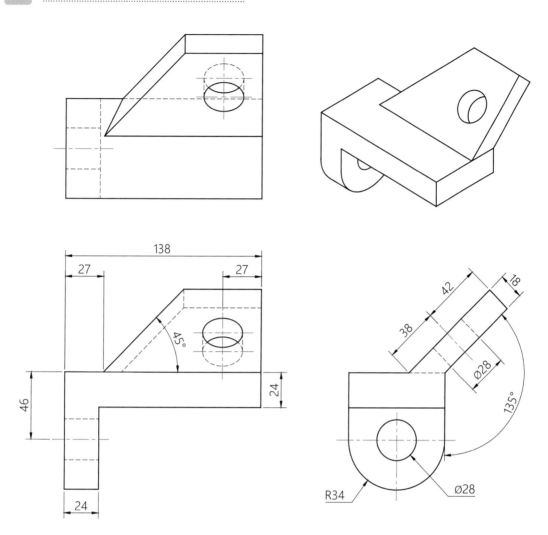

• 다음 그림은 2차원 도면을 토대로 작성한 3차원 객체이다. 각각의 거리값을 구하시오. (소수점 4자리까지)

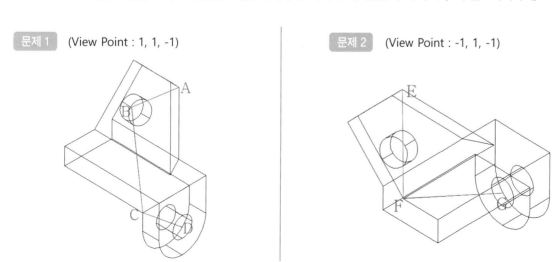

문제 1 (View Point : 1, 1, -1)

문제 2 (View Point : -1, 1, -1)

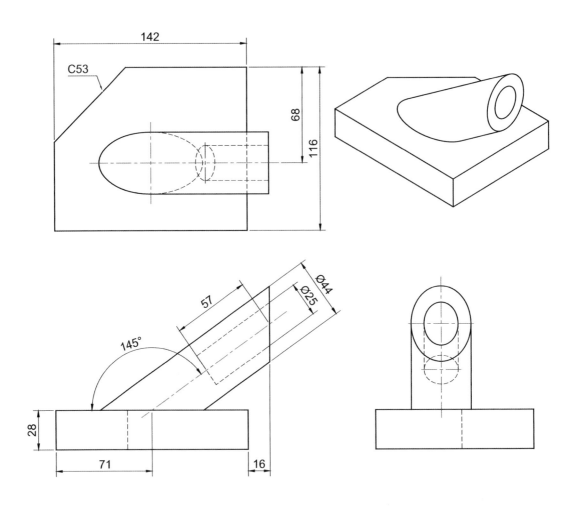

• 다음 그림은 2차원 도면을 토대로 작성한 3차원 객체이다. 각각의 거리값을 구하시오. (소수점 4자리까지)

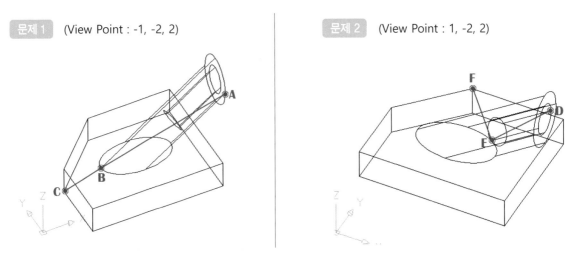

문제 1 (View Point : -1, -2, 2)

문제 2 (View Point : 1, -2, 2)

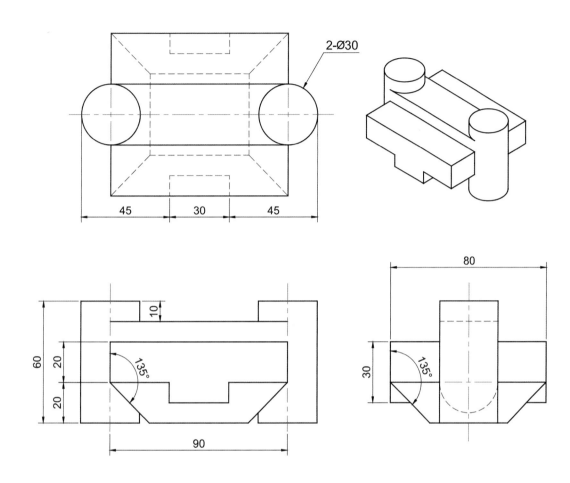

• 다음 그림은 2차원 도면을 토대로 작성한 3차원 객체이다. 각각의 거리값을 구하시오. (소수점 4자리까지)

문제 1 (View Point : -1, -2, 1)   **문제 2** (View Point : 1, -2, 2)

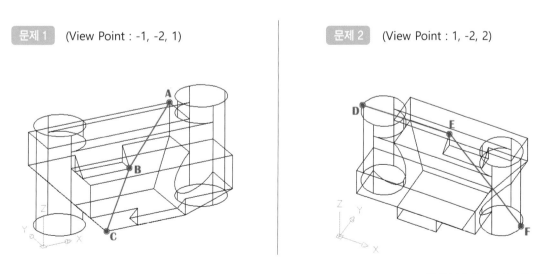

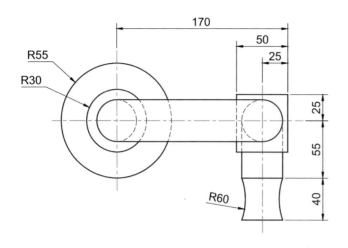

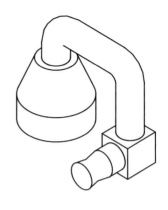

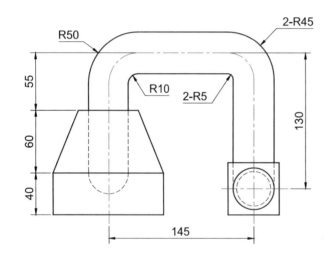

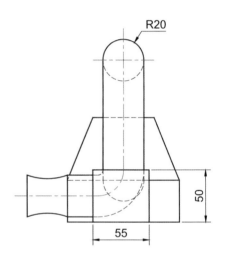

• 다음 그림은 2차원 도면을 토대로 작성한 3차원 객체이다. 각각의 거리값을 구하시오. (소수점 4자리까지)

문제 1 (View Point : -1, -2, 2)

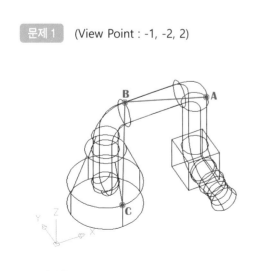

문제 2 (View Point : 1, -2, 2)

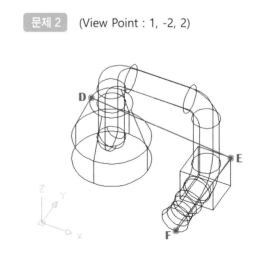

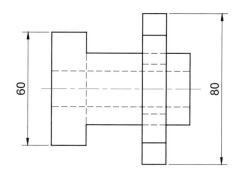

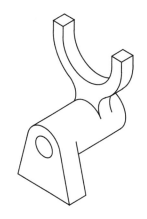

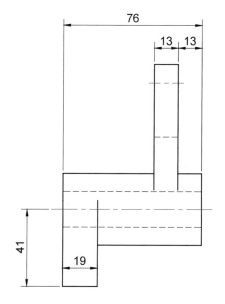

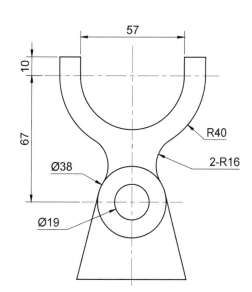

• 다음 그림은 2차원 도면을 토대로 작성한 3차원 객체이다. 각각의 거리값을 구하시오. (소수점 4자리까지)

문제 1 (View Point : 1, 2, 1.5)

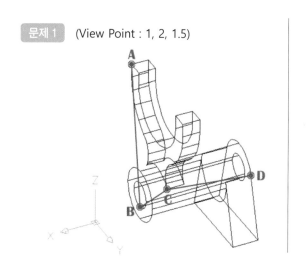

CAD 실무능력평가 (CAT) 1급 연습문제 길이값 정답

Part 4 연습문제 50개의 길이값 정답을 부록으로 첨부하였습니다.

길이값이 맞는지 확인 후 체적값 및 모델링 수정, 2D 작성 여부 등 문제별

체크박스를 활용하여 체크하며 시험에 대비해 보시기 바랍니다.

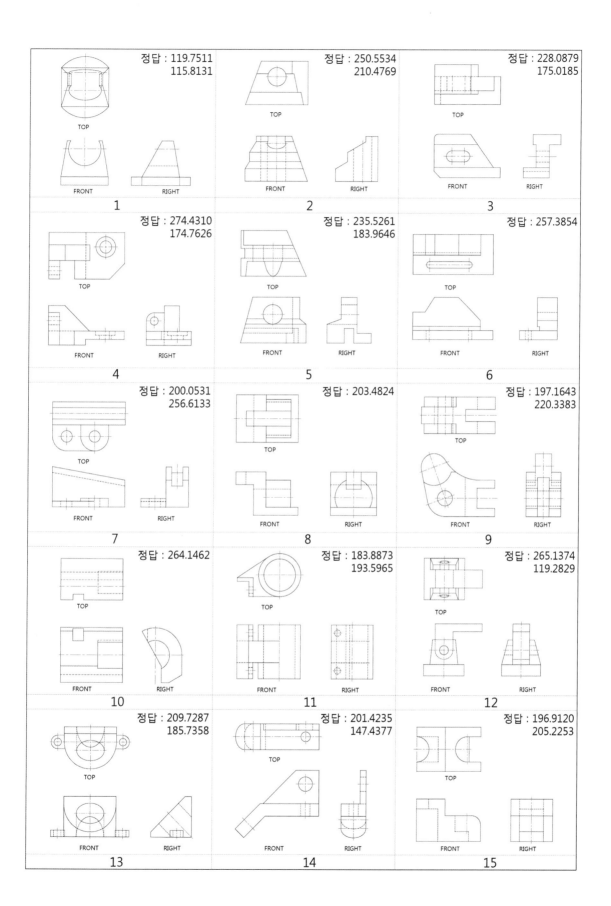

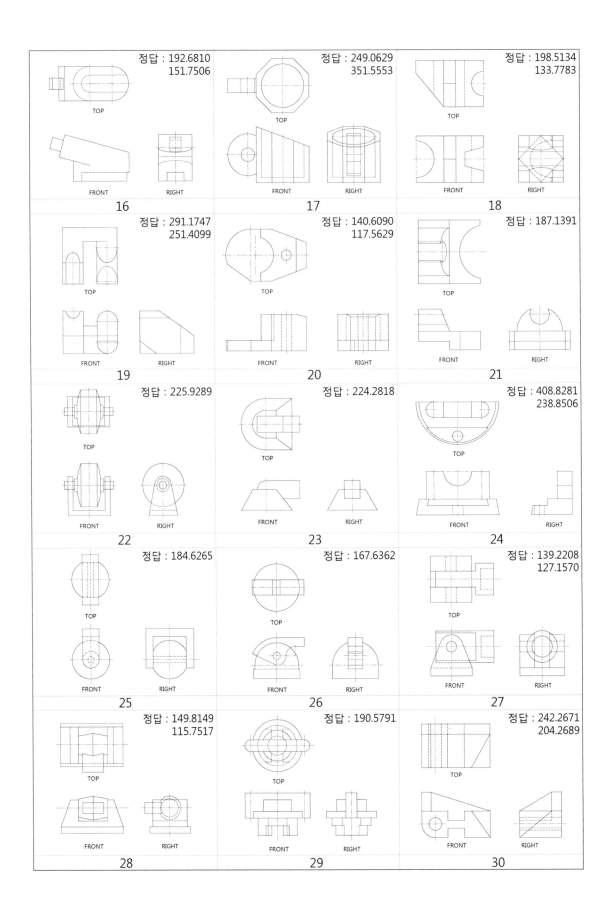

정답 : 192.6810
151.7506

TOP

FRONT

RIGHT

16

정답 : 249.0629
351.5553

TOP

FRONT

RIGHT

17

정답 : 198.5134
133.7783

TOP

FRONT

RIGHT

18

정답 : 291.1747
251.4099

TOP

FRONT

RIGHT

19

정답 : 140.6090
117.5629

TOP

FRONT

RIGHT

20

정답 : 187.1391

TOP

FRONT

RIGHT

21

정답 : 225.9289

TOP

FRONT

RIGHT

22

정답 : 224.2818

TOP

FRONT

RIGHT

23

정답 : 408.8281
238.8506

TOP

FRONT

RIGHT

24

정답 : 184.6265

TOP

FRONT

RIGHT

25

정답 : 167.6362

TOP

FRONT

RIGHT

26

정답 : 139.2208
127.1570

TOP

FRONT

RIGHT

27

정답 : 149.8149
115.7517

TOP

FRONT

RIGHT

28

정답 : 190.5791

TOP

FRONT

RIGHT

29

정답 : 242.2671
204.2689

TOP

FRONT

RIGHT

30

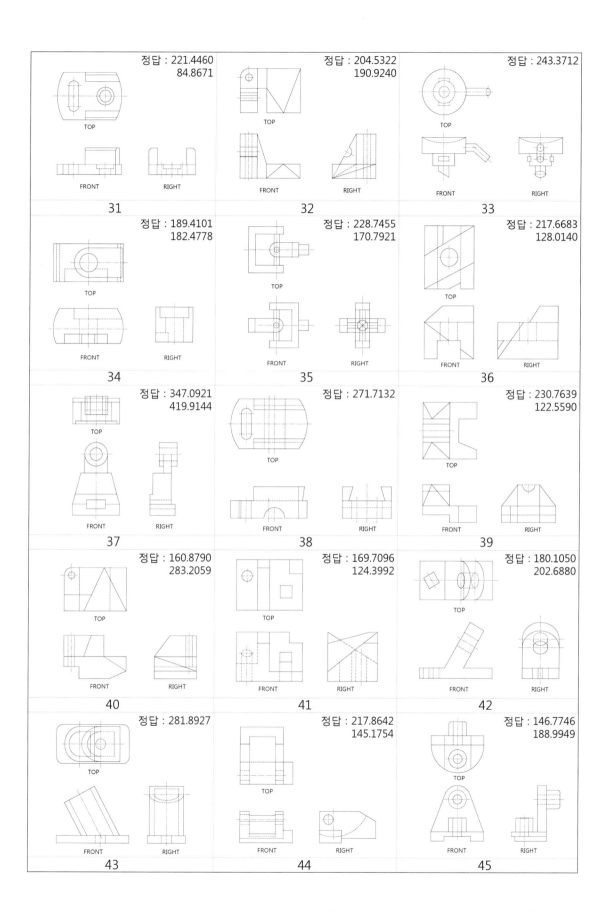

정답 : 221.4460
84.8671

TOP

FRONT

RIGHT

31

정답 : 204.5322
190.9240

TOP

FRONT

RIGHT

32

정답 : 243.3712

TOP

FRONT

RIGHT

33

정답 : 189.4101
182.4778

TOP

FRONT

RIGHT

34

정답 : 228.7455
170.7921

TOP

FRONT

RIGHT

35

정답 : 217.6683
128.0140

TOP

FRONT

RIGHT

36

정답 : 347.0921
419.9144

TOP

FRONT

RIGHT

37

정답 : 271.7132

TOP

FRONT

RIGHT

38

정답 : 230.7639
122.5590

TOP

FRONT

RIGHT

39

정답 : 160.8790
283.2059

TOP

FRONT

RIGHT

40

정답 : 169.7096
124.3992

TOP

FRONT

RIGHT

41

정답 : 180.1050
202.6880

TOP

FRONT

RIGHT

42

정답 : 281.8927

TOP

FRONT

RIGHT

43

정답 : 217.8642
145.1754

TOP

FRONT

RIGHT

44

정답 : 146.7746
188.9949

TOP

FRONT

RIGHT

45

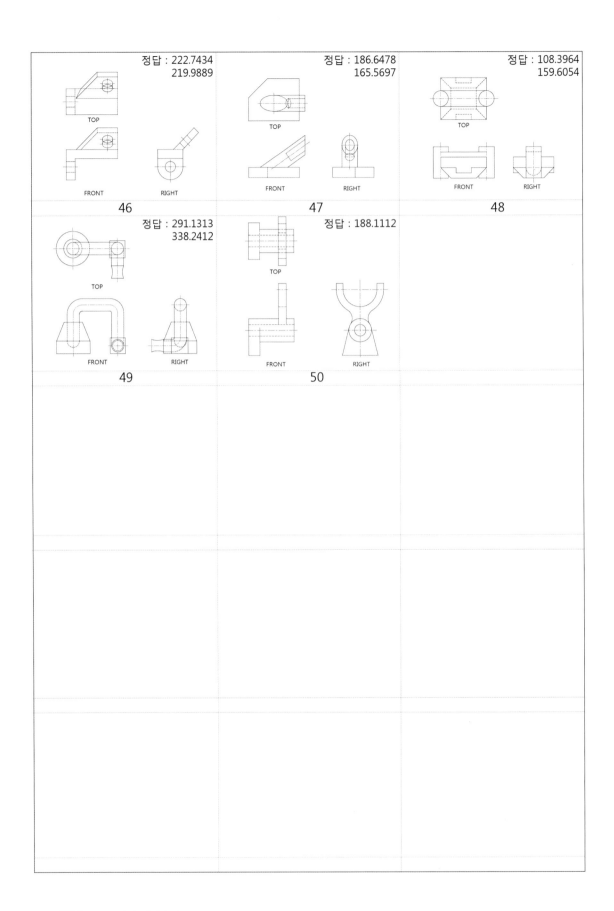

정답 : 222.7434
219.9889

TOP

FRONT   RIGHT

46

정답 : 186.6478
165.5697

TOP

FRONT   RIGHT

47

정답 : 108.3964
159.6054

TOP

FRONT   RIGHT

48

정답 : 291.1313
338.2412

TOP

FRONT   RIGHT

49

정답 : 188.1112

TOP

FRONT   RIGHT

50

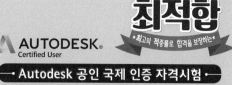
📖 이 책의 특징 --

1. 출제유형 완벽분석 시험가이드

출제유형을 철저히 분석하여 시험에 출제되는 AutoCAD 기능은 물론이고 실전에 필요한 기능까지 설명하였고, 각 기능에 따른 실력 점검 문제를 수록하여 한 번 더 복습할 수 있도록 하였습니다.

2. 시험대비 기출복원문제, 기출유형 모의고사 수록

출제유형을 분석한 기출복원문제와 기출유형 모의고사를 각 2회씩 제공하여 시험대비 최종 점검을 할 수 있도록 하였습니다.

3. 학습자료 제공

학습에 필요한 AutoCAD 파일을 제공하여 효율적으로 학습할 수 있도록 하였습니다. 성안당사이트 (www.cyber.co.kr)의 [자료실]에서 다운로드 받아 사용하실 수 있습니다.

4. 응시료 할인 쿠폰 제공

ACU 시험 응시료 할인 쿠폰을 책속에 수록하였으며, 시험접수 및 응시료 할인 쿠폰 사용방법을 소개 하였습니다.

쇼핑몰 QR코드 ▶다양한 전문서적을 빠르고 신속하게 만나실 수 있습니다.
경기도 파주시 문발로 112번지 파주 출판 문화도시   TEL.031)950-6300   FAX. 031)955-0510

 (주)도서출판 **성안당**

CAD 실무능력평가 1·2급 AutoCAD

2015. 6. 30. 초 판 1쇄 발행
2016. 2. 10. 초 판 2쇄 발행
2017. 2. 22. 초 판 3쇄 발행
2018. 2. 26. 초 판 4쇄 발행
2019. 2. 25. 개정증보 1판 1쇄 발행
2020. 4. 3. 개정증보 2판 1쇄 발행
2021. 4. 2. 개정증보 2판 2쇄 발행
2021. 9. 27. 개정증보 3판 1쇄 발행
2023. 1. 11. 개정증보 4판 1쇄 발행
2024. 2. 7. 개정증보 5판 1쇄 발행

저자와의
협의하에
검인생략

지은이 | 홍성기, 강민정
펴낸이 | 이종춘
펴낸곳 | BM (주)도서출판 성안당
주소 | 04032 서울시 마포구 양화로 127 첨단빌딩 3층(출판기획 R&D 센터)
     | 10881 경기도 파주시 문발로 112 파주 출판 문화도시(제작 및 물류)
전화 | 02) 3142-0036
     | 031) 950-6300
팩스 | 031) 955-0510
등록 | 1973. 2. 1. 제406-2005-000046호
출판사 홈페이지 | www.cyber.co.kr
도서 내용 문의 | damis01@naver.com, mjengk@hanmail.net
ISBN | 978-89-315-5207-2 (13000)
정가 | 25,000원

이 책을 만든 사람들
책임 | 최옥현
진행 | 최창동
본문 디자인 | 앤미디어
표지 디자인 | 앤미디어, 박원석
홍보 | 김계향, 유미나, 정단비, 김주승
국제부 | 이선민, 조혜란
마케팅 | 구본철, 차정욱, 오영일, 나진호, 강호묵
마케팅 지원 | 장상범
제작 | 김유석